高清日本战国史

樱雪丸 — 著

重慶出版集团 重慶出版社

图书在版编目（CIP）数据

高清日本战国史.1/樱雪丸著.-重庆：重庆出版社，2017.3
（2017.9重印）
ISBN 978-7-229-11120-5

Ⅰ.①高… Ⅱ.①樱… Ⅲ.①日本-中世纪史-战国时代（日本）
Ⅳ.①K313.34

中国版本图书馆CIP数据核字(2016)第077398号

高清日本战国史.1
GAOQING RIBEN ZHANGUOSHI.1
樱雪丸 著

责任编辑：李　梅
责任校对：杨　婧
装帧设计：九一设计

重庆出版集团
重庆出版社 出版

重庆市南岸区南滨路162号1幢　邮政编码：400061　http://www.cqph.com
重庆市国丰印务有限责任公司印刷
重庆出版集团图书发行有限公司发行
E-MAIL:fxchu@cqph.com　邮购电话：023-61520646
重庆出版社天猫旗舰店
cqcbs.tmall.com

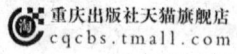

全国新华书店经销

开本：700mm×1000mm　1/16　印张：22.75　字数：360千
2017年3月第1版　2017年9月第1版第2次印刷
ISBN 978-7-229-11120-5
定价：38.00元

如有印装质量问题，请向本集团图书发行公司调换：023-61520678

版权所有　侵权必究

目录
CONTENTS

001	前言
004	第一章 竹千代降临
004	生逢乱世
006	被老虎干掉的武松
008	一个别有用心的胖子
008	无奈的婚变
011	第二章 人质生涯
011	被拐卖的人质
014	傻瓜朋友
016	广忠之死
018	三河少年人质集团
021	第三章 尾张的大傻瓜
021	MM 是这样套来的
025	拜见岳父大人
027	追悼会上的火星人
028	锲而不舍的谋反
030	第四章 本是同根生
030	男大当婚
032	相煎何太急
035	第五章 无法避免的决战
035	常回家看看
038	上洛，上洛
040	准备下地狱
042	第六章 奇袭桶狭间
042	"朋友"来了有美酒
043	我是信长，跟我来！
046	斩首行动
049	第七章 新的起点
049	失而复得的冈崎城
051	珍贵的友谊
052	大忽悠石川数正
054	正式结盟

1

056	第八章	德川家康,登场!
056		这群和尚不一般
058		平定一向一揆
060		艰难的牌坊工程
063		偶像信玄的来信
065		两全其美的办法
066		猛人上杉谦信
069	第九章	天下布武
069		信长的野望
071		苦命的将军兄弟
073		足利义昭继位
074		将军的十六条军规
077	第十章	义弟的背叛
077		有情况,快逃!
080		久秀的和风忽悠
083	第十一章	金崎断后
083		猴子秀吉
085		日本诸葛亮
088		胜利大逃亡
090	第十二章	信长包围网
090		自信的信长
092		徒有虚名的包围网
095	第十三章	姊川会战
095		圣斗士矶野员昌
097		形势逆转
101	第十四章	火烧比叡山
101		比叡山上延历寺
103		死磕三好三人众
105		圣斗士投降
106		烧,还是不烧?
108		屠杀开始!
110	第十五章	老虎下山
110		目标:德川家康!

2

目录
CONTENTS

114　二俣城的坚守
115　信玄的恶作剧

117　第十六章　惨败三方原
117　鱼鳞阵VS鹤翼阵
121　家康的空城计
122　首实检大会

124　第十七章　虎死网破
124　虚惊一场
125　武田信玄之死
127　室町幕府的末日
128　朝仓家的急速灭亡
130　扫灭浅井家

134　第十八章　新式武器
134　镇压一向一揆
136　跳槽专业户奥平贞能
138　种子岛铁炮

141　第十九章　三河武士
141　个性的强右卫门
142　一个武士的本分死亡

146　第二十章　长筱决战
146　大战前夕
149　甲斐骑士的悲壮末日
151　冤大头胜赖
153　点背不能怨社会

155　第二十一章　终于能松一口气了
155　包工头丹羽长秀
157　光秀很受伤
158　信长的克星
159　干掉"大天魔"
161　海贼王的杀手锏

163　第二十二章　心照不宣的冤案
163　新居竣工
164　喝的不是酒，是杀气
166　背后的玄机

170		家康的决断
172		勇敢的心
175	**第二十三章**	**武田家的覆灭**
175		出来混,迟早是要还的
177		高天神城陷落
179		木材大王反水
180		众叛亲离
183		时也?命也?
185	**第二十四章**	**潜伏的杀机**
185		小姓森兰丸
186		郁闷的光秀
188		信长辞官
192	**第二十五章**	**一条臭鱼**
192		特殊的味蕾
194		秀吉的小算盘
195		致命误会
197		连歌里的杀机
200	**第二十六章**	**敌在本能寺!**
200		本能寺茶会
201		惊变,光秀反了!
203		信长之死
207		信忠的选择
208		狼狈的亲王
210		命运终结的时刻
214	**第二十七章**	**神君越伊贺**
214		晴天霹雳
216		倒霉孩子梅雪
218		遭遇山贼
221		忍者是怎样炼成的
223		好人一生平安
225	**第二十八章**	**中国大回返**
225		一个惊人的消息
227		与毛利家的谈判
228		一场命运的赌博
230		光秀的两手准备

目录
CONTENTS

235	第二十九章　天王山之战
235	谁是主角
238	血战天王山
240	惨淡落幕
241	本能寺谜团

245	第三十章　我在马路边，捡到一块地
245	两千人的表演秀
247	破竹柴田
248	一个心思细密的人
248	攻心为上
249	河尻秀隆的烦恼
250	祥林嫂式惨案
252	摆平北条家

257	第三十一章　清洲会议
257	议题：遗产分割
258	与会人员介绍
260	会场上的较量
263	分赃不均的后果

267	第三十二章　贱岳会战
267	跳槽专业户之死
269	星夜追袭
271	后果严重的撤离
274	柴田胜家的最后抗争

277	第三十三章　敌人与朋友
277	非主流数正
280	初花肩冲
281	愚殿信雄
282	秀吉的拉拢
284	被玩弄的自恋狂

287	第三十四章　猴狸合战
287	借刀杀人
289	笨，不是一般的笨
290	没事儿别玩火
292	谁先动，谁就输
294	弄巧成拙的奇袭
303	玩儿命的"侦察队"

305	金蝉脱壳

307　第三十五章　以和为贵
307	夺命马标
310	不靠谱的信雄
312	狠心的爸爸

315　第三十六章　与其拼死打天下，不如找个好爸爸
315	京都爱情故事

321　第三十七章　萨摩岛津
321	强悍的隼人族
324	岛津家之沉浮

329　第三十八章　家康臣服
329	知难而退
331	秀吉的"美人计"
333	送礼就送丈母娘
334	求求你，给哥磕一个吧！

336　第三十九章　还差一步
336	愤青的致命弱点
338	超高级别的使者
339	独眼龙政宗
342	真田昌幸的借口

345　第四十章　最后一战
345	战前总动员
346	小田原评定
349	其乐融融的前线
350	笑将石田三成
352	迟到很不好
354	北条家覆灭

前言

　　正经说来，我第一次接触日本历史是在学龄前，当时看《哆啦Ａ梦》（那年代叫《机器猫》）的时候，大雄（那时候叫康夫）他爹冒出来一句："山中鹿之介向月亮祈求七苦八难，以磨炼自己的人生。"

　　这是我人生中所知道的第一个真正在这个地球上存在过的日本历史人物，比东条英机更早。

　　再后来，闲着没事儿去学了日语，玩了些以光荣公司为主所制作的历史策略游戏，之后，又去啃了一些司马辽太郎之类的历史小说。

　　再再后来，去日本遛了个弯儿。

　　在东京的书店里闲逛的时候，意外地发现，即便是关于中国历史的书籍，也是一堆堆的，暂且不论质量，至少在数量上，并没有呈现出一种被本国历史书所过多压倒的趋势。

　　原来，他们从来就没有间断过对我们的了解啊。

这是好久之后的感想，当时只念叨着赶快买到当期的《少年JUMP》（著名热血漫画杂志，内有《火影忍者》《海贼王》等漫画的长期连载），然后回家一边吃蛋糕一边看而已。

一直到数年后的今天，我才开始有了一个这样的打算，那就是自己动手写一部关于日本的历史作品。

说正经的，日本历史在中国的地位或者说处境，是相当尴尬的。

对于国人来说，最难忍受的并非背叛，而是被以下克上。这里的上下，尤指父子关系、师生关系等最为紧密的上下关系。

估计也是老天开眼，给中国弄来日本这么一号邻居。

长期的历史纠结以及现实矛盾，终于造就出了日本历史甚至是关于对日本了解的作品在国内的处境。

我并不指望能够由自己来打破这个尴尬或者天上"哐当"一个落雷将这个现状给破了，但至少能够做点什么。

至少得让人知道，日本历史中的人并非各个都是龟田小队长。

即便是龟田小队长，那也是在特定历史环境下才会出现的人。如果小队长生在今天的东京，那多半也会挤着电车上下班，然后在书店的人群中穿梭着去买《少年JUMP》。

这部作品所选择的历史年代，是从战国中期一直到江户时代的终结这三百年。之所以这么选，最主要的原因是这三百年对于日本的意义尤为重要。简单说来，这是一个起了承上启下作用的三百年。

整个日本，在明治维新之前，从来都没有经历过像战国那么混乱的年代，也从来没有经历过像江户幕府那么稳定的年代。

因为混乱，所以造就了一批开创稳定盛世的英才，也因为多年的稳定，才奠定了日本日后腾飞的基础。

作为作者的我来说，能做到的，只有尽量努力地还原历史真相以及历史人物。

事实上，剥开历史的外衣，我们会发现那些所谓的大人物，其实跟我们一样，同样天热了想开空调，天冷了要开暖气（如果有的话），高高在上的，只是他们所站的位置，而不是人本身。

据说丰臣秀吉在当上关白（当时日本最高位官员）的第一天晚上，做了一个梦，梦见了他的原主君织田信长，在梦境里，信长对秀吉只说了一句话：

"猴子，把草鞋给我拿来！"

第一章 竹千代降临

❀ 生逢乱世

　　一切的一切，都要从天文十一年（1542年）十二月（此处为和历，阳历1543年1月，下同）说起。在三河国（爱知县东）的冈崎城，一个叫作於大的女子产下了一个男孩。

　　这个男孩嘛，不说大家都知道了，就是以后江户幕府的开幕人，我们的主人公德川家康。

　　通常这种人物出生，上天就会有一些了不得的反应，比如说刮大风下大雨冒红光之类的。这些事情不但在中国流行，在一衣带水的日本，也是比较有市场的，比如在丰臣秀吉出生的时候，据说他母亲看到阳光普照，以至于觉得好久都不需要点蜡烛了。

家康出生的时候,很太平,老天爷该干啥还是在干啥,并没有任何要奉送特别礼物的意思。

但是他家,却很不太平。

当然,不只是他家,当时整个日本,都很不太平。

此时的日本,已经进入了战国时代的第七十六个年头了。在之前的七十六年,整个国家陷入了一个无秩序、无等级、无法律的"三无"国度。不过上天似乎觉得还不够乱,在这年,又给战乱软件做了一次升级,还在一个叫作种子岛的文件夹内增加了一个插件,叫作铁炮。

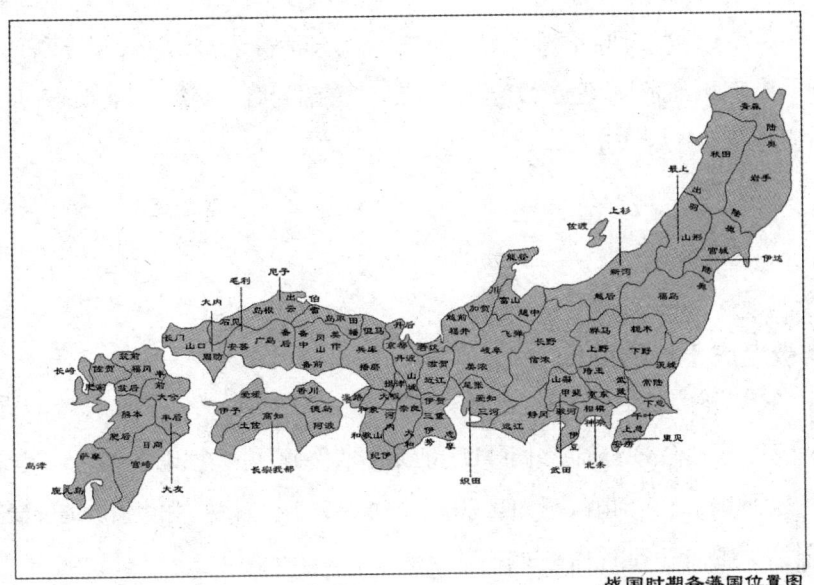

战国时期各藩国位置图

插件虽然还没有产生什么效果,但是升级之后,战乱的增加,社会的混乱却是立竿见影。之前还只是"三无",现在却连基本的道德和亲情都荡然无存了,成了彻头彻尾的黑暗时代:早上结盟,或许第二天就会反悔;早上还是你的部将,你刚吃了午饭就会看到他提刀上来,一脚踢翻你的餐桌,将饭菜汤扣在你头上,然后白刀子进红刀子出并且告诉你,从此以后这里的老大是他了;大年初一娶了你的妹妹,元宵节的花灯还没看便兵临你家,要和你关系再紧密一点——将你的

人头供在他家；至于父子相残兄弟互攻的事情，也时有发生。人人都怀有大志，那就是：做了自己的上司，然后自己做上司。这就不光是黑社会了，而是整个社会的黑暗。

在这漆黑漆黑的黑社会里，全日本被分化成几十个小国。以国为单位，国的最高统治者被称之为"大名"。大名带着手下为了土地和权力，不惜用尽一切手段，尔虞我诈你来我往地互相开战，打胜的占了对方的地盘，打输的要么投降要么死，不想投降也不想死却又在日本混不下去的，可以走第三条路——漂洋过海接着打，去做倭寇——打出日本，走向亚洲。

不过也有着这么一群人，他们虽然也以下克上，也使奸耍诈，但是他们却胸怀着一个梦想，那就是用尽一切手段统一天下，让这个国家重新恢复太平。

还有一群人，他们虽然贵为一国的大名，却活得异常艰辛，因为周围的其他大名都要比他的领国强大数倍。指不定哪天就看到烟尘滚滚快马袭来，平地一声惊雷——国破家灭了！

✤ 被老虎干掉的武松

家康当时所在的松平家，就属于后者。

不过，他们家先前也曾阔绰过。他爷爷叫松平清康，据说是个猛人，年仅十三岁便统一了三河国（爱知县东部）。当时有个传闻说，如果清康能够活到三十岁，那他就一定能称霸天下了。

从这句话里我们可以看出，清康并没活到三十岁。

天文四年（1535年），二十四岁的清康在进攻尾张国守山的时候，被家臣阿部弥七郎误杀。

请注意"误杀"这个词，这是比较有讲究的。

它有两种意思：第一种，就是在失误的情况下被杀。比如说弥七郎同志正在练习拔刀术，没想到刚拔出的那一瞬间，刀身和刀柄来了个分体。根据牛顿定理，刀身随惯性带着力量直接插入了清康的脑门中。

还有一种，是指在被误导的情况下，弥七郎杀死了自己的主公。

至于误导的内容是什么，实在不好说，因为花样比较繁多，流传最广的是这个：因为有传言说弥七郎的父亲要谋反，弥七郎为了给父亲辩白而来到了清康的大本营，不想辩白没辩成倒把清康给捅了，还是从背后捅的。

这个说法怎么看怎么都站不住脚，所以日本史学界也采取了一个比较圆滑的办法。不管他们在自己的书中说的那个理由是什么，后面多要跟上那么一段："森山之崩（指清康被杀）的谜点很多。"

虽然此次误杀的真实原因我们不得而知，但是误导弥七郎的那个背后主使大家倒是观点一致，那就是当时尾张国（爱知县西）的大名——织田信秀。

织田信秀嘛，具体说来就是织田信长他亲爹，简单说来，是当时尾张的老大，人称"尾张之虎"。不过他虽然号称"虎"，却也不见得有多么的厉害：日本人比较喜欢把他们认为的猛人叫什么什么之虎，而得到这个称号的人实在是太多了，比如甲斐之虎、尾张之虎、上野之虎（黄斑），甚至还有东美浓之虎。但根据我的不全面统计，在整个日本历史上，在有外号的这些人里面，外号被称做"虎"的人数还只能屈居第二，排行第一的是"鬼"，排行第三的是"军神"。

清康没什么称号，如果有的话，我想应该叫"三河武松"。因为在他出阵尾张后，织田家基本上被打得头都抬不起来。因此尾张的这只"虎"才被逼想出了阴招，干掉了"武松"清康。

顺便一说，干掉清康的那把刀，叫作村正。你在看动漫、玩游戏的时候看到的什么"妖刀村正"，说的就是那玩意儿。

武松一死，老虎立刻活泛了过来。

要我老虎被武松打死？没门！

天文五年（1536年），趁着混乱织田信秀对三河进行了突袭，夺城多座，并用计谋数次策反三河重臣土豪，包括美渥的户田氏、宝饭郡的牧野氏，松平家的势力从此一落千丈。

❋ 一个别有用心的胖子

清康的儿子广忠继承家业时，只有十岁。

信秀不是慈祥的大叔，他不会因为广忠只是个年幼的孩子就放过对三河的侵略，相反，他还变本加厉地开始了对三河的一系列战争。

形势越来越严峻了。

通常在这个时候，孤独的小男孩总能听到一个慈祥的声音："到我这儿来，我来保护你。"接着一个穿着蓝色外套红色披风的肌肉男，或者是一身红网格的小瘦子之类的便从天而降，最终赶跑坏人，伸张正义。

广忠也不例外，不过对他说这话的人却是一个胖子，说得具体一点，是一个短腿的、涂着一层粉底、眉毛如同大黑点的胖子。

这个胖子的名字叫作今川义元，拥有远江、骏河（都在静冈县）两国领地，而且是当时足利幕府的亲戚，实力和地位在当年的日本都算得上是数一数二的。都说胖子通常心肠好（比如我），但他估计就是个例外。他之所以要出手保护松平家，只是打算利用他来控制三河一国，顺便一起对抗自己的老对手织田家而已。

广忠没办法，只能屈身寻求今川氏的庇护。三年后，他为了本国的和谐稳定，又娶了三河豪族水野家的女儿，也就是於大。

於大的母亲，是清康的另一个老婆，之后改嫁入了川口家，也就是说，广忠娶了自己的妹妹。

这种摆明了是政治婚姻的结合，一般情况下夫妻感情都不会很好。不过这两个小孩子却是例外，一年之后他们便有了长子，取名叫竹千代，也就是后来的德川家康。

❋ 无奈的婚变

作为三河国的少主，竹千代小王子面临着如下的局面：

东面是被称为东海道（地区名，包括当时的尾张、三河、骏河、甲斐等十多国）第一武士，拥有骏河、远江两国的杰出政治家、军事家今川义元同志。虽然目前三河国是依附状态，但在战国乱世，哪天对方翻脸也实在没个定数，那些所谓的同盟啊、依附啊，都是不靠谱的。

西面则是当年在奄奄一息的时候阴死自己"武松"爷爷的"尾张之虎"织田信秀，尽管在依附今川家之后这位仁兄没什么大规模的军事入侵行为，但是时不时地也要差人来烧把火，放点流言，策反个把土豪的捣乱什么的。

两边都是大爷，两边都不能得罪。如履薄冰，如走独木。

怎是一个苦字能说得尽啊，不过没事儿，就自学呗。

幸而，在这又黑又冷的世道里，还是有一样东西让家康感到了阵阵的暖意，那就是家人的关心和爱护。

母亲自不用说，她整天看护着竹千代，生怕出些什么问题，而父亲每天从城里忙完政务回来，也要和他玩上好长一会儿，时常会摸着他的头，亲切地叫他小家伙，有的时候还会带着礼物回来，或许是京城来的甜点，或者是哪儿来的玩具。

虽然我家门破落，国土贫弱，但是我不怕。我有我的父母，他们会保护我，即便是看人眼色，对人低头，也会保护我。等我长大了，有力气了，就要保护他们！

如果不出意外的话，竹千代在十多岁的时候，会被安排一场成人仪式，日本话叫"元服"，然后娶一个或许美丽或许不美丽的当地土豪的女儿做老婆。如果他有他爷爷清康的那些天赋的话，则能重新振兴三河国，若是不能，就只能依附于今川家，过上一辈子虽然有些屈辱但是还算太平的日子。

如果不出意外的话，历史也就不是历史了。

竹千代两岁的时候，三河豪族水野家的当主水野信元投靠了织田氏。

战国乱世这种事情早就见怪不怪了，今天投靠了他，明天搞不好又反投靠了你。

不过这位水野信元的身份比较特殊，他是於大的哥哥。

特殊归特殊，这种事情在战国也不能说少见，更何况松平广忠被亲戚背叛也不是第一次了，因此他并不特别在意。

但是有人在意，这个在意的人叫作今川义元。

你投靠了我，你老婆家投靠了织田，想上双保险还是怎么着？耍我是不是？

给我离了！

同年，迫于今川方面的压力，广忠不得已和自己深爱的妻子离婚，并将其送回到水野家。

贫贱夫妻百事哀，可是这一对夫妻，连在一起的资格都没了。

这场政治婚变，受伤害最大的，莫过于竹千代了，本该是一个在妈妈怀里撒娇的孩子，却过早地和她分离了。

这个世界上最遥远的距离，是明知道彼此相爱着，却不能在一起。

此时此刻，最大的得益人当属织田信秀，他以帝国主义亡三河之心不死的觉悟，再次发动了战争。

第二章 人质生涯

✿ 被拐卖的人质

天文十六年（1547年），信秀侵入三河，建立了桥头堡总计六座。至此，广忠在三河的居城冈崎，已经直接暴露在了敌人的眼皮底下，危在旦夕。

关键时机，广忠向今川家求援，希望对方多少尽些大哥的责任，拉小弟一把。

拉你可以，不过不能白拉。

对于义元的这个想法，广忠多少有点准备，这年头亲兄弟明算账，更何况自己和义元非亲非故。三河虽然穷，但是钱粮多少还是能拿出一点的，就看对方现在的胃口如何了。

事实证明，今川胖子的胃口不但大，而且很特别。

他开的条件是要求竹千代去骏河，成为他的人质。

广忠若是答应，那么从此他将和自己的独子天各一方，但如果不同意，那么织田军就会攻进来，取走两人的项上人头。

想了很久，他答应了。

儿子，对不起，如果爹能再强大一点……

临走时，广忠抱着竹千代怎么也不愿意放手。小小的竹千代似乎也感受到了什么，开始伤感起来，但是他并没有哭。

到骏河的路有水陆两条，因为当时山贼极多，所以选择了水路，从海上坐船到达今川家的大本营骏府城，负责护送的是广忠的第二个妻子的家人——户田康光。

望着在岸上朝着自己挥手的父亲，竹千代的眼睛开始湿润起来，他不明白，为何老天要这么对待他：先是走了娘，再是收了爹，这一切的一切，到底是为什么？

父亲的影子越来越小，终于看不见了。直到这一刻，竹千代的眼泪再也止不住，如同小溪一般流了下来。

别哭啊，竹千代小朋友，这还不算完呢，要哭过会儿再哭吧，到时候估计你哭都哭不出来了。

骏河国位于今天日本的静冈县大井川左岸的中部和北部，景色优美，日本自古以来的象征——富士山，便在那里。

富士山海拔三千七百七十六米，是日本第一高山。当时的日本没有什么高楼，即便在很远的地方也能看到山顶那皑皑白雪。

不过船走了两天两夜，其他负责护送的家臣都没有看到富士山，反倒是看见了伊势（三重县）的群山。骏河和伊势，一个在三河东面，一个在三河的西面，说得形象一点，伊势那个防线（不是伊势国）是织田家的地盘，而骏河却是今川家的。

被人卖了。

不过三河人还不知道，天真地以为这只是船老大开错了方向，所以还跑去跟船老大交涉，内容不外乎要他赶快认识到自己的路线错误，现在掉头还来得及，不然连船费都不给了云云。

船老大只说了一句话，就把三河人给憋了回去："船没开错啊，走的就是这条路。"

三河人蒙了，去骏河明明就该往东，这船现在往西走还说没走错？难道他要环绕日本一周不成？

关键时刻，还是户田康光揭开了谜底："谁告诉你们咱要去骏河的？"

谁？主公松平广忠的命令啊。

看着户田康光皮笑肉不笑的表情，其他家臣算是明白了：广忠妻子的家人，再一次背叛了他，不但背叛了他，还拐走了他的独子！由此可见，找老婆的时候，抽空考察一下老婆的家人是多么重要的一件事了。

信秀看到竹千代后，非常高兴，琢磨着这下三河算是到手了。他赶忙将人质安排在热田神社，吩咐好生照顾，然后立刻写信给广忠，大意是你儿子现在在我手里，想要儿子的话以后就得听我的，做我的小弟。

威胁的话也就不必多说了，说多了伤感情。松平广忠在他眼里本来就是墙头草，这次为了儿子一定会来投靠自己的。

不过数日，回信便来了，然而内容却大大地出人意料。

广忠拒绝了信秀的要求。

信中写道：竹千代本是送给今川家的人质，不知何故到了您的手上。尽管如此，在下也是堂堂正正的武士，并非无信小人，所以，信秀大人所提的要求，恕在下难以从命。

信秀看了之后没说什么，仍然吩咐好生照料竹千代，不但如此，还安排了竹千代的母亲前来探望自己多年未见的儿子。此时的於大，已经跟随着背叛松平家的哥哥一起，住在了织田的领地内。

今川义元也被感动了，他深深地感到，在这种年头有这么听话忠心的小弟着实不易，能帮咱就帮一把吧。

天文十七年（1548年）春，今川方命太原雪斋为总大将，联合松平军于小豆坂击败了织田家四千人，史称"第二次小豆坂合战"。

即便如此，信秀仍然没有为难竹千代，还将他的住地转到了万松寺，并加设了卫兵。

信秀作战时到底是不是"老虎"我们实在无从判断，但是，他至少是条汉子。

✽ 傻瓜朋友

也算是因祸得福，竹千代的生活就此稳定下来了。他时不时地就能收到从母亲那里来的礼物，比如点心啊，新衣服啊之类的，每次母亲的家臣来送东西的时候，恐怕是他最快乐的时光吧。

闲暇的时候，竹千代更喜欢走出门外，看看蓝天，看看飞鸟。总之，这是个比较有艺术气质的小少年。

这天，当他和往常一样看着四周的景色时，不远处发出了一阵阵喧闹声。

当他随着这声音看过去的时候，不由得一愣：一个十四五岁的少年，上身全裸，腰间绑着一根破草绳，绳子上挂着个破袋子和一把太刀，活脱脱一个土匪头子。

他骑着马，啃着不知从哪儿弄来的柿子，和周围一群衣衫褴褛的随从高声喧闹着。

竹千代纳闷了，换你你也纳闷。

那时候日本虽然穷，但是还不至于穷到连武士都穿成要饭的。之所以能确定这家伙是个武士而且还是个地位不凡的武士，是因为他骑着马，还带着一把看起来很不错的太刀。要知道，那年头马是很贵的，不到一定地位一定收入是骑不起的，就像现在的私家轿车一般。

看他是山贼嘛也不太像，周围一群都是小孩子，总不见得是山贼少年先锋队吧？

更让竹千代感到发毛的是，这群人是朝着他的方向走来的，马上的那个还朝着自己一阵猛挥手。

我靠，这谁啊？我认识这群人吗？竹千代非常纳闷。

走近了，那人跳下马来，问道："是冈崎的竹千代吧？"

竹千代点了点头。

"我是吉法师。"说着他便从脏兮兮的袋子里摸出了个柿子塞了过来。

竹千代明白了,眼前这位哥们儿,正是传说中名声响遍日本东海地区的尾张大傻瓜——吉法师,织田家的少爷。

久仰久仰,很久就听说尾张大傻瓜了,今日一见,果然人如其名啊。

竹千代愣是把这话给咽了回去,只是摆手拒绝了那个柿子。

吉法师对于竹千代的拒绝并不介意,只是笑了笑,又把拿柿子的手收了回去,然后便离开了,临走前留下一句话:"我还会来打扰你的。"

吉法师是个实在人,说来打扰还真就来打扰。每当竹千代在看景色、看母亲礼物之类的时候,他都会很及时地出现:或者带他去打猎,或者带他去骑马,甚至在冬天的时候,还手把手地教会了竹千代游泳。

渐渐地,竹千代发现自己身上发生了某种变化。

以前他总是呆呆地看着蓝天、飞鸟,一看便是半天,要不就是看着母亲的礼物一直看到落泪。

现在他不再哭了,在马上驰骋中,在冰冷的河水中,在相扑的泥泞里,他感受到了一种从未有过的体验。他能清晰地感到自己很快乐,虽然还是很想母亲和家乡,但是再不会无助地哭泣了,因为当他难受的时候总会有一个声音来安慰他:"别哭,武士可不能轻易地说哭就哭。"

产生这种变化的因素,是一个叫作朋友的东西,这个朋友,便是吉法师。

虽然你被大家伙叫作傻瓜,虽然你看起来真的是蛮傻的,整天都不知道在干什么,但是,这并不妨碍你成为我最好的朋友。谢谢你改变了我那么多,我的朋友。

虽然你这家伙只是一个从三河来的人质,还是被我们从半道儿上截来的,但是我吉法师从来就不在乎身份地位这种无聊的东西。你是我的朋友,现在是,将来也是。不管你最终是三河之王,或者这辈子只是一个人质,你都是我的朋友。

竹千代,总有一天,我们会一起称霸这个天下!

✲ 广忠之死

接下来的几年里，竹千代的生活是平静的，但整个日本，却是不和谐的，好像每天不来几十次的群体械斗事件不会罢休似的。但是，这些和我们的主角关系都不大：你打你的群架，我过我的日子。

直到天文十八年（1549年），从三河传来消息——广忠死了。

死因很多，我整理了一下，大致有以下三种：

第一种，病死。这个不多说了，毕竟当时日本平均寿命不高，二十多岁就挂了也并不少见。

第二种，被误杀。如果你觉得这个死因比较眼熟，那么恭喜你，你通过了我的记忆力考试（没有奖品），前面说过，他爹——松平清康，也是这么死的。这次误杀广忠的，是一个叫作片目弥八的家臣。据说是这位弥八兄弟某天看见广忠之后，突然全身抽搐浑身哆嗦，如同见到了久别的老朋友，二话不说上前就拔出了自己的宝刀——村正，如果你对这把刀也还有印象的话，同样恭喜你通过了由我举办的记忆力大赛（仍然没有奖品），接着，用它热烈地招呼了自己的主公。当他打完招呼之后，发现自己的主公已经倒在血泊之中，当场蔫菜了（现在持这种说法的人最多）。

第三种就比较诡异了：话说某天，松平广忠外出打猎，地点是冈崎的渡利村。当时，他发现了一只野兔，便毫不犹豫地一箭射去，当场命中。不想那野兔轻伤不下火线，愣是带着箭一瘸一拐地向前逃命。广忠拍马便追，一个追，一个逃，等来到一处树林的时候，野兔转了个身子便不见了。此时广忠只能打道回府，却发现自己迷路了，而天也开始下起了蒙蒙细雨。无奈的他只能骑着马到处转悠，一面寻找出路，一面看看是否有避雨的地方。很快，他看见了前面有零星火光。

在通常的故事传说中，出现这种火光，就意味着森林的深处应该有人家，而家里往往只有一个单身的美女，于是年轻的国王先是避雨，再从避雨变成了小住，从小住变成了……于是多年以后，竹千代同学或许就会冒出了一个叫作"松平紫薇"的亲妹妹，还稍搭一个叫作"松平小燕子"的干妹妹。广忠估计也是这么想的，或许根本就没多想，便拍马往火光奔去了，可走近一看，他愣住了：那不是一个美女，而是一群男人，而且各个拿着兵器。这群人在日本历史上有一个专用名词——一揆，说得通俗点就是造反的农民。

造谁的反？

领主。

领主是谁？

松平广忠。

现在碰上了松平广忠咋办？

往死里整！

所以，广忠死了。

因为这个说法过于玄乎，所以在此我提供一下出处：该说法见于《冈崎市史别卷》一书中，一定能查阅得到。

广忠怎么死的，其实不重要，重要的是，他确实死了。

死了就好办了，长江后浪推前浪，前浪死在沙滩上。

竹千代，从今日起，你便是三河之王！你将继承你父亲的衣钵，统领这三河国，在战国乱世中生存下去，发展起来，壮大成长！

加油！竹千代！

这是当时三河国绝大多数家臣的想法，当然，并不是尾张老大织田信秀的看法。

人还在我这里，你们瞎胡闹点啥呢？要人过去？行啊，来投靠我呀，咱们一手投靠，一手给人。

对于尾张国这种无视他国权利，不顾三河人民强烈反对，一意孤行的做法，三河家臣团表示了强烈抗议以及严正交涉。

就在三河一片混乱的时候，迎来了一个客人，他的身份是今川家的家臣。

"广忠死了，竹千代少君还没有回来。根据我家义元公的意思，在这段时间里，我就是冈崎的城主。"

看着这个从客人一下变成主人的家伙，三河的家臣们再也说不出话来了。

抗议？交涉？实力！

上天最终还是出来搅和了一把，让竹千代回到了三河，虽然，只有十天。

✤ 三河少年人质集团

天文二十年（1551年），尾张大名织田信秀突发疾病，经抢救医治无效逝世，享年四十二岁。

继承位置的是吉法师，此时他已经元服，有了属于自己成人时代的名字——织田信长。

今川家趁着尾张不稳，想浑水摸鱼一把，便派太原雪斋率军攻打了织田家的安祥城。

安祥城守将是信长的哥哥织田信广，这位同学打仗平平，文化平平，基本上就是个啥都平平的人。面对东海地区屈指可数的智将太原雪斋，安祥城很快便被攻破，不过雪斋并没有进一步的动作，只是将其困在了本丸。

接着今川家便派出谈判使者，条件很简单：交出竹千代，我便放过信广。

此时尾张极端不稳，信秀一死，便失去了强有力的手腕，几个姓织田的都在蠢蠢欲动，打算推翻了大傻瓜信长另立炉灶。若是放任信广不管，必然会引起其他人的不满，这样便麻烦了。

信长考虑了很久，同意了这个要求。

就这样，八岁的竹千代从尾张来到了冈崎。十天后，他又来到了骏府（今静冈市）。

在这里，他将度过他的童年。

比较凄惨的童年。

严格来说，他和贫农流民比起来，至少饭还是有得吃的，当然还管饱。不过，竹千代的生活中缺少着两样很重要的东西——自由和尊严。

自由当然不必说了，竹千代小朋友表面的身份是三河国国君，真实的身份却是少年人质，说白了就是囚犯。人质有了自由，那就不叫人质而叫自由人了。

但是人质至少还能有个尊严吧？好歹也是一国之主，总能摆摆威风吧？

今川义元很明确地给了我们答案：不能。

为了更好地控制三河，义元想出了一个比较龌龊的办法：以"陪伴少君"为名，将三河重臣的子弟如数带到骏河，组成了三河少年人质集团。也就在这些少年中，诞生了后来江户时代的数位奠基人和名将，比如本多忠胜，比如鸟居元忠。

少年人质们在骏河基本不怎么受待见，平时其他的骏河武士子弟玩耍都不会去招呼他们。甚至有时走在路上，都会莫名其妙地挨上一两下石块。

不仅如此，为了表示对远道而来客人的热烈欢迎，骏河人还授予了人质集团"三河群狗"的集体光荣称号，还给人质集团首领竹千代以"三河野种"的个人称号，并且或当面或背后反复称呼，以此来表达自己的热烈之情。

面对如此厚爱，三河少年们不止一次地打算当场用手中之剑给予回礼，却总是被竹千代拉住。

虽然年幼的竹千代小朋友尚不懂得"小不忍则乱大谋"之类的大道理，但是经过多年颠沛流离的生活，他已早早地明白了"人在屋檐下，不得不低头"的常识。

面对着侮辱和鄙视，竹千代仍然悠然自得地过着属于自己的人质生活，直到有一天，当他在寺（他住在寺庙中）里乱溜达时，听到了一声叫唤：

"三河君。"

听到这个声音，他的第一个反应是——没反应过来，所以继续溜达。

"三河君。"叫声再起。

竹千代想了想，回过了头去，看到了一个老和尚。

"老师父，您叫我？"

"叫的就是你。从今天起，做我的学生如何？"

竹千代第二个反应是——心中很温暖。听惯了"三河狗"、"三河野种"之类的称号，这是第一次被骏河人叫作"三河君"，因此他从心底里认定：这是个好人。

小孩子就是小孩子，当他认定你是他定义中的"好人"后，便会一直跟着你了。

于是竹千代便有了第一个老师——太原雪斋。

太原雪斋，骏河人，家中世代为骏河今川家重臣，曾担任过今川义元幼年时的教育职责，并且在今川义元的成人仪式（元服）上担任主司仪。之后，他又安排了义元和武田家的婚姻以及和北条家的同盟，铸就了著名的"关东铁三角"。在军事方面，雪斋亦是一个猛人，对阵织田多年，他是继清康之后的又一个"武松"，连战连胜，打得信秀毫无还手之力。

命运就此改变,虽然还要忍耐。

当然,忍耐是竹千代要忍耐,我们就不方便陪着他一起忍耐了,以防增加小朋友的心理压力。来,让我们把目光稍微往上移动一下,去看看我们另一个老朋友——吉法师,也就是织田信长同学。

第三章 尾张的大傻瓜

❈ MM 是这样套来的

信秀临死之前几年,做了一件事情,那就是让信长和美浓国斋藤家的闺女归蝶结婚,这对于今后织田家的发展有着非同寻常的意义。

这件事情说起来也就几句话,但做起来却真不那么容易。要知道,斋藤归蝶乃是战国三枭雄之一——美浓国大名斋藤道三最宠爱的女儿。她人长得漂亮,性格也贤惠,口齿也伶俐,求婚的人上到别国大名下到美浓本地土豪,排队可以从新宿一直排到八王子,而织田信长呢,则是远近闻名的大傻瓜。说远近闻名其实算是给他面子了,说他是全日本闻名的大傻瓜才更符合客观事实。据说连大明朝的海贼王汪直同志,都知道日本有这么一号人物,这也算是给日本增加了些许

国际影响。

要说尾张和美浓都是实力相当的诸侯国，地位大致也差不多，那凭什么我的掌上明珠就要嫁给你家的傻儿子？

但是织田家重臣平手政秀老大爷亲自给我们上了一课：MM 就是这么给套来的。

平手政秀，清河源家一族，交涉能力和内政能力非凡，负责教育信长。

自从担任了这个职务，真是苦了他老人家了。

信长同学自会走路以来，就不怎么干人类的事情了。

别的孩子在读书，他在河里游泳；别的孩子穿得整整齐齐地走亲戚，他披着一块破布在街上骑马游走；别的孩子和漂亮女孩一起聊天谈理想，他组织了一群又壮又丑的女人搞起了相扑大赛，还公然宣称：谁赢了就娶谁，并且振振有词：强壮的女人能生强壮的孩子！

要是搁到现在，信长开个博客，弄段视频，搞不好还能火一把，但是在当年的日本，只能用一个称号来形容他——尾张的大傻瓜。

面对这位从火星来的小祖宗，政秀骂了没反应，打又打不过，只能一次次地劝谏，一次次地偷偷吐血，一次次地回家撞墙。所以当他接到了命令要和斋藤家交涉婚事的时候，精神为之一振。

没准结了婚了，就能收敛了。

行，老头子我就是豁出这身老骨头，抢也要把斋藤家的公主给抢回来。被斋藤家打死还能追认个烈士拿个补贴，被这小祖宗气死，那可啥都没有了。

他见到了斋藤道三。

双方寒暄了一下，便坐了下来。

道三正要说说当今日本形势，以及幕府将军的苦难生活等，借此来打开话题。政秀则一枪插入主题："请把归蝶公主嫁给我家信长少主。"

道三装傻："你说啥？"

政秀重复了一遍。

道三："哎呀……这幕府最近真是风雨飘摇啊……"

你娘的看不起人是吧？

政秀大声说道:"我家少主现在虽然年少(无知两字故意没说),但是相貌堂堂,做事果断,遇事冷静,终能成就大事,道三殿将来可别后悔啊!"

对面沉默。

"道三殿,天文十六年(1547年)的事情谁也不想再发生啊。"

这话是啥意思呢?

天文十六年,信秀率领大军攻打了道三的居城稻叶山城,虽然最后败走,但是给美浓的大伙都带来了不小的震撼。

斋藤道三始终保持着"沉默是金"的原则,看着对面的政秀。

政秀"腾"地站了起来,说了最后一句:"道三殿的敌人是近江(滋贺县)的浅井和越前(福井县)的朝仓吧?智者怎会让自己腹背受敌?"

说完便走了,留下道三站在后面陷入了沉思。

如果你看不懂这段对话(或者说单口演讲),我可以来解释一下。

我家少主相貌堂堂做事果断,遇事冷静,终能成就大事,道三殿将来可别后悔啊!

这话意思是说:信长人长得帅性格也好,将来发展前途无量,是个绩优股。你道三守着女儿到老,有啥用啊?

这招叫作自我推销,也称"王婆卖瓜,自卖自夸"。

道三殿,天文十六年(1547年)的事情谁也不想再发生啊。

这句的意思是:两家打仗对谁都没好处,你也不想我们天天打你吧?不想,就给女儿吧。

这是来硬的。

最后这句:道公殿的敌人是近江的浅井和越前的朝仓吧?智者怎会让自己腹背受敌?

意思是:近江的浅井和越前的朝仓都在美浓的北面,尾张的织田在美浓的南面,斋藤一向想侵吞越前,无奈越前和近江结成了同盟,所以两方一直处于胶着状态,若是增加了尾张这个敌人,那便是腹背受敌,很是被动了,搞不好家破人亡也说不定。但是如果把女儿嫁给我们,那么你就能一心一意地对付你的老对手,再也不必担心背后挨闷棍了。

这招叫软硬兼施。

一记软，一记硬，再来一记软硬混合棍，斋藤道三当场就动摇了。

早在他还是美浓土岐家臣的时候，便和织田家打过交道，深知对方的厉害。对于跟尾张的关系，确实是交好结盟对自己来得有利。

这天晚上，他来到女儿归蝶的房内，和她说起了这桩婚事。

出乎意料的是，时年十五岁的归蝶居然对这个比她大一岁的男孩充满着好奇，并没有出现他想象中的抗婚之类的举动。

于是道三就将自己随身的胁差（短刀的一种，贴身携带）给了女儿，说道："结婚后，如果他真的如同传闻那般是个傻瓜的话，那就用这把刀杀了他。"

归蝶接过了刀后嫣然一笑："若他不是个傻瓜而是个大才的话，那么这把刀我可能就要对向父亲您喽。"（如夫君乃大才，归蝶或与夫君杀父）。

有其父必有其女。

天文十七年（1548年），织田信长和归蝶完婚。

平手政秀应该是最高兴的，他不但凭着自己的三寸不烂之舌将美浓的公主带了回来，完成了"尾浓同盟"这个既艰巨而又伟大的任务，同时他还坚信：一旦结了婚，信长大爷就会规规矩矩做人，老老实实干活了。

但是事实却给了他一个响亮的耳光。

结婚后，信长先是连续两天对归蝶不理不睬，连个招呼都不打，新房也不入。

第三天，平手政秀亲自率领自己的家臣在一阵围追堵截后，将信长押赴新房。

一对新人见面之后，先是互相对视了一阵子，接着信长做出了下一个举动——从口袋里掏出了柿子干（这个动作有点眼熟啊）。

和竹千代不同的是，归蝶毫不犹豫地拿起了柿子干，放在嘴里吃了起来。

信长笑了。

不过之后信长的整体行为和以前基本上没什么区别，火星依旧：照样裸体（上半身）逛街，照样搞丑女相扑，照样……

终于又有个人坐不住了，那就是斋藤道三，换了是你女儿嫁这么个人你也坐不住。

他决定亲眼见一见信长，用自己的双眼——被誉为战国枭雄的双眼亲自来看一看，鉴定一下，自己的女婿到底是怎样的一个人物。

✽ 拜见岳父大人

天文十八年（1549年），信长率领着一支百余人的队伍来到了美浓，他将在这里的圣德寺和自己的岳父——拥有"美浓蝮蛇"之称的斋藤道三见面。

进入城下町的信长穿着极为简单，只是用一块布将自己的半个身子包了起来，另外半边则裸露在外，腰间扎了一根草绳，挂着一个葫芦。

这并非是一次简单的会面：从小的说来，这是女婿看丈人，从大的来说，这是尾张国下一代大名和美浓国大名之间的会面，但不管从哪个方面来说，都丝毫马虎不得，丝毫怠慢不得，更何况对方乃是蝮蛇道三啊。

不过信长却大有一副无所谓的姿态：他悠然自得地裸露出雪白的肌肤，接受着在路边看热闹的美浓师奶军团的指指点点以及眼神口水——小伙子人长得还是很帅的。

在路边一间谁都没有注意到的民房内，也有着一双如鹰的眼睛盯着信长一行。

"果然是这副打扮啊，他以为这样就能表现出自己镇定自若的心态吗？欲盖弥彰！"

说这话的是道三，当他在民房内偷看到了信长的装扮之后，便一眼看出了女婿的意图。

他说着，缓缓地将自己的衣服脱了下来："来，给我一块布，要破的，越破越好，我也这副打扮去见他，看看他那吃惊的样子。"

莫装×，装×遭雷劈啊。尾张小子，看你这次怎么收场……陪同一旁的其他美浓武将此时都这么想着。

当裹着一块破布，走进圣德寺会客厅的道三，看到了眼前的信长，不由得惊呆了。

此时的信长，早已不是刚才在马上的那副打扮了，而是规规矩矩地穿着一

身正规的流纹礼服，正坐着等待自己。小伙子人长得本来就帅，再加上这身礼服，一表人才啊。

道三傻了，手下也傻了。

面对信长，自己是什么？没错，自己是信长的岳父、美浓的大名，但是看看自己这副打扮，像吗？道三真怕信长突然跳起来大喝一声："呔！哪儿来的要饭的，给我叉出去！"

更让他感到尴尬的事情发生了。

这尴尬的事情就是——什么也没有发生。

通常我们要是看到老丈人这副打扮出现在自己面前，都会装出很关心的样子询问一下，即便不询问，也会有意无意地流露出疑惑的神色，这样等于给对方一个台阶，给他一个解释的机会。

但是信长却没有任何反应：他按照常规，让座，寒暄，进入话题。一切的一切都显得那么自然，那么理所应当，似乎自己的岳父就该是这副模样，似乎自己的岳父本身就是一个老叫花子。

连解释的机会都不给你！

就这样，在美浓的圣德寺，美浓地区的"丐帮帮主"斋藤道三长老和"尾张派掌门人"织田信长少侠开始了第一次见面，虽然气氛有些诡异。

这次见面其实只是寒暄而已，并没有讨论什么重大的国内国际大事。所以历史上也没什么详细的记载。

在信长告辞后，斋藤道三望着他的背影说了这么句话："恐怕，我的子孙是要给这家伙牵马了。"

鉴定完毕。

他确实说对了，尽管这是好多年后的故事了。在这句话应验之前，信长同学还要面临着无数次或许会危及性命的考验。

根据我的不完全统计，生命中的考验，永远要比生命中的红颜来得频繁来得速度。

✻ 追悼会上的火星人

之前说过了，天文二十年（1551年），信秀突然死去。

人死了，就要开追悼会。其实日本的追悼会和中国的没什么区别：找几个和尚念经做法事，亲朋好友相聚一堂默哀一场，或许还能大吃一顿。

信秀的追悼会也就这么开始了。

一切都按照正常的礼数进行着：家臣默哀，和尚做法事……但是大家总觉得有点什么地方不对劲，可就是说不出个所以来，于是追悼会就在一片既和谐又别扭的气氛中进行了下去。

不过最终还是有机灵人猛然发现：信长呢？

爹死了，身为继承人的嫡长子不来追悼会，这叫大逆不道。不过信长同学大逆不道的事情做得也比较多了，算是死猪不怕开水烫。

关键的问题不在这里。

前面说过了，信秀是突然死掉的，这就牵涉到一个重要的问题——继承人。

战国乱世，在这方面虽然还存有些许规矩，不过早就被打得支离破碎了。尽管说按惯例是立长子，但是下面的弟弟反将起来干掉哥哥之类的事，也早就不是什么新闻了，相反，兄弟和睦倒成了新鲜事。

而信秀是有不止信长一个儿子的，比如前面说过的织田信广，以及现在正在追悼会上沉痛默哀的织田信行。

信行和信长是同父同母的亲兄弟，但比起行为诡异乖张的哥哥来，他要显得正常许多：该读书的时候读书，该练武的时候练武，因此在家中广受好评，此时任末森城城主。

在相当一部分家臣看来，与其把尾张国交给整天不知在干什么的火星人信长，还不如让给正常的地球好青年信行，其中就包括信行自己的家臣柴田权六胜家。而这次信长不出席追悼会，支持率则又要大大下降一票了。

不过信长最终还是来了，他是被平手政秀半拉半拖地弄进告别室的。一进来，大家立刻达成了共识：来了还不如不来。

此时的他，身上还是披着一件破布，半裸上半身，腰间挂着一个葫芦，扎着一根破草绳，在众多家臣的注视下，极不情愿地走向了信秀的牌位。

到了牌位前，他不跪也不拜，直接就吼了一嗓子：

"爹啊！你怎么死得这么早啊！！！"

凭良心说，是够早的，此时的信长才17岁，属于未成年人。

大家沉默了，再怎么样，也是父子啊，就算是火星人信长同志，对自己的父亲还是有着留恋之情的呀，你看都伤心成这模样了。

事实证明，尾张的同志们太傻太天真，他们居然真的相信火星人信长在这一瞬间变回了地球人。

很快，下一嗓子也响了起来：

"爹，你这一死，家里好不容易团结起来的亲戚又要分裂了！"说完抓起一把香炉里的香灰丢向牌位，然后直接走人。

大家目瞪口呆，随即立刻将头转向了信行的方向，只见他正襟危坐，丝毫不受影响，仍然处于沉痛默哀的状态。于是，评论声开始窃窃响起：

"你看信行殿下，多有素质啊。"

"这家主，该是他的才对啊。"

在评论声中，信长头也不回地走出了告别室。

对此我的评价是：信长乃大才。

年仅十七岁的他，已经预见到了尾张国的未来，并且有了相当的觉悟。

什么遗体告别，什么他娘的默哀，都是假的，这些人为了权力和金钱斗得你死我活，夺自己亲戚的家业才是真的。爹，你放心，你给我的尾张，我一定用我的全部力量来保护，我对你发誓，他们不跟我走，我就让他们跟你走！

雄心壮志的信长正待起步，考验就来了。

❀ 锲而不舍的谋反

天文二十二年（1553年），平手秀政死了，死于切腹。

在屡次劝谏没有结果之后，秀政选择了用死来唤醒自己的学生，也是自己的主公。

从我们现在人的眼光来看，信长这些类似火星人的举动，其实是表现了一种他对旧制度、旧恶俗的不满，意图改革的情绪之类云云。但是在当时，这是大家所不能理解也不能接受的。秀政也是"大家"的一分子，他的境界或许达不到信长那么高，他拥有的，只是一颗守护自己学生、自己主公的勇敢的心而已。

当信长闻讯赶来的时候，政秀已经成了一具冰冷的尸体。信长抱着尸体当场放声痛哭，虽然他平时看上去又打又闹的，其实师生两人的感情非常深厚，被政秀一手带大的信长对他有一个专用的称呼：老爹。

不过此时的信长连悲伤的时间都没有了。

一年后，织田信友在清州城起兵造反。同时起事的，还有鸣海城城主山口教继。

信长二话不说，起兵亲征，没费多大工夫便将两人打败，并且连他们的城池都给夺了。

信友是个比较有恒心的人，不久之后，他又策划暗杀信长，不过因为事先有人泄密而失败。

还是没学乖的信友，于天文二十三年（1554年）再次起兵，结果再次被信长打败，最后自杀身亡。

总体来说，信友的数次谋反，在某种程度上促进了尾张的统一。信长接连收拾了几个不跟他走的亲戚，算是稳定了形势。

现在唯一能和他对抗的，就剩下那个好青年信行了。

第四章 本是同根生

❀ 男大当婚

  好青年信行没有丝毫动静,似乎只是在等待着什么。我们也不知道他在等着啥,总也不能陪着他一起耗下去吧。来,让我们去看看竹千代同学忍耐得怎么样了。

  在名师太原雪斋的指导下,竹千代同学学会了兵法、和歌,字也练得像模像样,剑道和骑马也有那么两把刷子,甚至还学了弓术。

  此时的他,已经十四岁了,相貌堂堂,文武出众,俨然是一个像样的武士了。

  对此,雪斋和尚感到很满意,今川义元也很满意,满意之余,就想到了一件大事:该给竹千代找个老婆了。

那个年代的日本，结婚都比较早，特别是女孩，比如前田利家他老婆，嫁给他的时候只有十二岁，丰臣秀吉的老婆宁宁结婚时只有十四岁。男孩如果不是碰上什么特别大的问题（比如家境贫寒、长得不招人待见之类），通常这个年龄也该结婚了。

当然，结婚是大人的事情，毕竟结了婚，做的某些事情是少儿不宜的。所以，在结婚之前，男孩必须要先经历成人仪式，也就是元服。只要经过这个仪式，不管你是三岁还是五岁，都是大人了，以后就能讨老婆，能上战场，但若是没有这个仪式，你哪怕八十岁了也还是一个小"正太"。

日本的成人仪式其实和中国也没啥区别，说白了就是从中国学来的：穿着正装，戴上帽子，被称为加冠，诸如此类的程序一套走下来，你就脱胎换骨变大人了。

不过区别也是有的，那就是名字。

在日本，如果你是属于有名字的那一行列（武士或者公家），那么你至少有两个名字：一个是幼名，就是你小时候专用的名字；还有一个就是你的姓名，也就是你元服成人之后给你取的名字，比如竹千代，就是德川家康小时候的名字。

但是日本人时常改名，不但改名还会改姓，而且改名改姓的理由非常繁多：继承别人家家业（做养子），这个当然要改；自己原来的名字是父母起的，没有选择权，长大了翅膀硬了觉得名字不好听的也能改；为了证明自己出自名门的，又要改；甚至无缘无故觉得自己活了大半辈子太艰辛，想改个名字换个运气的，还会改。总之，改名的理由只要你能想到，他们也都想到并做到了。

竹千代的第一个成人名是今川义元所起：义元为了表示自己对竹千代的器重，也为了更好地控制三河，决定把自己名字中的"元"字，赐给他，接着又取了"三河武松"，也就是竹千代他爷爷松平清康的"康"字，于是，竹千代的成人名就叫作松平元康。

名字取好了，就该找老婆了，义元很认真地给他物色了一个。

其实也不算外人，就是义元的外甥女——关口濑名，时年十五岁，比竹千代大上一岁。

这是一场包办的政治婚姻，所幸小两口关系还不错，日子过得倒也安稳。

✿相煎何太急

尾张终于出大事了。

其实也不是尾张，确切地说，是美浓。

斋藤道三死了。

当然不是正常死亡，属于兵败自杀一类——败给了自己的儿子斋藤义龙。

虽说战国乱世无常，但是老子被儿子给弄死还是比较稀有的。

其实战端一开，信长就得到了消息，在归蝶的哭求以及自己愿望的驱使下，发兵准备救援。

当军队开到美浓边界时，消息又传来了。

道三在长良川之战中败给了兵力七倍于己的义龙，不得已已经自尽。

从一介卖油的商人开始，凭借着自己的谋略和智慧一步一步向上爬，最终成为了一国诸侯的斋藤道三，就此，被自己的儿子结束了他的"国盗物语"，多少也有点讽刺。

信长没有办法，只能在边境武装游行了一阵子后，便打算回家了，他本人在马上苦思冥想如何跟自己的老婆交代。

不过很快他就知道无须交代了，因为根本没空去交代。

在他出兵美浓时，信行反了。

信行终于等到了这一天，在他看来，自己那个整天如同火星人一般生活的哥哥基本上一无是处，唯一的靠山就是被称为"美浓蝮蛇"的斋藤道三。现在道三一死，信长便如同失去了爪牙的老虎，丝毫不用怕了。

自己手下有柴田胜家这等猛将、林秀贞这等能吏，自己自幼行为端庄，知文善武，为何就要屈尊于那个火星人兄长之下？为何？就因为比他晚出生那么几年？

不，不，我是绝对不会甘心的。战国乱世，以下克上，天经地义。既然现在天赐良机，我便要将我想要的东西夺来。

出征！

刚刚结束了武装游行的信长也率部赶了过去，两军在稻生相遇。双方拿着家伙，气势汹汹，不需要多做解说，直接开打。

此时信长方七百人，信行方一千七百人。

刚一开始，信长面对的是柴田胜家。胜家利用优势兵力，将信长死死地压制住，一时间信长队连头都抬不起来，大将佐佐孙介、山田治部先后战死，战场逐渐趋向一边倒。

就在这个危急时刻，信长拍马冲向敌阵，暴喝（注意这个词）道："你们这群忘恩负义的家伙！吃我一刀下地狱去吧！"话音还没落，便当场将对方的大将林美作守一刀砍死。

对方被他这么一喝一刀给吓坏了，甚至有人还能隐约看到信长背后放着光芒，于是纷纷开始动摇。

趁着这个机会，信长军一鼓作气发起了突击，最终斩首四百五十余，取得了胜利。

战败后的信行，做出了第一个反应：连夜跑到自己母亲土田御前的跟前求情。毕竟也是同出，信长在母亲的求情下，答应原谅自己的弟弟。

林秀贞、柴田胜家等人，也终于看清了信长的实力，他们在感到安心和欣慰的同时，也表示了对信长的绝对忠诚。

如果信行学乖的话，倒也是件好事情。毕竟兄弟同心，其利断金，大家手牵手共同在战国乱世里拼搏的故事也是很美好的。

可是信行并没有学乖，所以注定了这是一场不美好的故事。

弘治三年（1557年），信长听说了自己弟弟将再度谋反的消息，决定不再饶恕。

这一天，信行突然听说自己的哥哥病了，还很重，已经奄奄一息了。

在经过确认（问了柴田胜家）之后，他相信了这是真的，便决定去看哥哥最后一眼，做一下告别，顺便讨论一下遗产分割问题。

当他来到房间里，看到了躺在榻榻米上连身子都起不来的火星哥哥，顿时感到暗爽。

哥，你安心地去吧，你的遗产我就全部接收了。

当然，看你快蹬菜的那副样子也是蛮可怜的，我就再靠近你一点，安慰安慰你，也算是代表地球人慰问外星友人吧。

没想刚一靠近，信长便一跃而起，手中短刀随之出鞘。

弘治三年（1557年）十一月，尾张国大名织田信长手刃胞弟信行。

至此，尾张全境被信长牢牢地握在手中，接下来的目标，便是天下了。

巧得很，就在他不远的地方，也有一个以天下为目标的男人，那个人叫今川义元。

看来，决战只是时间问题。

第五章 无法避免的决战

❀ 常回家看看

自从元康结婚之后,便萌生了这样一个念头,那就是回三河看一看。

但这只是一个梦想而已,一个看得到摸不着的梦想。因为他知道,自己只是在今川家的人质,哪有让人质回家探亲的道理? 今川义元是断然不会允许的。

所以,元康只是怀着这个梦想,继续自己的人质生活,直到有一天。

这天,他照常去义元那里问安,一套礼节过后,正准备离开,却被叫住了。

义元慢悠悠地说道:"元康,你也很想回三河看看吧?"

元康抬头看了看义元,又把头低了下去,没有说话。

"我知道你很想回去,那就回去一次吧。"义元说完,便示意元康可以离开了。

一出门，元康对着自己的脸狠狠地捏了一把，在确认了自己没在做梦后，他兴奋了起来。

今川义元当然没这么好心让元康平白无故地回去。只不过，有人在背后拼命地说好话，好话说到义元心软，这个人就是濑名。

其实濑名是个不错的女人，虽然以后夫妻两人之间发生了各种各样一堆糟的事情，这个我们以后会说。此时的她，是一个无微不至的好妻子，甚至还是一个保护弟弟的好姐姐。说实话，找一个比自己大个几岁的御姐做老婆，好处还是蛮多的。

元康怀着激动的心情上路了。

当他踏入三河境内后，很快就激动不起来了。

他惊讶地发现，这里每个人都面黄肌瘦，衣衫褴褛，在贫瘠的土地上辛勤地耕种着。而他们辛苦一年，到头来种出的粮食绝大部分要上交给在骏河的今川家。那些正在劳作的农民看到元康后，都颤颤巍巍地走过来打招呼——他们都是饿成这样的。

元康怔住了。他早已经知道因为义元控制了三河，将大量的粮食送往自己的领国，却从没想到过三河居然是这幅凄惨的景象：不但百姓要种地，连武士都在地里辛勤地耕劳着。今川家在三河驻守了一部分部队，这些部队不时还要出去欺男霸女，鱼肉三河百姓，着实比较人渣。

元康没说什么，他脸色一丝未变地去见了今川家在三河的城代。

城代很客气地表示：元康在三河期间，可以住在他住的地方，也就是主城，这都是看在元康是义元公侄女婿分上的特别待遇。

面对这种做了婊子还要立牌坊的垃圾行为，元康微笑着摇了摇头："不用，您长期以来看守三河辛苦了，这次不得已前来打扰，实在不敢再给您添乱，我住在家臣家里就行了。"

城代同志非常感动，他认定元康是一个好人，一个大好人。

于是，元康便住进了家臣鸟居伊贺守忠吉的家中。鸟居一家乃是三河谱代家臣，此时负责三河的财政税收，其子元忠正是骏河少年人质集团中的一员。

夜晚，两人都没有睡觉，而是坐在屋中彻夜长谈。

忠吉："殿下长大了，成人了，老夫着实感到高兴啊！"

元康："忠吉老了啊，自己要小心身体呢。"

忠吉："老夫还能再干好几年呢。殿下，三河人的生活，您算是看到了吧？"

元康默不作声了。他知道，这次自己回来，很多三河的家臣都希望他能借此机会留下，彻底和义元决裂。

趁着沉默的当儿，忠吉的声音再次响起："今川家把三河当做自己的仓库，想拿什么招呼都不打，那些今川家的驻兵时不时地还要闹事，甚至糟蹋百姓……连武士都要和农民一样在地里工作，即便这样，大家却还是吃不饱啊。殿下在骏河，过得也很不顺心吧？"

元康的身体开始微微颤抖。

忠吉站了起来，说道："殿下请随我来。"

疑惑的元康跟着忠吉穿越了一条又一条走廊，一个又一个庭院，终于来到了一栋房子的跟前。

忠吉拿出钥匙，打开了大门，穿过黑黑的房间，又来到了另一扇门前，就这样一直连开了三四扇门，元康进入了最里面的房间。

这是一个堆满着粮食、金钱和武器的仓库。

"这些年来，三河人连饭都吃不饱，每年绝大多数的收入都要送往骏河。而我，便是负责税收和财政的担当。"忠吉缓缓地说道。

"这钱……"元康顿时明白了。

"没错，这些钱这些粮食都是我平时从税收中克扣下来的。"忠吉说着，一把拉住元康的手，"殿下，这些都是为你准备的。总有一天，你会回到三河重新继承父辈的事业，到时候，这些东西就会派上大用场。所以，请殿下再忍耐一下吧，不仅是你，我们全三河的百姓家臣，都会陪着你一起忍耐的！"

元康明白了：为何骏河的杂兵当众抢劫，欺男霸女，三河武士却一声不吭？为何每年要给骏河送去绝大部分收入，三河却连一次抗议都没有？在经历了太多太多事情之后，三河人学会了忍耐，而这种低三下四的忍耐，都是为了自己的主公。

之所以为了主公，是因为他们相信主公。

总有一天，我们的主公会带领我们建立起强大的国度。在此之前，我们就是你骏河人的狗，你们打也好，骂也好，我们都不会反抗，但是你们记住了：属于我们的反抗虽然会迟到，但是绝对不会旷课，绝对！

元康在三河期间还去拜祭了自己的祖父和父亲的坟墓，之后逗留了数日，便回去了。

总有一天，我还会回来，作为这里的主人回来。

✲ 上洛，上洛

此时的今川家，已经开始悄悄地发生了一些变化。

弘治元年（1555年），太原雪斋去世，享年六十。这个慈祥精明的老头用尽一生精力培养出了两个学生：一个是今川义元，一个是松平元康，现在，终于是该休息的时候了。

失去了家中最强军师的今川家，在不久之后，又迎来了大将朝比奈泰能的病逝。

当然，义元并不介意。人老了总归免不了一死，自己该干啥还是干啥。

他要上洛。

所谓上洛，就是上京，所谓上京，就是带兵去京城（京都）。

虽然现在是战国乱世，可是名义上天下武士还是归室町幕府将军管的。虽然幕府将军的统治风雨飘摇，可用某人的话来说就是："我挂着一屁股帘儿那也是一面旗。"将军虽然天天怕遭人暗算而四处搬家，连个固定住址都没有，可人家现在终究还是公认的"武家栋梁"：你黑吃黑也好白吃黑也好，占了地方做了婊子，可没他或者朝廷的一张守护职任命书，你还真立不起那个牌坊。

当然，任命书其实也是很容易到手的，给钱就是。除此之外，幕府的将军在赚钱方面可说是招数颇多，前面说了卖任命书其实还不算啥，他居然还卖起了名字！

简单地说，就是将自己名字中的一个字卖给各大名，比如说十三代将军足利义辉名字里的那个"义"字，知道能卖多少钱吗？

怎么看也要一百两银子吧？

一百两银子？你去买土岐赖次的"次"字吧！告诉你，五十两黄金，还不打折！

这种变着法赚取诸位大名血汗钱的方法，引起了很多人的不满。

老子拼死拼活抢了那么点儿地方，你不给这张破证明老子这地方就不算合法，就算师出无名，这都是什么道理啊？

行，你不给，老子亲自来找你要！

以上，就是上洛的最初理由。而当这些大名气势汹汹地来到京城后却发现，原来上洛是件很容易的事情，因为将军除了那几个拿破长矛的卫兵之外，几乎连丁点军队都没有，而且上洛之后，还能办很多自己想都想不到的事情，当然，都是利用将军或者天皇的名义来办的。

比如说，看谁不爽便收回对他的任命；比如说，以前跟谁有仇的，给他一顶公敌的帽子，天下人见者便能砍，砍死不犯法，用力砍，不费电。

将军之类的变成了木偶，上洛成了香饽饽。

此外，上洛还有提高名声、获得官职等附带效果。

基于这些，今川义元也决定上洛。但是他不想操控将军，而是想自己做将军。

理由很简单也很眼熟：作为将军家的旁支（今川氏和足利氏是一系），眼看幕府腐败无能受人欺凌，我很心痛，为了重振幕府威风，这才决定带兵上洛，取代现在的将军，号令天下。

上洛不是请客吃饭，义元所在的骏河离京城还是有一定距离的，当中也隔着四五个其他大名的领地。所以，作战计划和相应的军队是一定要准备的：

军队准备了两万五千人，一路经由三河、尾张、美浓、近江到京城；

作战计划为四个字：谁挡灭谁。

上洛的第一战，便是尾张的织田家。对于这个孽缘已久的老冤家，义元同志是不抱有任何幻想的。他知道，信长是宁死也不会屈服于他的。

不过他也并不担心，因为信长在他眼里不过是个傻瓜，即便最后宁死不屈，也只是个勇敢的傻瓜而已。

不过，要完全将这个傻瓜给灭了也不容易，估计要耗费不少兵力。作为一个腹黑完美主义者，义元是不会让这种事情发生的。经过考虑，他决定让元康率领三河人作为自己的先锋。

三河人打仗拼命闻名遐迩，用他们来当炮灰最合适不过了。这样的话，又能上洛又能减少损失，实在是一笔划算的交易。

永禄三年（1560年）五月，义元点起两万五千大军，浩浩荡荡地开始了上洛之旅。

与此同时，元康也已经回到三河，率领着自己的家臣向着大高城开拔。

❉ 准备下地狱

此时的信长，也知道了今川出兵的消息，连忙召开了军议。

会上，所有的家臣大致分为以下两派。

第一派：死守派

代表：柴田胜家

主要说法：织田方还有四千足轻，拉点壮丁，搞不好能变成八千，再去周边通通路子，讨点援军，据城一守尚有希望也说不定。

领导（织田信长）评价：没有评价

第二派：求和派

代表：林秀贞

主要说法：四千打两万五，能打赢的话那除非对方是二百五。不如暂时投降，送点人质送点花姑娘什么的，之后再做图谋。

领导评价：没有评价

见领导不做明确批示，两派之间倒开始争论起来：主战派骂求和派是软骨头，求和派骂主战派是莽夫。一时间人声鼎沸，赛过菜场，甚是热闹。

在这一片热烈热闹的氛围中,信长站起了身子。大家一看领导站起身来,立马闭嘴,等待指示。

"我去睡一会儿,你们也可以回家休息休息了。"

指示完毕,领导退场。

完了,火星人复活了,尾张这次算是走到头了。都说船到桥头自然直,这次恐怕是船撞桥头自然沉了。

大家面面相觑了一阵子,也不吵也不闹了,互相记住了对方的脸,又看了看自己多年同事的最后一眼,并做好了手牵手一起下地狱的准备后,纷纷站起身来,准备回家向家人告别……

第六章 奇袭桶狭间

✽ "朋友"来了有美酒

此时的今川军已经到达了三河的沓掛城,入城休整一段后,又打算接着行军。当然,休整是次要的,主要目的是等待先锋松平元康军的战报。

刚坐下来没多久,凳子还没坐热情报就来了:就在刚才,元康已经攻下了织田家的丸根砦、鹫津砦,并打死了对方大将佐久间大学,此时已经进入了大高城休整了。

义元很高兴,兵贵神速,立刻催促继续进军。

此时正是五月中旬,日本东海地区正好是梅雨季节,气候闷热潮湿,时不时地还会下场暴雨。义元是个胖子,比较怕热,走了没几步就热不可耐,吩咐停轿休息。

以前我们说过，义元同志不但人胖，腿也比较短，所以有个比较麻烦的缺点，那就是不靠他人帮助就没法骑马。所以，他打仗的时候喜欢坐轿子。

停轿休息的地方，叫作桶狭间。

既然是休息，那就好好休息吧。于是义元将盔甲全部脱下，悠然自得地喝着凉水。手下小兵一见领导如此，也纷纷卸甲就地休息，聊天声此起彼伏，一幅其乐融融的郊游画面跃入眼帘。

就在这个时候，一个手下走上前来，告诉义元：当地的百姓看到大军来到，非常高兴，因为织田家对他们极为不好，每年苛捐杂税不说，还要欺凌他们，所以大家都非常盼望今川家这次能够消灭万恶的织田大坏蛋，拯救穷苦百姓于水火之中，为此，特地带来了大米和美酒献上。

今川义元听了非常高兴，连忙让百姓代表前来见他。在接见了群众代表，收下了美酒和大米之后，义元同志鼓励他们再稍微坚持一下，自己马上就能将尾张人民从水深火热之中拯救出来，早日让大家加入到自己门下，和骏河其他人民一起手牵手步入战国现代化。同时，双方针对战胜后的税收等问题也进行了深入探讨，整个接见过程始终在亲切友好的气氛中进行着。

百姓代表走后，义元吩咐将美酒发放给自己周围的亲兵，让大家有酒同醉，畅饮一番之后准备好好干一仗。

而那几个百姓代表，则一去不复返了。

❋ 我是信长，跟我来！

此时的清州城，笼罩在一片阴暗的气氛中。每个家臣都知道自己时日无多，他们最后抱了抱自己的孩子，亲了亲自己的老婆，准备跟随着主公陪着织田家走到最后。

即便你是火星人，即便你是大傻瓜，可你仍然是我们的主公。所以，在这最后的时刻，我们会陪着你，大家一起走完这最后的路！

信长的房间内，烛光摇曳，归蝶一紧一慢地用小鼓打着拍子，信长在一旁跳起了幸若敦盛之舞。

阴暗不明的房间里，飘荡着信长的歌声：

　　人生五十年，
　　与天地相较之，
　　如梦亦如幻。
　　但得一世者，
　　岂有不灭乎？

歌声绕梁，久久不去。

门外响起一阵急促的脚步声。

"哗"的一声，门被拉开，一个农民打扮的人跪在门口：

"殿下，今川军正在桶狭间！"

"拿饭来，我饿了！"

随着一声大喝，信长猛地站了起来。

三下两下，便将碗中的米饭吃了个干净。

"盔甲！"

"刀！"

"出阵！吹法螺！"

"阿浓！"这是信长给归蝶取的外号，因为是美浓来的，所以叫她阿浓。

归蝶用疑惑的眼神看着他："怎么了，大人？"

"如果我战死，就把这座城给烧了。"

有进无退，有生无死！

当代表着出阵信号的法螺声响彻整个清州城内时，信长骑着马如同旋风一般冲了出去。他的后面，只跟着区区数匹马。

等来到热田神宫的时候，身边已经逐渐跟上了一两百人，信长下令停止前行。

他要去祈祷。

一听说信长要去祈祷，大家大吃一惊。要知道，这位大爷这辈子不信神不信佛，今天居然主动来到神社祈祷，看来这次真是生死关头了。

火星人信长看来是第一次来到地球的神社祈祷，不是特别熟悉规矩，只见他两手一拍，双眼一闭，沉默了几秒钟后猛然大喝道："我听到了神的声音，神说我们必胜！"

大哥，你这也太忽悠人了吧？

信长弄完这一套之后，带领大家高呼口号，内容自然就是"不是你死，就是我活"之类，这一折腾花了不少时间。

这时间是故意花费的。

当时法螺一吹，信长第一个冲了出去，后面也就零零散散地跟了小猫两三只。就靠这些人去偷袭今川义元的大军吗？要知道，偷袭、埋伏，说白了就是打仗的时候出来得突然点，出来的地方偏僻点，其他的没什么高深莫测的讲究，所以关键的关键，还是要人手够用。你带着两三个人去偷袭人家两万五千人的大军，就算你从天而降，估计也就在半空就被人用弓箭给射挺尸了。

所以，信长在热田神宫处停下了脚步，他相信，后面的部队很快就会跟上来。

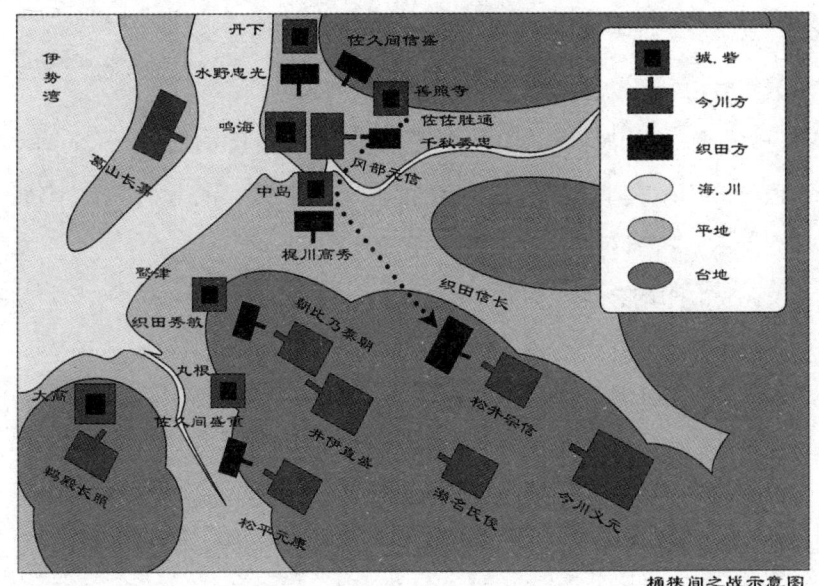

桶狭间之战示意图

历史就此改变。

不多时，柴田胜家、森可成、河尻秀隆等都带着自己的手下赶到热田，此时信长部的总人数已经达到了三千。

那就继续赶路吧。

❀ 斩首行动

或许是老天打算让信长胜利的概率再高一点，此时，天空竟然下起了暴雨。

"殿下！"一个被雨淋得透湿的人出现在了信长的马前，"现已探明，今川义元在桶狭间，身边只有两千余人！"

"干得漂亮！"信长一勒马一扬手，"此次作战，目标只有一个，那就是义元的首级！"

马伤了脚就放弃，军旗缠上树枝也放弃，只要有枪刀即可。我们的目标是敌方大将今川义元的首级，即使全军覆没，也必定要斩取义元首级！

在人迹罕至的深山中，根本无路可走，全军将士就自己开路，涉川越岭，逼近桶狭间。

暴雨越下越大，天昏地暗，雷鸣轰然，大雨倾盆。

一直走到一处山崖，身边人报道："主公！那边就是本营。"

眼前崖下是在豪雨中显得白蒙蒙的沼泽，再过去就是隆起的丘陵，名叫田乐狭间，闪电中依稀可见陵上有营帐、旌旗以及马群等。

义元公，我尾张大傻瓜前来拜见尊容了！

一声令下，三军冲下山崖，一时间人声鼎沸，压过了雷鸣和豪雨。

此时今川的卫队正是避雨兼晚餐时间，面对如狼似虎且突然出现在眼前的尾张兵彻底失去了抵抗能力，一个个跪地求饶或就地被杀。

正在中营的义元也听到了喊杀声，第一个反应是非常生气。

领导在场你们这些小兵喝了酒就敢撒泼打架？反了你们了。

愤怒之余，他走出大营，准备找一两个捣乱分子的典型惩处一下。刚一出门，迎面扑来一个卫兵，大喊道："主公快逃，敌袭！"

义元一看这阵势就明白了：遭暗算了！于是立刻做出了第二个反应：跳马逃走！

跳了一次，没成功，跳了两次，还是没成功，原因是人胖腿短，外加原来服侍他上马的小姓这时也不见了踪影，反正不是逃了就是死了。

当义元准备再努力一回跳第三次的时候，一个人杀了过来。

"服部小平太参见今川殿下！"说着上来就是一枪。

这枪根据当事人（服部小平太）后来的回忆，是扎在了对方的大腿上。

在这人生的最后一刻，义元用自己的行动诠释了一个熟语——"兔子急了还会咬人"。

他拔出自己的太刀，一刀砍断了小平太的枪杆。自以为得手的小平太根本没料到对方还能玩这手，一下子拿着没了枪头（枪头还插在义元的大腿上）的竹竿呆住了，没等他反应过来，义元对着他就是一阵猛砍。躲闪之余，小平太仍被砍中了膝盖，落下个终身残废。

看着当场扑街的小平太，义元正欲补上一刀送他上路，就听到后面"咔嚓"一声，一把刀捅进了义元的背部。

背后捅刀子的那位仁兄叫毛利新助。

被下了黑手之后的义元，仍然保持了高度的战斗力，他回过身子，对着新助就是一脚——没踢中，自己反而摔了下去。新助趁势往义元身上一骑，手上明晃晃的刀子就直冲对方的脖子去了。

在这离脑袋被割下来还只剩下几十秒的当口，今川义元再次爆发了小宇宙：他一把抓住新助的双手，狠狠地就是一口下去……

最终结果是，毛利新助用自己的两根手指换来了今川义元的脑袋。

胜败已定。

接下来便是论功行赏。

首功，自然应该是拿下义元项上人头的毛利新助，这个地球人都知道，也不必多说了。我们要多说一句的是，信长是火星人。

不过，此次桶狭间会战的一等奖得主却是梁田出羽守政纲。如果你不认识这个人，非常正常，如果你在之前的文字里没见过这个人，也非常正常，因为他不是以武士的身份出现的，而是以"百姓代表"的身份出来招摇了一回。这次奇袭之所以能够成功，说到底还是靠他精准的情报和快速的信息传递。所以，他才是头功。奖品是刚刚抢到手，刚刚还是今川领地的沓掛城。

二等奖，才是取得首级的毛利新助。奖品是获得了黑母衣众的身份，也就是成了信长的贴身护卫。

三等奖，是第一个找到义元且刺入第一枪的服部小平太，奖赏金钱若干。

以上，由尾张国公证处公证员织田信长公证，有效。

第七章 新的起点

❋ 失而复得的冈崎城

此时的元康还在大高城待命。小伙子琢磨着前方应该分出胜负了，自己嘛也休息够了，于是摩拳擦掌了一番准备重返战场。

然后便传来了义元的死讯。

元康第一个反应是不信。确实，带着两万五千人被四千人做掉，的确听着有些不靠谱。

可是相同的消息接二连三地传了过来。元康嘴上说着不能退，心里却开始动摇了。

一直到他的舅舅水野信元派来了使者，传来了一样的消息，并且看在亲戚分上私下透露了信长明天就会进攻此处的情报，元康才决定撤军。

军队走了半天，到了冈崎城前，也就是元康自己的城前。

很多家臣都建议，趁乱夺取冈崎城，在三河站住脚。说实话，这个建议不错。横霸三河、远江、骏河三国的超级大名义元咽气了，自己留下了个儿子，叫作今川氏真。

要说这位氏真公，那真是只有一句话：生错了时候。

他文化修养很好，内政经历能力一流，而且还会踢足球，虽然说当年的足球（蹴鞠）和现在的有点不一样，但是就他那个天分，就算是在今天，给他锻炼锻炼进个日本代表队也不成问题，而且人长得也眉清目秀的，比什么中田英寿、川口能活之类的估计要强多了。

不过他不会打仗，而且压根也就不想打仗。

这就没救了。

今川家的猛人在这次桶狭间会战中都死得差不多了，剩下的，也就一个不会也不愿意打仗的领导和一群不会打仗的手下，此时不夺回祖业，更待何时？

但是元康说："不行。虽然东西是我的，但是现在在别人的手里，贸然趁人之危夺回，不是大丈夫所为。"

所以松平军只是在附近的大树寺驻扎了下来，然后派出使者跟冈崎城的城代联系，希望可以进去休整一番。

过了一会儿，使者回来了，告诉了元康这么一个消息：城代已经逃走了，现在冈崎就是一座空城。

听了之后，元康沉默了很久，慢慢开口说道："现在人家不要了，我们捡起来，总没错吧？"

说的时候，浑身颤抖，噙着泪水。

当时家臣酒井忠胜就说道："没错，那就请殿下把它给捡起来吧！"

阔别十一年之后，冈崎城终于重新回到了松平家的手里。

是你的，总归是你的，不是你的，这辈子都不是你的。

进入冈崎城之后的几个月里，元康屡次给氏真送信，要求其出兵为义元复仇，自己也屡屡出动小部队时不时地骚扰一下尾张，抢点东西赚点外快。

然而氏真那里却始终没个回音。

其实，今川氏真压根就讨厌他爹的那套上洛计划：什么上洛，什么将军，劳民伤财的，还不如在家过过小日子来得实惠。现在义元死于非命，自己成了老大，老婆孩子热炕头都来不及，还管你出兵报仇？虽说是杀父之仇，可咱毕竟总不能看着过去，也该展望一下未来吧？

不过元康还是没有放弃希望，他一边继续骚扰尾张，一边继续等着氏真的消息。

❋ 珍贵的友谊

消息还真来了，不过是从织田家来的：信长提出了结盟的意愿。

元康陷入了深深的沉思中。现在自己也是一国一城的大名了，必须要考虑外交了：单飞，是不可能的，这样的话没过几天就会被干掉；结盟的话，左边是杀了义元之后名声大噪的织田信长，右边则是虽然在战争方面纯属废柴但是仍然拥有大片领地的今川氏真，今川背后还有武田信玄、北条氏康等强有力的大名支持。所以在选择盟友这方面，走错了一步，也就意味着灭亡。

"竹千代，总有一天，我们一起称霸这个天下！"

元康沉思的时候，猛然在耳边响起了这句话。

尽管这是无视亲情，无视法律甚至无视道德的黑暗年代，但是，在这黑暗的世界中，仍然有着那闪闪发光的东西存在，这种东西超越了亲情，超越了法律甚至超越了利益，它被叫作友谊。

上帝擅自替你选择了亲戚，幸而他把选择朋友的权利留给了你。

——加菲猫

后来很多人，包括一些顶着"学者"、"教授"、"专家"之类头衔的人，认为家康之所以会选择信长，那是因为他看出来信长今后定能做强，定能做大。

对于这种人，这种话，我给他两个字：扯淡。

答应和信长结盟的元康，便将今川家当做了敌人，不但频频和织田家联络，还出兵攻下了今川家的西郡城，杀死守将鹈殿长照，并俘获了他的嫡子藤太郎。

鹈殿家和今川家是表亲，藤太郎是氏真的外甥。

和信长的正式结盟的日子，就在眼前了。

❀ 大忽悠石川数正

就和八卦电视连续剧一样，每当两个同伴正要团聚在一起的时候，总会出现个把坏人来阻挠一番，历史也是不例外的。

今川氏真急了。

说实在的，这哥们儿不急也不可能，自己虽然不爱打仗，可要坦然面对三分之一领土的失去外加三河全部资源的流失，那也不太可能啊。

不过不怕，他手中还有王牌。

濑名还在骏府城，不但濑名在，连她和元康生下的长子也在一起。

还怕你不回头吗？

元康也急了，自己显然不像刘邦这么流氓，无法坐视老婆儿子命丧他人之手。

但是要他将好不容易弄到手的三河一国归还给今川家，重新过那屈辱的人下生活，那也是一万个不愿意和一万个不可能的。

就在此时，家臣石川数正站了出来，对元康说道："我去骏府城，将夫人和少主给弄出来。"

一场和风忽悠，就此将拉开帷幕。

数正来到了骏府，很容易就见到了氏真，因为对方也正憋着一口气要和元康联系。

见到了数正之后，氏真当场爆发了。

"你这家伙就是元康的家臣吧？看你长得那副德行。"

这就比较没素质了，俗话说对事不对人，你怎么能上来就进行人身攻击呢？

作为一名忽悠高手，数正将此话自行转换成了耳边风，装傻问道："您怎么能这么表扬在下呢？"

氏真一愣："你杀了我的亲戚我还要表扬你？究竟你是白痴还是我是白痴？"

数正装傻依旧："还有这种事情？"

氏真再次爆发，拍着地面大叫："西郡城是怎么回事？长照是怎么回事？"

大叫之后，他怒视着数正，等待回答。

接下来发生的事情，是氏真做梦都没想到的。

数正哭了。

要是三岁的小朋友被氏真这么一骂一喊给弄哭了，那实属正常。可是数正大人，今年已经三十了。

氏真傻了，他一时间不知道如何是好了：是乘胜追击接着骂好呢，还是去给张怀纸安慰安慰让他擦擦眼泪好呢？

还没等反应过来，数正一把鼻涕一把泪地开了口：

"鹈殿长照大人的西郡城被织田家攻打，我家主公对此十分担心，所以才前去救援。没想到，才刚赶到，长照大人就已经战死，城也被夺，我家主公不得已才将西郡城给夺下了。"

看着下面哭得如同死了亲爹一般的数正，氏真也无话可说，他突然又想起了一件事情：

"照你这么说来，还真该表扬你了，可藤太郎呢？为何要杀死长照的嫡子？这可是我最亲爱的外甥啊！"

正在痛哭的数正猛地抬起头来，还挂着泪珠的脸上充满了疑惑："藤太郎？谁杀了藤太郎？他没死啊。"

这次轮到氏真疑惑了："难道元康救了那孩子？"

数正施展出了三河忽悠功："也不能说救。孩子现在还在织田那里，我家主公说，如果织田方敢伤害藤太郎，那么三河将竭尽全力终生与其为敌。所以目前织田方还不敢轻举妄动，只是提出了一个条件，那就是用我家夫人和少主来换藤太郎的身家性命。"

氏真被逼上绝路了：现在如果他想救他最喜欢的外甥的话，就必须要放了濑名和她的儿子，如果不放，那等于坐视自己亲戚的死亡。鹈殿家在骏河乃是有相当实力的豪族，一旦做了这种让人心寒的事情，恐怕自己以后就难做领导了。

但是，万一我让数正把濑名他们带回去，织田方不给藤太郎怎么办？这样不就赔了夫人又折兵了？

忽悠高手石川数正使出了最后的忽悠，他擦了一把眼泪，擤了一下鼻涕："氏真公若是信不过，数正这次特地将自己的家小给带来了，放在骏府作为抵押。等藤太郎安然回到骏府之后，再请氏真大人将在下的家小返还，如何？"

氏真被感动了，没想到元康还是忠于自己的，更没想到的是，元康还保护了自己的外甥，万万没想到的是，元康和眼前的这位数正居然还带来了替换用的人质，只是为了救出自己的外甥。

他大手一挥："行，你的家小就暂时留在我这里，濑名和孩子就先带回去，等藤太郎来了，立刻让你们全家团聚。在此之前，就让我在骏府好好招待他们吧。"

数正拜谢，便去领人了。

最后说下这件事的结局：濑名和元康的孩子顺利地回到了冈崎，数日后，藤太郎也被安全送到了骏府，石川数正的老婆孩子同时结束了自己的骏府游（包食宿）。

皆大欢喜，可喜可贺，可口可乐。

✽ 正式结盟

结盟仪式的那天终于到来了。

仪式上，信长同学还是比较类似地球人的：交换盟书，双方签字画押，一切的一切都按照当时的正常礼节程序走了下去，也就一顿饭的工夫，搞定了。

底下人看着这两位大爷拿着属于自己的盟书，脸上虽不说什么，心里却都在发毛：这几张破纸片，能扛多久？说实在的，在这个年头，你爹你娘都有可能背后给你一棍，要靠这一张纸几滴墨来维持什么盟友关系，那简直是天方夜谭。搞不好明天这盟书就成了草纸。

不过形式都走完了，还能说啥呢？好歹表面上也有了个交代不是？

"竹千代。"信长开口说话了。长期以来，他对元康的称呼从没有变过，依旧是童年时代的"竹千代"。

元康看了看信长，意思是有话您就直接说吧。

"这个盟书，烧了吧。"一语惊四座，下面都愣住了：再怎么无赖再怎么不讲信用，好歹也等个一天两夜的再翻脸吧？哪有刚刚签了字，立刻就要烧盟书的？这可真是"墨迹未干"啊。

元康倒是很镇静，笑着开口问道："为什么？"

"这种破纸，你觉得能维持两家的友谊吗？不过是表面功夫罢了，还不如把我们各自的盟书给烧成灰，然后泡在酒里喝下去，就当是签了约了，如何？"

大家都傻站在那儿了，谁也没听说过还有这种结盟方式，估计火星上结盟都是这么着的，也只能怪老几个没见识没文化，不懂洋务。

但是元康答应了。

纸灰混合着酒，组成了一杯黑咕隆咚的液体，两人端起各自的酒碟一饮而尽。

让这份盟约，和我们的身体融为一体，让我们的友谊，随着这杯酒融入我们的血液，不管今后日本将变成什么样子，你我的友情，是永远不变的。从今往后，织田往西，松平向东，只要对方有难，不管身处何地，何种状况，都要第一时间赶来援救，这就是我们的约定。竹千代，我们一定能够称霸这个天下！

结盟之后，元康顺手做了一件事，那就是改名。元康的"元"字我们前面说过了，是今川义元"送"给他的。现在和今川家分道扬镳，义元本人也吹灯拔蜡了，那么这份人情就没必要欠了，这个"元"字，也就还给今川家，甭管别人接受不接受，反正咱是不能要了。

新名字叫作家康，为国家安康的意思。

不过新名字没有给三河带来安康，讽刺的是，不久之后三河便迎来了一场动乱。

第八章 德川家康，登场！

❀这群和尚不一般

永禄六年（1563年）九月，也就是家康改名的两个多月后，三河西部爆发了一场动乱，史称"三河一向一揆"。

"一揆"我们前面解释过了，现在来说说"一向"。一向者，一向宗也，是佛教的一个宗派，也被称之为净土宗，本是很正经的大乘佛法，主要流传的地方是在中国、印度和日本。不过在日本，似乎得到了很特别的发扬光大。他们被一部分人利用起来，将其和当时其他的日本佛教宗派区别开来，甚至将本宗派的教义也进行了一番断章取义：

其他宗派宣扬与人为善，不吃酒肉，不近女色，不干坏事等，但是一向宗却不管这些，他们声称，不管你杀猪也好，砍人也好，吃肉喝酒天天沉迷女色都无所谓，只要你能口称"阿弥陀佛"且心中有佛，那就能修成正果。

其他宗派天天约束自我，克制欲望，修行佛法，他们则如同天上浮云一般自由自在地到处混，还四处敛财，练习兵器，甚至还参与战争，杀人放火，以适应战国潮流，与时俱进。

由此我们可以得出两个结论：首先，这样的宗派至少在当时是很受人欢迎的；其次，某位"释"字开头的肥和尚，很可能跟他们是同门。

就这样，在很短的时间内，一向宗便拥有了大量的门徒以及财物。事实上他们只要是个人都收，以至于出现了门徒连自己宗派名字都不晓得的情况。但是，他们也因此一跃成为了当时日本最大的宗教武装力量，甚至在很多方面胜过不少大名。此外，一向宗的传播范围相当广，北到今天的青森县，南到今天的鹿儿岛，都有他们的信徒。有了这样的人力、财力和物力，不折腾一番实在是对不起佛祖，于是他们频频起事，发动暴乱，也就是一揆。

值得一提的是，普通的农民一揆通常只是一群农民觉得日子不好过，上面太欺负人了，所以才自发地去找领主请愿或者干架，而一向一揆则是有组织有预谋的暴乱行为，哪怕今年领主不收税，风调雨顺国泰民安，只要上头来了命令，这些人必定造反。不仅如此，造反之前他们还有宣传：谁去折腾谁成佛，谁不折腾下地狱。他们折腾的方法也比较特别：先到处放火，烧房子烧庄稼，然后传谣言说当地的领主不能保护子民，只要领民们跟着佛祖，就能吃香喝辣。等到将领地内弄得鸡飞狗跳之后，就开始攻打城池。最厉害的一次折腾是在长享二年（1488年），他们居然将加贺（今石川县南部）一国的守护大名富坚亲政给弄死了，并且顺势占了加贺，实行宗教自治。

由此，我们也能得出结论：这些个所谓的佛祖子弟起来闹事，完全不是为了什么贯彻信仰，推翻暴政，而是为了土地、钱财，为了赤裸裸的利益。

❋ 平定一向一揆

面对这群披着宗教外衣的邪教恶徒，家康自然是不打算讲什么仁义道德的，但是他发现，自己还真不能不讲仁义道德。

前面我们已经说了，一向宗的成员非常复杂，上到大名，下到菜贩，都有他们的同志。

所以在三河一向一揆的队伍里，家康看到了很多熟悉的身影，比如本多正信、渡边守纲、夏目吉信，甚至连前不久刚刚立下大功的三河大忽悠石川数正也有嫌疑，他虽然没有直接参加叛乱，但据传也是一向宗的信徒。

即便撇弃了这些家臣不说，那些参加动乱的，都是三河的百姓、自己的领民，怎下得了这个杀手？家康很明白，真正在背后操控这场动乱的，是三河本证寺、上宫寺等寺院的一向宗和尚。只有将他们弄走，才能真正地平息这场动乱，不然的话，只是白白牺牲三河的子民而已。

话是这么说，可这帮和尚躲在寺庙里，一时间还真不好找，而现在就在冈崎城外、松平家门口，已经站满了信仰一向宗的家臣和百姓，随时都有可能对他们的主公发起进攻。

面对这群人，家康想了一想，便带着军队出了城，准备亲自迎战。

一出城，两军对垒，正准备开打，家康一个人骑着马跑到了队伍的最前列，指着敌阵中的大将喊道："半藏，你还有脸来见我！"

他所说的半藏，指的是被称之为"枪之半藏"的渡边守纲。

渡边守纲一看领导出来，也毫不示弱地冲了出去，大喝道："我等为佛祖而战，有何不敢来见你？"

家康："佛祖？你们的佛祖在哪儿呢？拿出来我看看啊！"

佛祖哪能拿出来看？守纲立刻回道："你侮辱佛祖，该下地狱！"

反了，真的反了，居然敢这么辱骂领导，这要在我们公司那是马上卷铺盖滚蛋的罪名。

家康哈哈大笑起来："你们信的佛祖那都是假的！所以拿不出来吧？"

守纲大怒："你说我等信的佛祖是假的，有何根据？"

此时家康收起笑脸，正色道："你们现在这样闹事，百姓怎么办？如今已是冬天，冬去春来，马上就要到播种的季节了。照现在这个情况下去，你觉得能播种吗？不能播种，自然也就不能收获，不能收获，百姓吃什么？百姓没饭吃怎么活？真正的佛祖会眼睁睁地看着老百姓饿死吗？我身后是三河百姓，你身后也是三河百姓，同为三河的百姓，互相殴斗互相流血，你敢说这也是佛祖的意思吗？"

面对家康的这番话，渡边守纲陷入了深深的沉默，原本举起的长枪也慢慢地放下了。家康趁势一挥军配，身后的军队杀了过去。已经失去斗志的一揆军几乎没有做任何抵抗便四下败散了，而家康显然不打算去伤害他们，看着对方一散，便收拢了军势。

经过这么一来，一揆军的很多人都再不想打了，毕竟家康说得对，他们本来就是庄稼人，又没有碰上什么暴政，凭啥去瞎折腾？而且这么瞎折腾下去，自己吃啥？老婆孩子吃啥？

民以食为天，这是个真理。

老百姓都是实在人，说跑就跑，绝不多逗留，当夜就走了一大半。

对于这些回来的人，家康一个也没有处理，原来干啥的现在还干啥。不但如此，家康还和他们主动道歉，表示因为自己领导工作做得不好，导致了大家受到了一小撮别有用心之人的蛊惑，这是领导的责任，领导应该谢罪。结果大家非常感动，当即表示从今以后再也不干这种亲者痛仇者快的傻事了，对于还留在敌人阵营中的同伴们，大伙决定发扬一帮一红一片的精神，劝说自己的亲朋好友早日回到三河松平大家庭的怀抱中来。

就这样，一揆的队伍仗没打几场，人倒是一天接着一天地少了下去。家康趁势发动了进攻，在马头原一战中，将剩下的顽固分子彻底打败，几乎瓦解了一揆的军事力量，从此占据了绝对的优势。

要说这帮和尚还真是会见风使舵，一看大势已去便立刻要求和谈。当然，要求只有一个：参与乱子的说穿了都是你松平家的家臣，我们是佛门人士，关系不大，所以希望你不要动我们的寺庙和田地。

家康答应了，并做下承诺：一切全都恢复原状。

和尚们放心了，所以他们就完蛋了。

不过现在还不是时候，家康首先要做的，是稳定自己领地内子民的人心，对于参加这次动乱的，一律不予追究，甚至对于问候他家人数次的渡边守纲等人，也丝毫不予过问。

很快，大家就安稳了下来，春天也到了，新的生产就开始了，三河又恢复了原来国泰民安的景象。真是可喜可贺，可口可乐。

✻ 艰难的牌坊工程

不，等等，还没结束呢。那帮和尚的事儿还不算完呢。

永禄七年（1564年）春，家康对幕后策划这场动乱的三河本证寺、上宫寺等寺院下达了处理命令：寺庙全部烧毁，和尚全部赶出三河。

熊熊烈火之下，这帮和尚大喊家康不守信用，说好不予追究现在却出尔反尔。对此家康却微微一笑："不守信用？谁不守信用了？我答应得好好的，恢复原状。要知道，我们三河的土地上，原来可没有这些寺庙啊，烧光了，才是真正的恢复原状。"

就此，三河一向一揆正式结束，可喜可贺，可口可乐。

内乱结束之后，家康再接再厉，趁势还将被今川家占着的三河东部给夺了回来，将三河完全地统一了起来。永禄八年（1565年），他得到了朝廷下发的三河守护的任命书，自然，没少花钱。

钱也花了，官也拿了，接下来就该认祖宗了。

从理论上来说，真正的武士守护大名（诸侯），只有被称为"武家栋梁"的源、平两家的后裔才能担任。但是这年头要啥没啥，连活人（将军）和半仙（天皇）都顶不上用了，更别说已经死了好久的源、平两家的祖宗了。所以这个所谓的"理论上"，也就真正成为了一个传说中的理论，只要有能力能抢地盘的，就是守护大名。

但是，婊子要做，牌坊也不能不立。幸好这个牌坊工程也不算太大，反正都是死人，只要找一个自己看得中的，而且多少有点关系，没关系也能扯得上关系的人当作祖宗就可以了。

于是，家康也开始了牌坊工程，但是对他来说，这个工程是比较艰难困苦的。

首先，三河国原本不是松平家的。松平家只是住在三河国的一个豪族，据点在安祥城，后来慢慢地扩大自己的势力，成为了三河国屈指可数的大家族。进入战国时代之后，小小的三河国各种势力蜂拥而起，最终被家康的爷爷清康给控制了整个局面。

其次，松平家的出身非常低微，说穿了，只是一个农民，慢慢地成了富农，再由富农发展成地主。要跟源、平两家扯上关系，这是天方夜谭。

不过，办法是人想出来的嘛。在三河考古集团以及松平家谱研究办公室的同志们不懈努力下，终于有了突破性的成果：他们发现，很久很久以前，松平家有个祖先，叫松平信重。这个信重，曾经招过一个上门女婿，这位女婿原本是个和尚，还俗之后没过多久就倒插门上了松平家，改名叫松平亲氏。亲氏的来头其实不小，他原来的姓氏叫作世良田，乃是清和源氏的一支，只是家族在日本南北朝时代没落了，所以才出家四处游走，混了个小地主的上门女婿。根据文献记载，世良田家还有一个表达方法，叫作"得川"（我没写错字）。

当然，凭借这点还是不够的，理由很简单：松平家是三河的一个大家族，在三河，松平的本家分家总共加起来有二十个左右，难道因为一个上门女婿就把这二十多家的祖宗一起给换了吗？你去骗谁啊？

不过办法还是有的，又经过了一段时间的研究，松平家谱研究办公室的同志们再次取得突破性进展：他们发现，尽管在三河有二十多个松平家族，但是唯独一支血脉是传承了清和源氏的，也就是那位世良田上门女婿的血统，这就是松平清康所在的那支，得了，说明白点吧，就是松平家康。至此认定，新任三河国大名松平三河守家康是清和源氏的后裔，并且应该恢复"祖姓"：得川。

然而，从道义上来说，这么做非常丢人：从来只有上门女婿跟着老婆姓，哪有人把祖上的一个上门女婿给挖出来，还吵着嚷着要跟倒插门姓的？可是你不改个姓也不行啊，前面说过了，三河松平有二十多支，谁知道谁是谁啊？总不见得你每次介绍自己的时候，说了名字还要再加句："喂，记住，我是清和源氏哟，我祖宗是倒插门得川亲氏！"

于是，三河家臣团又发挥了自己的智慧，并且再次进行了深入调查，结果又有了大发现：这位得川亲氏，也就是世良田亲氏，在他做和尚的时候，出家的地方叫德川德满寺。

德川是地名，也就是亲氏的家乡，具体说来是上野国（群马县）新田郡德川乡。以家乡的名字作为自己的姓在当时的日本非常普遍，这种习俗甚至一直延续到几百年后的明治维新时期。

于是家臣们欣喜万分，多日的研究终于有了结果，自己主公的姓就应该叫"德川"，这样既能表明血统，还能和松平这个大众姓有所区分，甚至也不会让人产生什么不良的误会，可谓一石多鸟。

不过在当时，血统认定是要得到有关部门认可的，这个有关部门就是天皇。毕竟源家也好平家也罢，其实在最初都是天皇的子孙。你现在要加入天皇子孙大家庭，没天皇批准自然不行。好在那年代天皇不但没啥威风还生活落魄，除了帮助别人立牌坊之外再也没啥大用了，所以在家康他们看来，这个血统认可是相当容易到手的。

他们错了。

奏折交上去很久，都没有反应。倒不是天皇不批，而是天皇自己也愣住了：这算怎么一回事儿？不但前所未闻，而且还是一笔糊涂账，这人都死了N年了还被挖出来当祖宗，又是倒插门又是南北朝的，谁知道谁是谁啊？

无奈之下，天皇只好找来身边的公卿们商量。所谓的公卿，也就是日本历史中所指的"公家"。从镰仓时代开始，他们和武士所属的"武家"相对：武家是侍奉幕府，也就是将军的家臣；而公家则是侍奉朝廷，也就是天皇的贵族臣子。公卿们对于松平家认祖的事情看法还是比较一致的：他们都认为这是理所应当的，因为根据他们的调查，松平家本身就是清和源氏的一族。

既然大家都这么认为，天皇也觉得再深究下去费脑子，便认可了。

公卿之所以会这么帮着家康说话，原因很简单，他们收钱了。

其实这种行为也是正常的，因为在战国时代，公家的日子是很苦的。

对于他们这种苦日子，我只有两个字评价：活该。

如果诸位看过《源氏物语》的话，应该对日本古代贵族的生活有一定的了解。你会发现这些个贵族（公卿）除了吃吃喝喝，搞点男女关系，然后附庸风雅地吟诗作对之外，其他的什么都不会。你可以叫他们废人，也可以叫他们废柴。偏偏他们还不觉得，还一直认为自己的所作所为包括偷情在内都是高雅的、唯美的，而武家的那一套行事作风，甚至吃饭礼节都是粗鲁的、下贱的。

在和平年代，特别是日本的平安时代，公卿们确实可以恣意妄为，看不起这个看不起那个，自己过着自己那糜烂的生活还能挺乐呵。可是到了战国时代，讲究的是实力，流行的是以下克上，连自己家族代代侍奉了几百年的主公都能背叛，还有什么不敢做的？

所以，公卿的好日子也到头了，开始进入了一个惨无天日的时代。原来武士掌管地方，每年都会有相应的贡品税金之类的交给幕府和朝廷。现在战乱了，大米金钱都留着打仗用，谁还有这余钱啊？公卿们一不会种地（生产），二不会打仗（抢别人），于是只能干等着饿肚子了，甚至发生了正三位大纳言将自己女儿卖给有力大名做老婆，以换取每月一定的生活费的故事。

不过好在他们的主子是万年不垮的"半仙"——天皇，武士也好面子，必定要立个牌坊，所以时不时地就会给在京城御所的大小人等一点钱财，作为牌坊的工程预算。而像这次家康要求改姓，也是家臣们上下打点好了之后才上奏天皇的。说得难听点，只要给钱给得够，家康就算说自己是足利幕府的私生子，估计也能被承认。

永禄九年（1566年），家康正式得到了朝廷的认可，受任从五位三河守，并改名为德川家康。

✱ 偶像信玄的来信

德川家康碰到的第一件大事，是一封来自甲斐（山梨县）的结盟邀请函。

发出这封邀请函的人，叫作武田信玄。

武田信玄，甲斐、信浓（长野县）地方的大名，日本中世纪著名军事家，不论从谋略、军事天赋还是内政治国能力来说，都是当时日本首屈一指的超级大腕。他将孙子兵法中的精髓"疾如风，徐如林，侵略如火，不动如山"这句话写在了自己的军旗上，也就是传诵至今的"风林火山"四字真言。

说实话，作为一个将领，如果真正做到了"风林火山"这四个字，那么他就能达到无敌的境界，而信玄确实做到了，所以他无敌了。

信玄不但有着卓越的个人能力，同时也拥有着非凡的人格魅力，不但在当时，就是在今天，也有很多对他崇拜簇拥的粉丝，这其中就有德川家康。

面对自己偶像的主动来信，家康非常激动，当他展开来信，看完之后，便不仅仅是激动了。

信中表示：信玄对于这位新邻居兼粉丝非常感兴趣也非常中意，中意之余，希望可以和家康一起手牵手共同扩大领地。当然，领地不是梦想，再努力也不能凭空弄出来，是要靠抢的，被抢的那个预定对象，叫作今川氏真。

如果你的记忆力不错的话，应该还能记得，在我们介绍今川家军师太原雪斋的时候，提到过一个词，叫作"关东铁三角"。

所谓的关东铁三角，指的是天文二十三年（1554年）缔结的甲（斐）骏（河）相（模）三国同盟，也就是武田、今川、北条的三家同盟。这是一个以实力为基础缔结的强强联盟，所以一时间牢固无比，在当时有"天下第一盟"的说法。

但是随着今川义元的死去，联盟的一角开始崩溃。软弱的氏真显然无法成为和武田信玄以及有着"相模雄狮"之称的北条家老大北条氏康平起平坐的盟友，于是，彻头彻尾的实用主义者信玄便想到了撕毁同盟。但是氏康不同意，这倒不是因为北条家忠厚本分，而是因为氏康的女儿早川嫁给了氏真，而自己的老婆，也就是北条家现任家督（氏康属于隐居身，管事）氏政的母亲，还是今川氏真的姑姑。虽然武田信玄和今川义元也是亲戚，但这位仁兄连老爹都敢流放，还能指望那不靠谱的亲戚关系？

本想把北条家一起拉下水的信玄一看氏康不干，便把眼光对准了和今川家有着血海深仇的德川家。之所以要将今川的远江、骏河两国领地跟人平分，其实也是信玄的无奈之举，因为他的背后，存在着一个比他自己更加可怕，也是他一辈子的敌人——上杉谦信，这让他不得不分出很大一部分力量来抵抗来自越后（新潟县）的势力。

信中还承诺：一旦事成（今川被灭），远江一国归家康，骏河一国归信玄，一人一国，保证公平。

家康同意了。他没理由不同意，不仅是因为他和今川家的那段过节，就看在远江一国土地肥沃的分上，他也应该出兵，就算无视那肥沃的土地，只要看在软弱的今川氏真的分上，那也该出兵。

❋ 两全其美的办法

永禄十一年（1568 年），武田信玄率一万两千大军杀入骏河。对此，今川家重臣庵原忠胤带了一万五千人迎敌。但奇怪的事情发生了，当武田信玄一挥采配示意进攻时，今川军却不战而退，转身就走。信玄一开始还没反应过来，以为这只是诱敌，可是转念一想，哪有让一万五千人来诱敌的？于是便再一挥采配，大军追杀过去，果不其然，今川军溃败。此后数战，尽皆如此，往往是武田军才一迈脚，今川军便往后逃去，而且今川的指挥官不但不阻止，还一马当先率先逃跑。

信玄彻底纳闷了，便派人去打探，一打探还真打探出了名堂：原来，今川家的家臣对自己的主君，也就是氏真，彻底失去了信心，失去信心的时间是今川义元死后不久。

我们前面也说过，义元死后，氏真毫不在意，只是自顾自地过上了老婆孩子热炕头的小日子。这种行为，引起了骏河家臣的严重不满，也引发了他们内心强烈的不安——你爹死了你都没反应，那我们死了你是不是更不当一回事了？你不把我们当一回事，我们凭啥把你当一回事？

君视臣如手足，则臣视君如腹心；君视臣如犬马，则臣视君如国人；君视臣如草芥，则臣视君如寇仇。

信玄当然不可能放过这个机会，他适时地在骏河进行了一系列的策反行动，结果成果很大，共有骏河豪族二十一人先后投靠了过来。军事上，今川军依旧不战而逃，仅一个星期，氏真便将骏府城交到了信玄的手上，自己则被迫躲进了挂川城。

而与此同时，家康也率军入侵了远江国，碰到的情况基本和信玄一样，所以仅仅用了一个星期左右便占领了整个远江。

迫不得已，氏真只能向北条家求援。北条家还是比较仗义的，浩浩荡荡点起了四万五千大军来到了自己领国和今川领地的交界处：伊豆，然后……

然后，开始观望。

北条家是属于典型的自己吃饱不管别人的小农主义。好在几代当主都比较彪悍，比如和斋藤道三齐名的战国三枭雄之一的北条家开山老祖北条早云，比如现任实权掌管者"相模雄狮"北条氏康。更难能可贵的是，北条氏康虽然擅长生儿子，而且这些儿子从材质上来说都属于平庸之辈，但是却出人意料地团结，所以多年来一直是关东第一。但你要他们去帮别人拼命，那实在有些不靠谱。

不过，不打仗不代表不行动。北条氏康想出了一个两全其美的办法，既不用自己出兵，也能解决今川家的危机，那就是找一个信玄的敌人结盟，让这个敌人出兵打信玄，这样信玄疲于应付，便只能退兵了。

这个办法听起来是相当的不靠谱，因为他找的这个盟友要具备以下条件：

1. 实力和武田家旗鼓相当，不然的话料理不了信玄；
2. 跟信玄有仇，不然谁愿意去摸老虎屁股？
3. 要爱管闲事，这点比较困难，但也是必须的。

说困难，是因为这是战国乱世，大家自己都顾不了自己了，即便顾得了自己，巴不得别人垮台，自己好乘机踩着尸体上位，就算不能踩，少一个竞争对手也是好事情。

说必须，是因为只有拥有一颗爱管闲事之心的人，才会插手干涉信玄的这次乘人之危兼吞并亲戚的肮脏举动。

说实话，这样的人现在这个年代都不见得能找得到，可在当年，还真有这么一位，他的名字前面我们也提过——"越后之龙"上杉谦信。

✦ 猛人上杉谦信

这位猛人，的确是很猛的，你别说我说废话。他一生作战七十余次，基本没有一败，而且更牛B的是，据他自己说，他打的这些仗，没有一场是"不义之战"。这话虽然玄乎，但也基本属实，因为他早年绝大多数的军事行为，目的只有一个——平叛。

越后这个地方，人比较多，也比较杂，经济情况也各自不同：有靠着金山当财主的，也有靠着大海吃海鲜的，还有什么都靠不到只能种大米的。经济情况的不同造就了心态的不同，偏偏那里人的性格还比较偏激，偏偏又碰上了乱世，偏偏上杉谦信又不太擅长控制家臣心理，偏偏碰上了一个喜欢策反的武田信玄做对手，所以造反在越后，也就成了家常便饭，即便是上杉谦信的重臣北条高广、本庄繁长等人也凑过这个热闹。

在被叛和平叛的过程中，谦信领悟到了自己人生的目标，那就是用"义"字来号令这个天下。只要这个天下人人心怀他所谓的"义"，那么就能再次恢复到原来其乐融融的平安时代万年春，大家也能安居乐业，黑社会也能漂白了。为此，他特地自称是"毗沙门天"（佛教中的战神）的化身，以此来让家臣信服，好跟着他一起"义"统江湖。

在他高举"义"字大旗之后，很快便遇上了自己终生的宿敌——武田信玄。信玄的举动诸如流放父亲，吞并别人，用阴谋诡计扩大领土，在谦信眼里不是不义，而是大大的不义。所以，他屡次帮助被信玄侵攻的信浓、越后等豪族迎战武田家，光是在川中岛一地，便进行了五次大战，其中以永禄四年（1561年）的第四次川中岛会战名气最大。

在这场大战里，武田家丧失了军师山本勘助，信玄的弟弟信繁也在此战中丧命，还流传下了谦信和信玄两人一骑讨（单挑）的故事。

当谦信知道了自己的老对手信玄又在干那种不仁不义的勾当时，当场拍板表示一定出兵，并且还和北条家缔结了同盟，史称"越相同盟"。

听到消息的信玄很快作出了一个英明的决定——撤退。

他除了留下穴山梅雪防守江尻（静冈县内）之外，果断地放弃了原本已经占领了的包括骏府城在内的大部分骏河国土，撤回了甲斐。

正在远江的家康见此情况，二话不说，立刻出兵挺进了骏河，将信玄丢下的土地——地给"捡"了起来。对于这种抬头望天低头耍奸的捡皮夹子行为，信玄什么也没说，也说不了什么，毕竟前有上杉，后有北条，当中还有几个骑墙的信浓派，再拖上一个德川家康，莫非真要来个四面楚歌不成？打落牙齿也只能往肚子里吞了。

第九章 天下布武

✿ 信长的野望

就在武田和德川两家进攻骏河的当口,西面的织田信长终于攻克了美浓全境,并且把自己的居城给搬到了原斋藤家居城稻叶山城,改名为岐阜,意为效仿西周文王以岐山为基业统一天下。斋藤道三的预言,算是基本实现了。

两家的关系也可说是越来越好,年前(永禄十年,1567 年),家康的长子竹千代信康娶了信长的女儿德姬,成为了亲家。当然,信长的野望远远不止这些,他的目标是四个字——天下布武。

表面上看来,这四个字是说"用武力统一天下",但其实远没有那么简单。这个"武",应该是"武士"的意思,而非"武力"。换言之,这句话真正的内在含义是——以武家为核心，统治支配这个天下。

这在当时是一个比较惊世骇俗的言论。你可能会觉得很奇怪，当时日本最高统治者不是幕府将军吗？将军不就是武士吗？能想到这点说明你的脑子还是很不错，不过还是没有想彻底罢了。

当时整个日本名义上的支配人、统治者，其实仍然是天皇。即便是将军本人，也不敢自称是日本的"统治者"，就算强势如足利义满（室町幕府三代将军），也只敢偷偷摸摸地接受中国明朝所谓的"日本国王"的册封，而他们自己也从来不敢叫自己"国王"，自称都是"日本国源某"。而此时的信长只是统治两国的大名，居然敢叫出如此口号，不是造反是什么？

对，就是造反。事实上信长最终的目的也不是这个所谓的"天下布武"，而是将已经腐朽了的、跟不上时代潮流的日本治世制度给彻底打碎，然后建立一个全新的日本。

没错，我从小就被人叫作傻瓜，我是不是傻瓜说真的我自己也不知道：我觉得好的东西，世俗却认为是坏的；世俗认为是好的，我却觉得超级无聊。总之，如果我不是傻瓜，那么一定是这个世俗是傻瓜了。所以，我要用自己的行动来证明，我不是傻瓜。

至此，信长那火星人的形象彻底被他自己给打碎了，他要做的，是能够以一种全新的方式，一种和以前地球英雄们完全不同的方式，来让正在地球受苦受难的人过上幸福生活的事情。由此看来，他应该是奥特曼——失去了光之力量的奥特曼。

肉体凡胎的信长奥特曼显然没有能力一下子称霸日本，所以他只能一步一步地来。

第一步是外交。

就在信长将自己的女儿嫁给信康的同一年，他也将自己的妹妹——被誉为战国第一美女的织田市给嫁了出去，对象是近江国的大名浅井长政。接着，他又和武田信玄结了姻亲。

至此，织田家没有了后顾之忧，当然只是暂时的。

外交之后就该开战了，信长此次军事行动的目标是京都，也就是上洛。和今川义元不同的是，他并不打算自己做将军，而是将现任的十四代幕府将军足利义荣给推翻了，然后扶植正在美浓避难，同时也是前将军足利义辉的弟弟义秋为将军。

✱ 苦命的将军兄弟

那位前将军足利义辉，就是名字里的"义"字公开售价五十两黄金的那位仁兄，已经死了，是被乱刀砍死的。策划这起凶杀案的是当时控制近畿（今近畿地区）的三好一族以及在战国三枭雄中排行第三的松永久秀。

义辉其实是个非常可怜的将军，他这一辈子，作为征夷大将军，只能蹲在二条御所里如同傀儡一般，一生不过二十多年。在这短暂的一生中，他始终在努力地摆脱幕府风雨飘摇的困境，摆脱自己傀儡的现状，想重新建立起一个强有力的能够掌控全日本的幕府。

为此，他还学了一门技术——剑道，并很理想化地认定，只有学了剑道才能变强，只有变强才能恢复幕府的尊威。但是，剑道只能让他一个人变强，对于幕府的振兴却起不到丝毫作用。

永禄八年（1565年），三好一族以及松永久秀拥立足利义荣为十四代将军，并率兵攻打二条御所。前面我们说过，将军家的除了几个拿破枪的护卫之外，再也没有任何军事力量了，所以当义辉看到蜂拥而至的三好军时，便已经做好了最后的觉悟。

他将自己多年来收藏的宝刀一把一把地插在木质的地板上，等待着敌人的攻来。不多久，三好军便杀入了御所，义辉拔起一把刀便砍杀过去，一把刀砍钝了便立马丢弃，然后再拔一把，就这样砍一顿人换一把刀，估计平时学剑道的时候比较认真，所以一时间还真没人能近得了他的身。

不过对方也很快想出了一个缺德的办法：一个人将御所的纸质拉门（障子）拆了下来，然后另一拨人拿着长枪对着义辉的下三路就是一顿猛扎，躲避不及的义辉终被扎到了一枪，当场倒地，接着拿着拉门的家伙便把拉门往他身上一盖，其他人再拿起家伙对着拉门便是一顿猛刺，义辉就这样死在了这拉门之下。

三好家决定一不做二不休：干脆将正在庙里当和尚的足利义秋（义辉的弟弟）也给干掉算了！

不过当时义秋同学已经出家，并以近卫家养子的身份担任了一乘院门迹，也就是住持方丈，同时还是兴福寺别当的下一任继承人。如果把这孩子给砍了，等于是和整个公家势力为敌，和公家为敌就是和天皇为敌，和天皇为敌就是……所以那伙人也不敢轻举妄动，只能将寺庙大门给堵死，不让义秋出来，打算将他幽禁到老。

幸好当时幕府的家臣细川藤孝等人冒死将义秋带出，辗转数地，逃到了越前的朝仓家，并希望朝仓家能够帮助义秋重新返回御所，继承自己哥哥的地位。朝仓家并没有明确地拒绝，也没有任何响应的举动，只是每天给义秋那一伙人送饭，管饱。

看出了朝仓家不愿意蹚这趟浑水之后，幕府的旧臣们决定再换一家投靠。不过义秋好歹也是将军他弟，也是有尊严的，怎么能跟普通浪人一般屡屡跳槽呢？所以对于新的投靠场所的选择，是必须要慎重慎重再慎重的。

就在他们慎重地进行选择之时，朝仓家的一个家臣说道："为何不去投靠尾张的织田信长呢？他最近占领了美浓，提出'天下布武'，或许有意帮助义秋公也说不定啊。"

义秋一伙犹豫了，毕竟大家年纪都不小，都听说过尾张大傻瓜这个外号的。

那位家臣又表示，信长其实并不傻，只是行为和常人不太一样罢了，将来必能成大事，而且他现在确实有上洛的意愿。如果义秋真的想去的话，他本人愿意牵线搭桥通路子。

大家想了想，表示同意，毕竟，有人肯上洛总比在这混吃等死强。

没几天，结果就出来了：信长表示愿意接纳义秋他们，并答应早日上洛，恢复将军的地位。

大家都很高兴，于是便立刻从朝仓家跑到了美浓，而那位帮了大忙的朝仓家臣，也通过这次机会投靠了信长，他的名字叫作明智光秀。

✱ 足利义昭继位

现在的信长有钱（尾张是著名商业区）、有粮（美浓是著名产粮区）、有兵（有钱有粮还怕没人给你卖命），还有大义名分（足利义秋），此时不上洛，还等菜花黄？

对于信长的这次上洛，几乎所有的史书中都用了一个词：闪电式。从他起兵美浓开始，很快就征服了南近江的六角家，而松永久秀则闻风而降，动作非常利索，仅一个月不到，信长便占领了京城。

成功上洛的信长，下达的第一个命令是：不准士兵滋扰百姓，如有违反，一律砍头。

这道命令震动了整个日本，因为根据惯例，每每上洛成功，诸侯也好亲王也好，总会让手下去"尽情"两到三天，"放松"一下，也算是一种慰劳，比如平安末期的名将木曾义仲便是如此。这种潜规则式的恶习一直伴随着日本这个民族很长时间，即便是几百年后的二次世界大战期间，旧日本军的很多所作所为还带有这种"慰劳"、"放松"的影子。

下完命令之后，便是传说中的走程序了。

永禄十一年（1568年）秋，在织田信长和浅井长政的拥戴警卫下，足利义秋正式上洛，就任正一位征夷大将军，并且改名为足利义昭。

再接下来，就是论功行赏了。这首功，自然要归织田信长所有。事实上新将军义昭本人，对他是千恩万谢，甚至当面背后都称其为父。所以，义昭决定：把信长召来，我要亲自奖赏。

信长来了之后，义昭开门见山："你这次奉我上洛，功劳着实非凡，想要什么官？"

信长摇了摇头："我拥戴将军不是为了做官。"

义昭见信长不答，以为是他在装矜持，便直接提出："做副将军如何？"

信长又摇了摇头："真的不必了。"

见对方高风亮节，义昭甚为感动，干脆别来虚的，弄点皮实的吧："你要日本哪儿的领地？我给你。"

这话一出，信长傻了，盯着义昭直看。

义昭很快也反应了过来："哦，对啊，我想起来了，我自己也没领地啊。"

那么，信长大哥你到底要啥呢？开个口吧，只要能办到咱就去办呗。

"既然如此，那就把大津和堺的管理名义权给我吧。"

大津和堺也就是今天日本三重县的松阪市的大津以及大阪府那圈，在战国时代，那是日本第一的商业繁华地区，从欧洲来的各种新奇东西，包括铁炮在内，大量地集中在那里。而且最关键的是，那里储备了大量的黄金和粮食。掌握了堺和大津，就等于拥有了经济命脉。

义昭自己没有领地，这两块地方自然也不归他管，甚至不归武士管，那里本是商业区，那些大商人有了钱有了武器之后，便自己招兵形成了一股自卫自治的力量，谁都无法插足，可谓油盐不进。新将军即便点头，信长估计也难以着手，义昭疑惑地看着信长，点头表示答应了：

"那好吧，那里就归你管。"

有了将军的命令，信长立刻派人出使堺，言辞非常开门见山："要么降，要么死。"接着还规定了各大商人需要上贡给他的金钱数量。大商人们聚集在一起商量了半天，最终认定自己手下的打手们是抗不过信长的正规军的，所以选择了顺从。

经济特区到手之后，信长觉得再留在京城也没啥意思，便率军回了岐阜。于是，足利义昭作为第十五代室町幕府的将军，在织田信长的帮助下，重新恢复了已经失去数百年权威的幕府政权，整个日本又出现了一片欣欣向荣的景象——才怪。

✽ 将军的十六条军规

信长临走之前，给足利义昭留下了一份文书，文书的名字叫作"殿中御掟九条"，用今天的话来说，就是将军的九条工作纪律，随即又增加了七条，变成十六条。这十六条纪律里，包括了以下内容：

1. 领地内（山城国，即御所所在的那一片地）的惣番众（农村的自治组织，以领民代表的身份帮助领主管理内政）不经下令，不准随意走动；

2. 幕府的家臣或者直参的家臣如果要去御所的话，必须先行请示信长，未经允许不准靠近御所；

3. 一切诉讼、案件、内务，不由奉行（奉行由织田家家臣担任）经手则将军不能接手；

4. 禁止直接向将军申诉；

5. 石山本愿寺（净土宗）的僧侣、僧官以及阴阳师等禁止进入御所；

6. 其他大名若和将军有书信来往，则书信必须事先给信长阅读；

7. 将军的家臣如果表现突出，则须奖赏，奖赏事宜由信长处理；

8. 天下政事都交给信长处理，即便没有将军的御令，信长也能对任何人进行成败（处理、处罚）；

简单说来就这么一句话：从今天开始，你（将军）就是我（信长）的，我的还是我的。

面对这种待遇，义昭感到不过分那也不太可能。不过他很快发现，除了能感到过分之外，他无能为力，甚至连牢骚都不能发——信长将他的近侍全都换成了自己不认识的新人，这些新人尽管不认识义昭，但是他们全都认识信长。

政务上监视也就算了，连私生活都暴露在了信长的眼皮子底下。

某日，京奉行在问候过义昭之后，说道："将军近日来又招了不少侧室，这样不太好吧？"

义昭很不满，老子找小老婆跟你有关吗？已经是傀儡了，还不让当男人了？于是他很不客气地将话给顶了回去，并且示意京奉行如果没事，就赶快回家，该干啥干啥去。

不想那位奉行丝毫不为所动："将军如果一味地奢侈糜烂下去，那就有损武家的威名了，而且，最近的财政也不太宽裕……所以，将军大人的有些要求，实在不能满足了。"

这个"有些要求"，特指遣散费。说实话，义昭的生活预算并不太多，但他喜新厌旧，讨了新的，就不要旧的了，于是便想把旧的小老婆给遣散了。可是你平白无故地把自己老婆给赶出去，就算是小的，那也得表示表示吧？这就需要一笔数目相当的遣散费。这笔遣散费,以前一直可以从信长那里要到,可现如今信长明确表示:不再给遣散费,你家里老婆塞满了还是这点死预算,穷死了也不管。

义昭拿信长没办法,赚不来钱也抢不到钱,除了每天在心里问候信长一遍又一遍,然后约制自己的私生活之外别无他法。

第十章 义弟的背叛

✿ 有情况，快逃！

信长此时打算去攻打越前的朝仓家，连理由都想好了：没有努力帮助将军家恢复地位，是为不臣。

对此，朝仓家当主义景嗤之以鼻。以贵族自居的他，一直将信长看作一个暴发户。横霸越前百年五代的朝仓家，不但拥有强大的力量，还有一个特殊的盟友——浅井家。

希望你还记得这个人家，此家的现任当主，就是娶走信长妹妹织田市的浅井长政。要说浅井家和朝仓家的同盟，是在长政他爷爷亮政那代就缔结的，可谓是源远流长，友谊深厚。

不过长政本人却并不看好这段友谊：战国乱世，所谓的同盟多半都是你利用我我利用你的权宜之计，哪有什么真情可言？不过生性忠厚的他，尽管不打算尽盟友之谊，却也不愿意乘人之危。信长出兵越前，他只做个看客。信长也理解了长政的苦心，所以并不找他同去，而是给德川家康发来了援军邀请函。

元龟元年（1570年），德川、织田两家合军三万人，开始对越前发起进攻，同时参战的还有近畿大名松永久秀。大军仅用了五天，便攻下了半个敦贺（今福井县敦贺市），直逼军事重镇金崎城。

金崎城内虽有一万两千军士，但鉴于信长太过勇猛，死活都不敢出战。金崎一破，越前将无险可守，所以当天晚上，信长在阵中摆下酒宴，犒劳三军，准备明天一鼓作气拿下金崎。然而就在酒宴进行到一半之时，松永久秀来到信长跟前，密报了一个令人震惊的消息：浅井长政背叛了！北近江的军队正在集结，马上就能和自己面前的朝仓军形成前后夹攻之势！！

信长听完哈哈大笑，拍着久秀的肩膀说道："老狐狸也有失算的时候啊。长政乃是我兄弟，怎么可能背叛我？"

松永久秀真是气不打一处来：先不说情报可靠不可靠，老子可是一路背负着背叛者的名声走过来的，别说是你义兄弟，就算是你亲兄弟，这年头说杀还不是杀过来了？你是喝多了烧脑子了还是原来脑子就不好？

这也不能怪松永久秀，毕竟他是新投靠过来的，还不怎么知道信长的外星人作风。面对久秀，信长展现了无知者无畏的宽大胸怀："别怕，长政为人宽厚，怎么可能被小人所利用呢？"

久秀突然有种想哭的感觉。

看着久秀哭丧的脸，信长安慰道："放心，真的不会的，这世上哪有弟弟背叛哥哥的道理？"

我说大哥，你是不是忘记织田信行是谁了？

望着这位外星仁兄一杯接着一杯地喝，久秀只能摇了摇头，暗地里琢磨着该怎么对付长政的突袭。不多会儿，有人通报，说信长的妹妹阿市听说哥哥马上就要获得越前领地，特来送礼祝贺。一听到这个消息，信长更是得意万分地看着久秀，脸上的表情非常明显：我妹妹都给我送礼来了，你觉得我妹夫还可能背叛我吗？

久秀的表情变得更加痛苦，因为他非常清楚，这种事情在他的背叛生涯中出现过多次——妹妹伙同妹夫一起干掉哥哥，现在来送礼，显然是为了麻痹信长。

这次算是完蛋了。

久秀想错了，他低估了被誉为战国第一美女的织田市的人格，也低估了她的智商。

当使者走上前来，双手捧上礼物的时候，一直没怎么出声的德川家康顿时吃了一惊，而信长也顿时酒醒，一把抓过礼物，手还在微微颤抖。

这件威力十足的礼物是一只两头被牢牢扎住的布袋子，袋子中间是一些豆子。

内在意思不言而喻：日语叫"袋中鼠"，中国话叫"瓮中鳖"。

还有啥好说的，快逃吧。

等等，是不是忘记什么了？猛然回过神来的信长想起一件大事：朝仓军正在虎视眈眈，自己这么一逃，绝对瞒不过他们的双眼，若是对方趁势赶来，自己岂不是要落下个支离破碎的下场？

所以必须要留下一支部队在此牵制朝仓，学名叫作"殿后"，民间俗称"垫背"。

可是当垫背搞不好就是一个死，谁也不愿意平白无故地人间蒸发，所以在这个时候，信长所有的家臣都一片沉默，一个比一个头低得低，生怕信长点到自己的名字。家康见此状况，苦笑了一下，虽说这是人之常情，可现在如果没人愿意牺牲，那么谁都走不了，既然如此，不如让自己来吧。作为盟友，作为朋友，为信长再做出一些贡献，虽然很可能是最后的贡献。吉法师，记得要连我的份一起努力下去，称霸这个天下哦，我会在天上默默地保佑你的。

"主公，此次殿后，请让小的去！"

就在家康要站起身子请求殿后的一瞬间，织田家的一个家臣扑倒在地，主动请缨。

"既然如此，也让我留下助木下秀吉殿下一臂之力吧。"家康接着话说道。

那个被叫作木下秀吉的家臣抬起头来，对家康表示感谢，家康则略微一低

头作为答礼。

这是日本两大风云人物丰臣秀吉和德川家康的第一次见面。

"不用了,家康大人乃是主公的客人,还请尽快和主公一起撤退的好。"

见秀吉如此坚决,家康便不再坚持,只是临走之时,将自己带的所有铁炮都如数给了秀吉,希望能够在战场上派上些用处。

秀吉收下铁炮并且表示了感谢,同时催促信长、家康等人赶快逃走。

既然决定逃走,那就没必要客气了,众人上马的上马,11路的11路,一阵猛跑向朽木谷冲去,准备经由那里穿过北近江再到京(都)。

❋ 久秀的和风忽悠

朽木谷的领主叫作朽木元纲,从人名和地名来看,就能知道他在此处靠山吃山久矣。他是最近才投靠信长的,可谓是见风倒。如果他知道信长这次来得如此狼狈,肯定会当场离弃并且加害信长,估计连个全尸都不会留。可若不走他那里,一时半会儿也找不到其他回去的路啊。

走的话,那就是拼命;不走的话,那就等于是送命。

信长毅然决定:拼了!

松永久秀站了出来:拼命是莽夫,忽悠才是王道。凭老子这把智商,定能忽悠那朽木元纲乖乖护送我们过去。

在松永久秀忽悠之前,我们有必要介绍一下信长这次逃跑的一些情况。

首先要让你知道的是,信长这次的逃跑,是属于"各自逃命"型的。也就是说,他自己带着自己的贴身侍卫率先逃走,因为逃得太快了,所以发生了与当年桶狭间会战时差不多的情况——身边只有十几个人,其他家臣包括德川家康的部队都被远远地落在了后面……其次,现在已经不能回头了,如果信长一看人手不足再回头去找大部队,那么正在做虎视眈眈状的朽木元纲定会追击,所以,只能拼死吃河豚了。

不过久秀并不这么看,他很自信地认为,只要自己这么一忽悠,一定可以平安地通过朽木谷。

而朽木谷的领主朽木元纲早已得到了消息——信长带着十几个人跑到自己的地盘上了，但是至于来做什么，为什么，发生了什么，却并不完全知道。虽然隐约听到了长政背叛的风声，但也不敢肯定。不过凭借自己的感觉，元纲认定，绝对不是什么好事。所以他下令手下全副武装，生人勿近，一有风吹草动，立刻联络报告。

报告很快就来了——松永久秀单人匹马来到了元纲的御馆之前，要求和元纲见面。

一场和风忽悠，又将拉开帷幕了。

元纲决定亲自出去和久秀见面，如果真如自己所听闻预料的那样，那么就当场做掉久秀，顺便拿下信长，然后投靠浅井家。

当他来到门口时，看到了这样一幅景象：久秀哈哈大笑地拍着守卫士兵的肩膀，连声说道："不错啊，知道信长公要来这里，准备得很好。"

接着又摸了摸门口的那棵老树："嗯，这棵树长歪了。"

元纲顿时觉得有些摸不着头脑，但还是迎了上去，顺便打声招呼："松永大人。"

"哎哟，这不是元纲吗？"久秀也不认生，"你这差当得好啊，信长公和长政爷想必非常高兴吧。"

元纲糊涂了，他们为啥高兴？为啥两人都高兴？

"你如此重视，对于两位大人的联合军事行动作了如此准备，他们怎能不高兴啊？"

联合军事行动？不是说长政背叛了信长吗？元纲呆呆地望着久秀：这到底是咋回事？

正在疑惑之中，久秀偷偷地把头附到了元纲耳边："你准备得如此详尽，看来是打算护送信长公过谷吧？那为何不出去迎接一下，给他一个惊喜呢？"

元纲一时间不知道该如何回答。

久秀却趁热打铁："要知道，这次信长公借贵地，是和长政爷的联合行动啊。"

"你说是联合行动？"元纲重复了一遍，以便确认。

"嗯，京城的将军有异常，长政爷特地派来密使相告，所以信长公必须紧急回京。"

久秀唯恐忽悠得不够彻底，又加上了一句："这是秘密，一般人儿我不告诉他。"

元纲的反应——受宠若惊。

没想到信长如此信任我，从近江回京的路有好几条，可他偏偏走了这条，这不是对我的信任还能是啥？绝对不能错过这次机会，一定要好好表现，自己的前途就在此一举了！

他吩咐立刻准备美酒和洗澡水，准备为信长接风洗尘，自己则带着儿子一起出迎信长。

当然，那位不把自己当一般人的松永久秀，自然也不能亏待，元纲立刻让久秀先行进府，好好休息。

信长他们靠着久秀的忽悠，算是脱了险。不过还有一位仁兄，就不是那么简单能完事的了。

他就是垫背——木下藤吉郎秀吉。

第十一章 金崎断后

❀ 猴子秀吉

秀吉对此次殿后其实并没有十足的把握,他之所以会主动请缨,完全是一时热血。众所周知,木下秀吉(藤吉郎)的出身是非常卑微的:他亲爹是尾张的一个农民,被织田信秀拉了壮丁,结果在战场上被砍断双腿,成了残废,不久后病死。母亲阿中带着没多大的儿子,也就是藤吉郎,改嫁到了另一户农家,不久后又生了一个儿子,名叫小一郎,此人也就是之后的丰臣秀长,俗称大和大纳言。

通常亲爹死了,母亲改嫁,跟后爹又有了儿子,那么你的日子绝对不会好过到哪里去的。事实上秀吉确实也是这样,接下来的那段日子,他离家出走,四处混日子:干过农民,在今川家当过杂兵,在街头摆过小摊,给商家做过杂活,甚至还参加过非法组织（山贼），可谓是生活经验丰富，比明朝开国皇帝朱元璋还要强一点。朱元璋也就光是要饭来着，不过是利用职务之便四处走访山川名岳，跟工农兵样样通吃的秀吉比起来，确实有着一点差距。但是两者也有共同之处：第一，人长得难看，第二，地位低下，所以又产生了第三个共同点——不招人待见。朱元璋暂且不说，秀吉在他那段流浪的日子里，过得很是凄苦，因为长得像猴子，所以大家也不把他当人看，不管是嘴上还是心里，都将他视为非人的"猴子"。

秀吉最终找到了他宿命中的主公——织田信长，那是在天文二十三年（1554年）的时候，刚开始的职务是小者。所谓小者，不是美少年担任的那个"小姓"，而是杂人、下人的意思，不过他打杂的对象是织田信长本人，因此便有了不少能够直接和领导接触的机会。

不过，他最初接触到的，却是信长的儿子（庶长子）于胜丸。

于胜丸年纪小，不懂也不需要忌讳，看到秀吉这么个怪模怪样的类人猿，以为来了妖怪，拔出自己的随身小刀便砍了过去。小朋友一边砍一边还自带音响效果并且自己给自己加油鼓劲："砍不死你这个怪物，砍不死你！"

秀吉不敢反抗，只能半挡半逃，幸好当时日本虽然有让武士子弟佩刀的习惯，可对于年龄过小的孩子，给的不是真刀，而是涂上了银箔的竹刀，不然秀吉可是要应了当年美浓守护大名土岐赖艺的一句话了："一死以娱主，是为尽忠。"

两人一个逃一个追，既没仔细观察逃跑的路线，也没注意这一路上都有谁，于是跑着跑着，便跑到了信长的屋子跟前。

信长听到吵闹声便走了出来，见此情况很自然地问儿子："你在干啥？"

于胜丸小朋友理直气壮："为民除害，清理妖怪！爹，这是一个猴子怪！"

信长看了一眼伏在地上吓得不敢动弹的秀吉，当着其他侍奉在一旁的家臣的面，做了一个谁都想不到的动作——他给了于胜丸一个响亮的耳光！

"这是人，不是妖怪。"

鉴定完毕，领导回屋。

此时此刻跪在地上的秀吉，眼泪一点点地滴在地上，口中念念有词：我是人，不是妖怪，我是人……

对于信长，他从最初的崇拜，变成了一种感动，从感动，变成了忠诚，从忠诚，变成了……

冲动。

❋ 日本诸葛亮

冲动的秀吉看了看部下，七百人马——七百个人和七百匹马，还有家康给的一堆铁炮。其实信长还是比较够意思的，给你这么点人这么多马，自然不指望你去打败别人，只要拖够时间，赶紧回来就行。

能回来就行？能活着回来那就要烧高香了！

对面是朝仓家的一万两千大军，干掉自己基本上等同于捏死几只蚂蚁，所以秀吉一时间也不知道该采取什么办法。

要不，悄悄地逃走？木下小一郎提出了这个建议。

本来嘛，打得过就打，打不过就走是战场上的基本常识，更何况现在碰到这种头大的事，不用常识怕是解决不了了。

于是秀吉当机立断：小的们，抄家伙准备走人！三更造饭，四更饱餐，五更时候估摸着信长也该平安脱险了，大家一起开溜，悄悄地干活，打枪地不要。

这是一场和命运的赌博：如果朝仓军没有发现木下秀吉军的撤退，那么大家都能保住这条命；如果朝仓军发现，便只能死翘翘了。

当时场面一片混乱，上到大将（秀吉）下到小兵都在收拾东西准备逃命，只有一个人除外。

"先生，你怎么还不收拾？来来，我帮你把书装到袋子里去。"大将秀吉一边帮着他口中的那个先生收拾东西，一边问道，"怎么了？先生你好像在想点什么啊？"

"嗯，我在想，怎么样才能让我们大家都平安地回到美浓。"

这话一出口大家都笑了。

这个紧要关头，除了赶紧收拾东西看准了机会跑路，再也没有第二个活命的办法了，就算是这个办法，还有百分之五十的风险，难道你一个书呆子傻坐在这里，就能平安了？

光荣游戏公司通过历史告诉我们，为何在他们的游戏设置里，有些人的谋略指数不到五十而有些人却能超过一百。

"朝仓家数万大军，干的就是监视我军阵地的工作，你们觉得你们这样逃跑，他们可能会发现不了吗？"先生问道。

这不是百分之五十的碰运气，而是百分之一百的送死。

那你倒是指条明路啊？

先生不紧不慢地说道："首先，朝仓家的军风向来谨慎，没有十足的把握不会动作，其次，他们并不知道我们只有七百人。"

最后得出了结论：逃，是必须的，但不是现在。现在就跑，等于向对方暗示"欢迎来搞"。

今晚的关键词是：不动如山。

顺便说一下这位先生的尊姓大名：竹中半兵卫重治。

竹中重治，俗称竹中半兵卫，外号叫作"日本诸葛亮"。

半兵卫出生在美浓斋藤家家臣、菩提山城城主竹中重元家。

他从小就长得非常漂亮，冰雪白净的，所以被人戏称为"雪姬"。长大之后，更是一表人才，做了斋藤家三巨头之一安腾守就的女婿。而在近几年的历史剧中，只要能和美浓斋藤家扯上关系的，半兵卫往往都能成为大众情人的不二人选。

元服后，他和别的武家子弟不一样，并不喜欢整天舞枪弄棍，而是喜欢一个人静静地坐在一边翻阅兵书，终于在永禄七年（1561年），干出了一件惊天动地的事情。

为了规劝当时无法无天、将美浓弄得鸡飞狗跳的昏庸当主斋藤龙兴，半兵卫带领家臣十六人，将信长连续攻打了好几年都没结果的稻叶山城给夺了下来。

听到消息的织田信长郁闷得半天没说出话来，回过神之后连忙写信给半兵卫，说愿意以半个美浓国为代价来交换这座城。

半兵卫拒绝了。

然后他给斋藤龙兴大讲了一番"子曾经日过"的各种道理，便将城池物归原主，自己也离开了斋藤家，到浅井家去做了一回客座家臣，然后隐居山野，天天啃书本。

在他啃了几年书本之后，来了一个长得像猴子的人，告诉他斋藤家被灭了。

灭了就灭了，关我啥事儿？

猴子脸的男人又做了自我介绍：俺叫木下藤吉郎秀吉，是织田家的家臣。

哦，如果是来劝说我投靠织田家的，那么我就一个字：滚。

是，俺现在就滚，不过以后俺还会再来的。

说完，秀吉就走了。

第二天，他果真又来了，但是这一次，重治只说了三句话：

"脚！"

"另一只也别跨进来！"

"出去！"

"俺还会再来的。"临走之前，秀吉仍旧丢下了这句话。

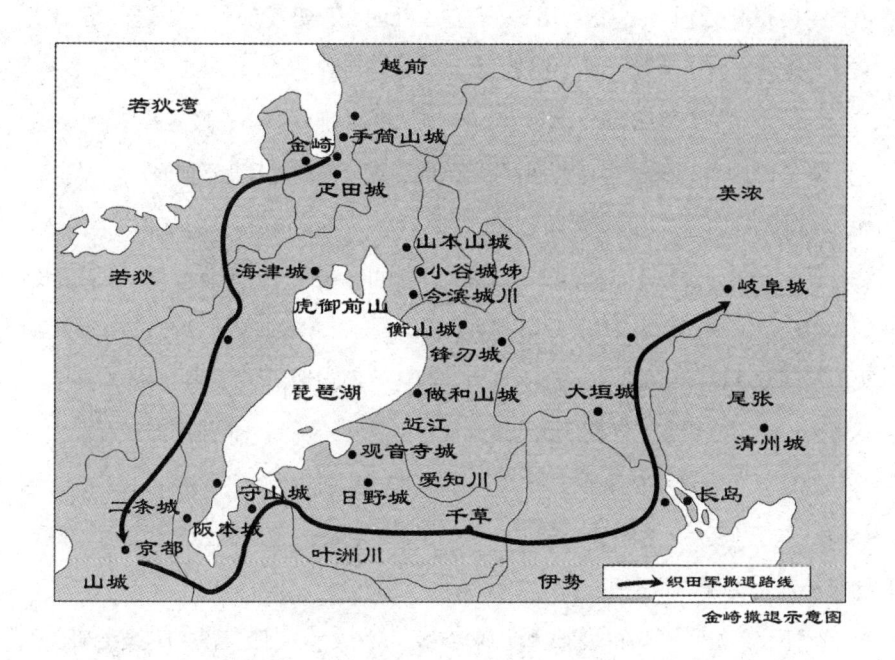

金崎撤退示意图

庄稼人特有的那种淳朴性格，使得秀吉最终在第三次拜访的时候打动了半兵卫。半兵卫表示自己不愿意做织田信长的家臣，而只希望成为秀吉的左右手。

信长答应了，而秀吉自然是求之不得。就这样，秀吉总算是有了自己武士生涯中的第一个军师。

✿ 胜利大逃亡

话得接着说回来了，此时，原本龟缩在金崎城内的朝仓军分成了两派：出战派和观望派。

出战派代表：朝仓家大将真柄直隆等。

观望派代表：朝仓家大名朝仓义景以及几乎全体朝仓家家臣，包括朝仓家小兵。

出战理由：此时不打还等过年再打？

观望理由：深更半夜的，谁都看不到谁，而且人还比别人少得多，怎么打？信长用兵向来狡诈，你忘记今川义元是怎么死的了？要打你一个人去打，别带大家伙去送死，你死了无所谓，别残害我越前的老百姓。

结果：真柄直隆赔笑——我也没说一定要打，那就……先睡觉去？

睡觉睡到第二天一早，真柄直隆又要出战了：你晚上说不能野战，早上总能打了吧？

朝仓义景自然也不含糊：我是说晚上不能打，可我又几时说过早上能打了？信长有三万大军，就算浅井长政跟我两人前后夹击，人数上也不会占很大优势的，更何况现在北近江是只听雷声不见雨点。我还是那句话，你真柄直隆要装英雄你尽管去，绝不拦着你，打赢了我给赏，被打死了我给抚恤，但是别连累别人。

就这样一直过了数日，史称"金崎断后之战"的大戏终于落下了帷幕：连续僵持了好几天后，朝仓家终于放松了警惕，秀吉等人趁此机会安然撤退，将朝仓义景大大地调戏了一把。

好不容易捡回一条命的信长和家康自然是非常火大，都憋着一口气要给朝仓义景还有那位二五仔浅井长政一点颜色看看：娘的拐了我妹还想要我的命吗？不给点苦头还蹬鼻子上脸了你！

没等这两位大爷发作，窝在京城的足利义昭倒开始了大手笔。这位仁兄趁着信长打朝仓的空儿，给诸大名写了密信，要求他们帮助帮助自己这可怜的、要啥没啥的将军，打倒大恶霸织田信长。自然，信中封官许愿之类的内容也没少加。

第十二章 信长包围网

❀ 自信的信长

前面我们曾经说过上洛的好处，在这里，再补充一下上洛的坏处：引人瞩目，木秀于林。

简单来说，你会成为出头鸟，下面会有一群人拿着各式各样的家伙等着伺候你。

经过义昭牵线，表示响应幕府号召前来做掉信长的主要大名有：毛利辉元、武田信玄、北条氏政、三好义继、浅井长政、朝仓义景；宗教界人士有：石山（今大阪府）本愿寺显如（一向一揆真正的幕后指挥者）、比叡山延历寺；群众代表有：纪伊（今和歌山县）杂贺国人众等等。此外，还有朝廷方面的代表近卫前久和织田家内部敌人代表松永久秀。

以上，史称"信长包围网"，不好意思，漏了仨字：第一次。

对此，信长召开了一次会议，问家臣如何应对。

家臣反应比较一致：形势一片大恶。

信长再次站了出来提出另类意见：形势或许不太好，但绝对不是"大恶"。我们的同志在困难的时候，要看到成绩，要看到光明，要提高我们的勇气。

柴田胜家很不爽：这都啥时候了，老大你还在耍嘴皮子，别说虚的，说实在的、靠谱的，好让我们兄弟心里有个底。

信长主席也不多废话，直接就宣布散会了，散会之前又说了句：准备好和朝仓浅井的决战！

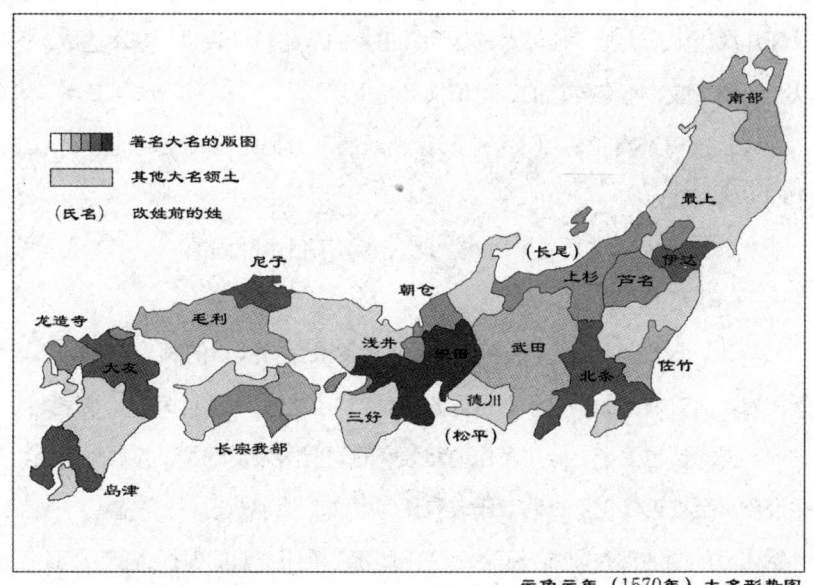

元龟元年（1570年）大名形势图

好在大家也都习惯了这种外星作风，于是便散去了，该回家做饭的做饭，该抱孩子的抱孩子。

✽徒有虚名的包围网

如果你还是不明白的话，没问题，我来跟你说说为啥信长会有如此的自信，分析分析当今天下的形势，揭开信长包围网那神秘的面纱。

咱就先从东说起。东面起兵的，有武田家和北条家，没错吧？这两家，乃是关东铁三角的两角，实力卓越。确实，以现在织田家的实力，打一家都很勉强，更别说两家一起上了。

可是，他们会出兵吗？

不会。

武田信玄之所以不会出兵，是因为他背后有上杉谦信。本来嘛，这一个甲斐之虎，一个越后之龙，龙虎若齐心，则基本能平天下，可也不知道老哥俩儿是吃撑了还是喝饱了，偏偏为了几个第三者而互相干架，而且一打就是十二年。尽管纵观几次川中岛会战，能够普遍认为武田家的战略目标算是"基本达成"，但是从军师到亲戚，都有阵亡的，可谓损失惨重。

所以，武田家真正的敌人是上杉家，断然不会为了足利义昭而轻易（注意这个词）另起战火的。

而北条家现任当主是北条氏政，此人继承了日本战国的一个不怎么光荣的传统——一代不如一代。

从早云、氏纲、氏康到现在的氏政，北条家空有大量的领土面积，却始终无所作为。面对领土面积远不如自己的敌对势力佐竹家、里见家，北条家始终奈何他们不得。这也罢了，今川家作为北条家的同盟国兼婚姻国，被武田家撕毁盟约后进攻直至被灭，也不见北条氏政有任何办法，除了一招——禁盐。

武田家的领地都在内陆，没盐，以前和北条、今川结盟的时候，盐都从那里走。现在今川家沿海的领地都给家康捡走了，北条又和他翻脸不卖盐了，一时间还真有点头痛。

就在此时，跳出来一哥们儿说道："我和信玄殿下交战在兵不在盐，这种小伎俩有损我武家名声，从今往后，信玄公要盐，尽可到我越后来拿。"

此人便是上杉谦信。不过你若是就此以为谦信是个好男子，还天真地幻想男人打架真的能打出友情来，那就错了。这越后的盐，是不能白拿的，谦信卖给信玄这白花花的盐，不是高价，也不是超高价，而是天价。但信玄没法子，毕竟人不能不吃盐对吧？特别是战国乱世，大家都从事高体力的劳作，流汗多，急需补充盐分，好在甲斐有金矿，信玄还算是个款爷，负担不算太大。

不过总的来说，对于氏政的这个禁盐令，评价的话只有三个字——小儿科。最终武田家灭了今川家后，又向北条家提议恢复同盟国，这无异于打了北条氏政一记耳光，又对北条氏政说：我们是哥们儿，没打痛你吧？若是换了别人，估计多半会断然拒绝武田家的同盟申请，但北条氏政还是同意了这一请求，两家和好如初（这话有点提前，不过先说了吧，反正也是包围网里发生的）。

对此的评价不太好说，不过就此能够断定一点——武田信玄如果不出兵的话，北条绝对不出兵，就算武田信玄出兵，北条也不见得会出兵。

接着再说西面。西面的毛利家乃是中国（日本中部地区，下同）最强大的大名，之所以会最强，全靠被誉为"中国第一智将"的毛利元就的努力。当然，此时这位智将已经去西天见佛祖了，不但他去，他的长子也跟着去了，所以现在毛利家的当主是他的孙子毛利辉元。

辉元同志同样继承了战国一代不如一代的不光荣传统，甚至和北条氏政比起来还有过之而无不及，而且他有两个叔叔辅佐掌握毛利家的全部事务，这两人便是被誉为"毛利两川"的吉川元春和小早川隆景。

不过两个叔叔虽说是亲兄弟，但是性格、处世方式却完全不一样：前者是鹰派，后者是鸽派。两人是经常性意见不合，这从他们爹还活着的时候就开始了。对此毛利元就想出了一个办法：他拿出三支箭让三个兄弟折，借此来告诉他们要团结，这便是日本"三矢训"的典故。但就算如此，两人还是本性如故，每次开会都要互相争吵，很多时候从早上九点能一直吵到下午五点，结果还是无法分出胜负。更何况毛利家始终在和大友家争夺博多（今福冈县内），即便他们不想开会吵架，想听从足利家的包围网计划，也未必能分兵。

再来说三好家那帮子。他们虽然是织田的宿敌没错，但也不得不考虑到毕竟是他们杀了足利义辉，而足利义辉就是当今大将军足利义昭的亲哥哥，更何况当年弑上的时候，三好家还有打算顺手做掉义昭的打算。所以他们自己也知道，现在足利义昭不过是利用他们而已，一等到灭了信长，还有不找他们算账的道理？故而他们就算真打，也必留有大量的余地。

松永久秀原来是三好家的重臣，后来投靠信长，现又加入义昭那边，如此墙头草的原因只有一个——力量不太够。所以松永家对信长的威胁也不大。

本愿寺显如虽然操控一向一揆，对信长有一定的威胁，但是短时间内并不会造成天变。而且，显如还有一个身份，便是武田信玄的妹婿，所以他的行动很大部分也是参考信玄的行动。

杂贺众虽然彪悍，为首的杂贺孙市更是有着"战国第一狙"之称，但是苦于有效人口太少，所以一直信奉"你不惹我，我不惹你，你若惹我，我打死你"的原则，不会贸然主动出兵。

最后剩下的，有可能明天就开打的，便是朝仓、浅井两家了。

既然确定会打，那么晚打不如早打，早打不如马上就打。

第十三章 姊川会战

✻ 圣斗士矶野员昌

开打的地方叫作姊川（今滋贺县境内），顾名思义，这是一条河，开打的时间选择在元年（1570年）农历六月末。

织田、德川联军两万七千（德川家五千人），朝仓、浅井联军一万八（浅井家五千人）。

前者在南岸，后者在北岸。

姊川南岸，信长布阵在右，从前往后的军团依次为坂井政尚、池田恒兴、木下秀吉、柴田胜家、森可成、佐久间信胜等，信长的大本营则在最后。值得一提的是，信长这次用的是层层防御法，也就是自己躲在最后，前面布满多层方阵，方阵的总数包括他在内一共是十三个，所以被称之为"十三段防备"。

德川方面则布阵于信长之左，从前到后军团依次为酒井忠次、小笠原长忠、石川数正、德川家康的本营、殿后为神原康政。

两军当中为胜山，姊川北岸正对信长的是浅井长政，从前往后军团分别为矶野员昌、浅井政澄、阿闭贞征、新庄直赖、远藤直径和浅井长政的本营，正对德川家的，从前往后依次为朝仓景纪、前波新八郎、朝仓景健。

以布阵来看，两军如同四个人在捉对厮杀一般，并没有哪方具有特别的优势；从人数上来说，织田家比浅井家多一万七千人，但与此相对的是，朝仓家面对着对岸的德川军，也一样有多数万把人的优势，由此可以断定，这是一场硬碰硬的战争。

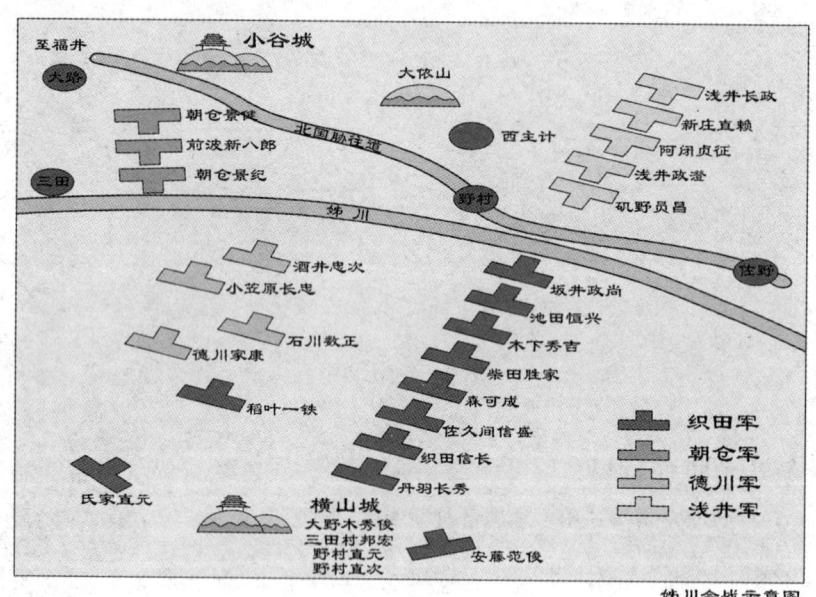

姊川会战示意图

当日凌晨，硬碰硬正式"开碰"。首先抄起家伙的是德川阵的酒井忠次，他抢先渡过姊川，向着朝仓军阵地冲去，不过因为人数关系，很快便被压制了回去。反应过来的朝仓军，也开始了渡河攻击。另一边的浅井先锋矶野员昌，亦在此时向着织田家第一阵的坂井政尚发起了进攻，用书上的话来说，矶野队一过河就将坂井队给"蹴散"了。

紧接着，矶野员昌又跟第二阵的池田恒兴交上了手，没多久便又将其"蹴散"了。

然后是木下秀吉，没多费工夫，秀吉便也被"蹴散"了。

信长一开始带着新收的女婿鹤千代在最后面观战，一边看一边还教育他道：打仗，就是要像我这样不动如山，稳坐钓鱼台。

鹤千代同学时年十四岁，已经到了知晓战阵之事的年龄了，所以看着看着就发出了疑问：岳父大人，我怎么觉得那个谁啊，很快就会冲过来的样子？

信长听了这话也仰起脖子仔细观望起来，这一看，看得冷汗直流。

只见矶野员昌宛如圣斗士一般，向着自己位于十三段阵的最后本阵赶过来。继木下秀吉之后，他又连续击破了柴田胜家、稻叶一铁，如星矢一般继续冲杀过来。

好在信长布的阵多，要完全冲破还得需要一阵子。所以他一边流着汗，一边对着已经惊慌不已的女婿说道：打仗，就是这样的。

就在矶野员昌勇闯十二宫的当儿，德川家康那边的日子也不好过。刚摸了一把朝仓屁股的酒井忠次被赶过河不算，还让整个德川阵陷入了苦战。对于朝仓来说，毕竟要比对方多出万把人，看看隔壁浅井家先锋矶野员昌都成圣斗士了，自己如果不快速解决三河军队，实在说不过去。

历史在很多时候，都是说不过去的。

✲ 形势逆转

以敢拼不要命而著称的三河人，没有将苦战持续多久，便很快适应了利用人数优势压倒过来的越前军的攻击，接着再将苦战转化为相持战，接着将相持战转化为苦战——朝仓家的苦战。

但是毕竟人数差距摆在那里，要想彻底击败对手，仅凭现在这样的状况是远远不够的，于是德川家康开始冷静地观察起来。

很快他发现了对手有着两个致命的弱点：第一，他们的总大将，也就是朝仓家的大名朝仓义景并没有出现在战场上——老大不出现，下面人自然不太会拼命,这个可以套用我们之前讲今川氏真时的那套理论;第二,也是最关键的,那就是虽然朝仓家刚才压着自己打,现在被自己压着打,但是因为他们的军队数量过多,所以,不是每个朝仓军都能荣幸地参加战斗,他们中有一部分还在水里,确切地说,是正准备渡过姊川过来打。

兵法云:"勿迎之于水内,令半济而击之。"

就是说,在别人渡河渡到一半的时候,给他上家伙最有效,能造成伤害加倍以及无限增大出现会心一击的概率。

家康同学如果会下四国军棋的话,一定是个把司令放在地雷后的主儿。此时此刻,他拿出了自己的司令子儿——神原康政部队,命令其迂回前行,突击刚渡河上岸的朝仓军侧翼。

自开战以来,康政君一直享受着和家康、信长一样的高级干部待遇:别人拼命,他在休息兼观战,现在终于到了拼命的时候了。

说拼命那也是客套话,面对刚刚狗刨的狗刨、猫爬的猫爬,好不容易过了河才站稳的朝仓军,实在不需要太拼命便能击败他们。

神原康政很靠谱,一到河边便发起了突袭。

效果立竿见影,朝仓军马上就"崩坏"了。见形势大好的家康立刻下令发动总攻击,随着总攻的发动,朝仓家也迎来了新的下场——"总崩"。

不过,也有没崩的,比如真柄直隆,比如他儿子。

如果你已经忘记了这位仁兄,可以去翻翻前面金崎断后的那段。

此时朝仓军势已经处于崩坏溃逃的阶段,大家都在往回死命开溜,真柄父子却冲入了德川军的阵中。有着"北国之鬼"称号的真柄直隆手执五尺三寸(约一百七十五公分)太刀,挥舞着如同风车一般,切菜砍瓜似的杀掉了数十人,接着又大喊:"有志者就来单挑!"

面对如此赤裸裸的挑衅,德川阵中当即站出来一堆人响应,具体数来,是十个,为首的是勾阪式部兄弟三人。

这一堆人并不打算和真柄直隆单挑,而是自动围成了一个圈,慢慢靠拢,准备发扬以多胜少的精神,将其轻松做掉。此时的直隆头发散开,浑身上下一片血红,身上伤痕累累,看起来也已经很累了,但是,还是很强。

第十三章 姊川会战

直隆上手先砍了几个勾阪家的随从，接着又直扑勾阪兄弟。哥哥勾阪式部挺枪迎战，刚一交手，直隆大刀一挥，便将他的枪给打得飞上了天，接着又反手一刀，将式部连头带盔打碎，自然，是活不成了。

一看到哥哥被杀，而且还死得那么难看，两个弟弟五郎次郎和五郎六郎急了眼，他们将悲痛化为力量，对着强敌发起了波涛汹涌般的攻击。在这波涛般的攻击下，真柄直隆上演了他人生的最后一幕——将刀往地上一丢，一坐，说道："我累了，到此为止了，取我的项上人头吧。"

奋斗过了，尽力了，便坦然受死，这也是一种武士道吧。

直隆的儿子十郎隆基很快便听到了父亲的死讯，这时候的他已经奋战多时，浑身上下多处受到重创。年轻的他在肉体和精神的双重打击下，变得不堪一击，基本上在这个战场上的任何一个健全人都能送他上西天了。

这个被历史大神挑中，担负起送真柄隆基上路的人，叫作青木一重。

当青木一重碰上隆基的时候，手里拿着一把镰枪（旁边带刃钩的那种）。看着摇摇晃晃的真柄隆基，一重知道自己立功的时候到了。看着迎枪杀来的青木一重，隆基也知道自己生命最后的时刻到了。

结果毫无悬念，青木一重先是将真柄隆基刺成重伤，接着砍下了他的头颅。

那把砍下隆基头颅的刀，被叫作"真柄斩"，原名叫作孙六吉兼元正宗，是武士刀的一个大众品牌。顺便介绍一个题外话，这个牌子现在还卖菜刀，叫作"三德包丁（包丁就是日语中的菜刀）"，有兴趣的可以去买来用用（非广告）。

对于这场胜利，事后青木一重是这样评价的："什么啊，只是因为他（真柄隆基）受了伤，变得很弱，才正好被我取了首级的吧？"

因为真柄父子的奋战，感染了很大一群朝仓家的武士，他们也随之反过身来投入进了战斗中，真正做到了领导在与不在一个样，领导不在胜过领导在。

这种垂死挣扎的唯一效果是——朝仓军的实际总指挥朝仓景健同志，趁机脱离了战场。

朝仓军就此溃败。

搞定了越前兵的家康，再接再厉，指挥大家对浅井长政的阵地发起了进攻。

其实浅井家的战果很大：织田信长布下的十三段方阵中，居然被矶野员昌

给"蹴散"了十一阵。但是矶野圣斗士本身，存在着两个比较致命的问题。

第一，他带的人太少。浅井家总共只有五千人，平摊到他头上，也就千把人，能够这样横冲直撞着实不太容易，但是由此也引申出了第二个问题：他仅仅是将对方给蹴"散"而不是蹴"死"，大家都是活人，走散了冲散了，自然还能重新聚集。

矶野员昌自己的军队那是一个萝卜一个坑，打死一个少一个。所以，很快他就支撑不下去了。

而其他蹲在岸那边的浅井军，受到了德川军如同拼命地攻击外加不断渗透进来的信长军势，自然也撑不住了。

在这最后关头，浅井家重臣远藤直经一刀砍下了身边同为重臣的三村田的脑袋，然后提起头颅，冲到乱阵里，捡起一杆掉落在地的织田家旗帜，往背后一插。

战国时代日本人打仗的时候，参加的人身上都会插着代表自己方的旗帜，以此来分清楚你是哪边的。这个方法比较幼稚，难不成我换一面旗插插，就能浑水摸鱼了？可是当时的盔甲模样比较杂乱，战场上穿什么模样的都有，要想分清你是哪边的，只能用这个幼稚而又无奈的办法了。

浑水摸鱼的远藤直经，提着头颅向织田信长所在的本阵跑去，一边跑还一边喊："我取得了远江三村田的首级！特来献给信长大人！"

如入无人之境的他就这么一直跑，居然还真跑到信长跟前了，根据目击者（太田牛一）回忆，此时两人的距离只有相当于今天的数十米。

他要刺杀信长。

历史告诉我们：换了一个马甲，就以为真的认不出你了？

认出他的那个人叫作竹中重矩，就是前些日子刚刚出场过的、外号为"日本诸葛亮"的竹中半兵卫重治的弟弟。

重矩没有二话（再有二话就真的到信长跟前了），举枪就刺，冷不防挨了一家伙的远藤直经跌下马来，被周围蜂拥上来的人乱刀砍杀。

胜负既分，败者自然开始了逃跑。

有很大一部分人逃向了同一个地点——比叡山。

第十四章 火烧比叡山

❋ 比叡山上延历寺

说起来，比叡山是日本的佛教圣山，相当于中国的普陀山或者五台山什么的，乃是奈良平安时代日本佛学大师最澄的开山之地。

最澄，日本高僧。神护景云元年（767年）出生，九岁出家，十四岁以二线和尚（候补僧）的身份获得了最澄的法号，十七岁获得了国家正式认可，成为了一线和尚，还得到了国家颁发的和尚证明以及化斋许可证（度牒）。

延历七年（789年），此时已是日本《法华经》研究专家的最澄，在比叡山开了一座寺庙。寺庙很小，只拥有药师堂、文殊堂和藏经阁三个部分，取名为一乘止观院，也叫比叡寺。朝廷方面为了褒奖他在《法华经》研究方面的高深造诣，特许他用当时的天皇年号来给寺院命名，从此，这座小寺庙就有了自己的名号——延历寺。

延历二十三年（804年），最澄赶了一次潮流，成为了日本赴唐留学生大军中的一员。但是他并非留学生，而是"还学生"（入唐请益天台法华宗还学生），也就是类似今天的短期研修生。和他同批出发的人里面，还有空海，也就是平假名的发明人。

一年后，最澄学成归来，在这短短的时间内，他已经精通了禅宗、密教、戒律、天台教学等佛学，并将此四样在日本传播（四宗相承）。而此时的延历寺，早已不是之前的那个小寺庙了，在开山老祖最澄的主持下，俨然成为了日本最大的佛学院，而此处，也源源不断地产生了无数个净土宗和禅宗的宗祖辈人才。

故事说到这儿，你也该明白了，为啥这些逃兵不去富士山也不去高尾山，偏偏要上那个比叡山了。没错，不仅是因为那里历史悠久、地位独特，更主要的是冲着净土宗那三个字去的。

之前我们介绍过净土宗的一向一揆，也说过信长包围网成员本愿寺显如与净土宗的关系，现在我们再来说说比叡山延历寺里的那些净土宗僧人。

首先，这些僧人并不是单纯的念经和尚，其中还包括了一大部分的武装和尚——僧兵。

僧兵原来只是由打扫寺庙的杂役所组成的寺庙保安，在平安后期才发展成比较强大的武装力量，并在战国时代得到了发扬光大，其性质基本雷同于中国的少林寺、西洋的骑士修道会。僧兵多了，自然也会出个把英雄，比如日本著名勇士武藏坊弁庆，便是僧兵中的一分子。

其次，延历寺的和尚里，不管是文的还是武的，都不是啥好鸟。白河天皇曾经如此介绍自己最头大的三件事情：鸭川水（洪水）、双六戏（赌博），还有那个山法师（武装僧）。居然能和天灾人祸并列在一起，僧兵的社会不稳定性由此可见一斑。而那些念经的文和尚，却也不是什么好货。众所周知，寺院其实是比较有钱的，更何况是延历寺这种宗师级别的寺院，所以和尚们在拿着大量的金钱粮食之后，便开始了饱暖思淫欲：山上到处都能看到花街女子的身影，甚至时不时地还来一场歌舞秀，至于什么三戒五戒八戒的，自然也通通抛到脑后去了。

当然，这些和信长无关——本来无关，但是现在既然窝藏了朝仓、浅井家的逃兵，那就有关了，大大的有关。

有关还不行，能管才算数。

信长暂时管不了，因为又有闹事的了。

❋死磕三好三人众

闹事的是三好三人众。

所谓的三好三人众，指的是三好家的三好长逸、三好政康、岩成友通三人，因为都是三好一族或亲戚，故此得名。三好家老当主三好长庆死去之后，继承人三好义继过于年轻，所以三好家的大权便被掌握在他们的手里，事实上当年刺杀十三代将军足利义辉的行动，就是他们一手策划的。自从信长成功将义昭扶上将军宝座后，三好家便被赶出了本州岛，只能窝在四国地区的阿波一带。不过三好三人众倒是一天也没忘记反攻大陆的梦想，不但作为三好家的代表加入了信长包围网，还在信长和朝仓浅井作战的时候，举兵入侵了摄津（大阪、兵库一带），并且乘虚占了野田、福岛两城。

占了两城之后的三人众，知道信长不会轻而易举地放过他们，所以没有进一步扩大战果，而是占着那两座城不动窝了。

出人意料的事情发生了：某个人带着两千军队亲自出征了，这个人是时任幕府将军足利义昭。

征讨的目标，是他亲自缔结起来的织田包围网中的一员：三好三人众。

虽然出乎意料，却也在常理之中。

此时义昭虽然缔结了信长包围网，而且信长对于义昭私自写密信的事情也已了如指掌，但是义昭本人还是仅限于"私下联系"阶段，表面上并没有和信长完全撕破脸。不仅是他，松永久秀也在独立之后不久，宣布仍然依附信长。更何况，三好三人众杀了自己的亲哥哥，还三番五次要做掉自己，此仇不报非将军，正巧乘此机会彻底灭了那三个人。

不仅如此，三好家当主三好义继也郑重宣告：三好家以前、现在、将来都是幕府的好邻居、好伙伴，对于自己家中一小撮反动分子针对幕府发起的赤裸裸的侵略战争，义继表示，自己将全力配合幕府，对这股反动势力予以坚决打击。

三好三人众急了：现在他们不但造反无名，甚至连家都难回了。情急之下，他们想到了拉帮结伙。

这个办法有点困难，毕竟连将军都亲自对你发起征讨了，谁还敢跟你站一路呢？兄弟，你就自己扛吧。

刚刚在姊川打败朝仓浅井两家的信长也不含糊，点起四万大军就朝两座城扑了过去。事实上义昭和松永还有义继他们早就开打了，信长到了之后也没拖时间，一天就搞定了。接着三好三人众派来使者要求恢复和睦，信长表示无视，继续下令攻打。

信长这次出手太狠了，他打算直接将三好三人众人道毁灭，以至于有人有了唇亡齿寒之感。

当天晚上，位于今天大阪的石山本愿寺响起了只有紧急事态发生时才会敲响的钟声。这回荡在深夜的钟声向世人宣告：针对信长的全面宗教战争，就此拉开序幕。

随之响应的，还有战国第一铁炮雇用兵集团——杂贺众，据说在战国第一狙击手杂贺孙一的带领下，整个杂贺军的铁炮装备达到了数千余支。

两天后，本愿寺军正式站在了三好三人众的阵营里。战况一下产生了逆转，又过了两天，信长撑不住了，开始派遣使者去找本愿寺谈判。

这次也被无视了——信长被无视了。

谈判破裂的五天后，信长不得已暂时退兵。

趁着这个机会，朝仓和浅井再次死灰复燃，两人合兵一起从琵琶湖西岸攻入近江的信长领，负责防守的织田方大将森可成战死。

信长坐不住了，但是坐不住也没法子，难道还能找人帮你出头不成？德川家康刚刚从姊川赶到家，照现在这么个状况接着打下去，就算等他再赶回来，估计信长也已经成肉酱了。

为了避免自己不成肉酱，信长放眼附近找起了老娘舅。

这娘舅不太好找，毕竟那么多大名围殴一个，连原本嚷嚷着要给哥哥报仇的将军义昭都缩回去了，还有谁会帮信长说话呢？

有，有一个，就是正亲町天皇。

正亲町天皇说来还是比较惨的，活在战国乱世的最乱时候，据说最穷的时候，过年连年糕都吃不上。幸好信长上洛后，给了不少钱，才吃上了几顿饱饭。穷成这样都能做皇帝，也算是祖上积了大德了。

不过穷天皇为人还是不错的，在拿了信长送来的钱财之后，便答应一定做好调解员工作。

元龟元年（1570年）年末，天皇亲自下诏书调停织田家和本愿寺家的战争，勒令双方住手，不许再打，谁敢再打谁就是朝敌，天下共讨之。

信长的目的也达到了，本愿寺显如的目的也不能说没达到，至少他的石山城算是安稳了，更何况他还有后招。

前面我们说过，显如有个亲戚，叫武田信玄。

具体说来，他的老婆，是信玄的妹妹。

不过现在先别打了，都年末了，大家过个年再打也不迟，毕竟和咱中国一衣带水，过年的讲究也差不多——都图个和和美美，稳定和谐。

✱ 圣斗士投降

在这段日子里，总的来说还算太平，就这么一直到了过年。幕府派出了使者来给信长拜年了，这个使者的名字叫作细川藤孝，是个外交高手，还是一个文化修养方面的高人。

见了面，拜了年，寒暄了几句，信长说出了一个很不和谐的新年愿望："今年老子一定要把比叡山给烧了。"

藤孝没说什么，他以为信长只是发牢骚说气话，便又含糊了几句，算是任务完成走人。

不料第二天信长就动手了：他先是下令给自上次金崎断后之后节节高升、

现在已经是一城之主的木下秀吉，让他封锁大阪一带的水陆交通，目的是为了切断本愿寺和朝仓浅井的联系，封锁令非常严厉，只要发现可疑人物，立刻就地处决。

同年二月，在信长的示意下，秀吉成功断了浅井家佐和山城的粮路，并且散播流言蜚语，说佐和山城的城主马上要投靠信长了，原本还正想打通粮路给佐和山城送粮的浅井长政信以为真，立刻取消了原定的计划。

佐和山城的城主是我们的老熟人——圣斗士矶野员昌。

矶野大人一见这情况就怒了：当年要不是老子在姊川帮你勇闯十二宫，就你那五千人早就被包饺子吃了，现在听信谣言不算，还不给粮，想饿死我？

活人怎能被尿憋死，圣斗士怎能被人饿死？

偏偏在这个时候，秀吉又派人来劝降了：先是夸奖了矶野大人在姊川的勇猛表现，又说了浅井长政不识英才，接着讲述了我主信长的英勇豪迈，最后说道，投降了，荣华富贵不算，至少现在就有粮了。

矶野员昌没多想，一咬牙一闭眼，就投靠了信长家。

这次投降对于浅井家和织田家来说，有着很大的影响。简单说来，在以前，信长如果要攻击长政所在的小谷城，则必须要走佐和山城，而现如今，信长可以随时随地全天候二十四小时年中无休地直接攻击浅井长政，非常方便。

正当信长开始准备比叡山的战事时，伊势长岛发生了一向一揆，攻势非常猛烈，具有家中第一猛将之称的柴田胜家也被打伤。一时间一揆的气焰十分嚣张，而浅井家也非常是时候地联合近江的一向宗势力发起了进攻。

不得已的信长只能再次腾出手来，命令秀吉攻退了来自近江的攻击，而长岛的一向一揆实在太猛，一时间也不能把他们怎么样，好在他们也只是占了伊势那块地方，也没有什么进一步的打算。

那就先干正事吧。

✱ 烧，还是不烧？

元龟二年（1571年）九月，金秋时节，风干气燥，正是杀人放火的好季节。

信长先将比叡山通往四处的一切路口封死，然后亲点三万大军，将自己的大本营安在三井寺山内，目标非常明确——延历寺。

顺便说一下，信长从堵路口到设本营，一切都在三四天里给完成了。

也就是说，这是突然行动，谁也不知道他来了这手。

接下来就热闹了：上书的、亲自跑来求情的、劝谏的，络绎不绝。织田家重臣佐久间信盛在上书中写道："延历寺自延历年建成以来，守护日本至今已有八百余年，如今若一旦轻动刀兵，后果必定不堪设想，不仅宗教界会对我家视为仇敌，就连百姓家也会将我们视为乱臣贼子，这种前所未闻不可思议的战争，还是住手的好。"

其他家臣比如池田恒兴、明智光秀等也纷纷亲自跑来，希望信长能够住手。理由嘛，和佐久间信盛如出一辙：八百年了，你说烧就烧？知道啥是国粹不？知道啥是国宝不？你做人没脑子就算了，总得讲点爱国心吧？这是咱日本人的祖宗你知道不？你还是不是日本人了？

特别是明智光秀，不但劝谏还跑到信长面前练习"跪功"：他这个跪不是膝盖一弯低头挺胸，而是匍匐跪在地上，表示哀求，难度比较大，体力要求也比较高。

"光秀，你觉得我为何要进攻延历寺？"看着趴在地上的光秀，信长问道。

"在下不知。"

"那么，你又为何反对我进攻那里呢？"

"那里是最澄大师开创的八百年佛学圣地，若是毁于战火，我们就是千古罪人啊。"

"可是如若不毁掉那里，我们如何打破现在的困境？那里收容朝仓浅井的败兵，还和本愿寺的和尚们有所勾结，背后就是操纵各地的一向一揆，此山不灭，如何天下布武？再者，那些山里的和尚，顶着佛家之名，却又在干着些什么勾当？寺院圣地，藏污纳垢，光天化日饮酒淫秽，甚至依仗武力干一些强占民田的勾当，你觉得，这是出家人应有的行为吗？这八百年的古刹，还有留着的必要吗？"

没等光秀说话，信长又添了句："你跪死在这里也是没用的。如果因为这个便成了千古罪人，那么我愿意做这个罪人。"

说完便走了。

光秀想了想，站起身子，离开了屋子。

进攻定于第二天早晨。

当天夜里，又来了几个人，他们是延历寺的和尚，带着总共五百两黄金，前来恳求信长停止进攻。

面对这种临时抱佛脚的行为，信长给了他们一个字：滚。

✤ 屠杀开始！

元龟二年（1517年）九月十二日，信长下达了对比叡山的进攻命令。

进攻方为三万左右的正规军，而在山上的总人数仅为四千，其中武装力量不到一成。

这并非战争，而是屠杀。

当日六时，天正下着蒙蒙细雨，阴霾中响起一阵法螺，意为进攻信号。

大军先从坂本、坚田处开始放火，然后进攻比叡山。做好了最后觉悟的僧兵拼死抵抗，无奈兵力过于悬殊，很快便失去了反抗能力。

攻上比叡山的织田部队从此山的象征——根本中堂和山王二十一社开始，佛像、佛堂、经卷一样不留通通烧毁，一时间火光将山上的天空照得通红。比叡山上还有很多吃佛饭的平民和拜佛的香客，自然，几天前和尚们叫来服务的姑娘们也没来得及下山。对于这些人，信长的命令只有一个字——杀。

屠杀正式开始。

在这场屠杀中，信长发扬了公正、公平、公开的三大原则，一路上只要看到了，不管男女，不分老幼，一律抓住之后当场砍杀。屠杀一直持续了四天，死者高达三千人左右。

不过还是有一小部分人幸存了下来，但是这并非偶然。

负责封锁比叡山香芳谷通道的木下秀吉于心不忍，农民出身的他，自幼有一个信佛仁慈的母亲，于是下令网开一面，让正巧往这条路逃生的人离开。

不仅是为自己，也是为信长积一点阴德吧。

也因为如此，被今天的日本评价为国宝的"二十五菩萨来迎图"和"慈惠大师画像"等一批珍贵文物，才得以在那场战火里被人安然带下山。

对此次行为，我不想多作评价，正所谓智者见智，仁者见仁。

这把火过后，全国人民震惊了。

作为日本宗教界的大腕头牌，本愿寺显如拍案而起，严厉斥责了织田信长的这种反人类、反社会的残暴行径，并且给了他一个新的外号——佛敌。

顾名思义，就是佛的敌人，自佛教开创以来，敢明着跟佛对着干的，除了孙悟空以外，也没几个人了。

同时愤怒的还有另一个和尚——武田信玄。信玄其实是法号，他的俗名叫武田晴信。

两个和尚是亲戚，前面也说过。

论起来，显如要叫信玄一声大哥。

显如叫了，并且写信要求大哥帮忙，大哥同意了。

但是截止到目前，信玄和信长是同盟关系，并且也是亲戚——名义上的。信玄的六女松姬和信长的长子有婚约，小两口还没住在一起，只是平时写写情书之类精神上交流一下感情。对于信玄来说，这种问题不是问题。

不过他决定先拿德川家康开刀，敲山震虎。

自今川家亡，两家的同盟也已不复存在，打的就是你了。

第十五章 老虎下山

✽ 目标：德川家康！

事实上，在信长烧比叡山之前，信玄就已经开始大规模入侵家康的领地了：先占了野田城（爱知县新城市），接着一路南下一直打到高天神城（静冈县内），一连几天没攻下来，信玄立刻发扬了四字真言中的"疾如风"精神——迅速撤退，而家康也立马演了一招侵略如火——将刚刚被占的野田城给"捡"了起来。

对于这种捡地盘比捡硬币还利索的行为，信玄深恶痛绝。

深恶痛绝之余，他决定灭了家康，顺便响应将军号召，攻击信长，最终完成自己的梦想——在京都竖起自己的大旗。

对于这个计划，信玄作了比较周详的准备，这个准备专门针对的是上杉谦信。

第十五章 老虎下山

谦信很强，领地也很大，包括了能登（今石川县一部）、越中（富山县）和越后（新泻县）等地，这些地方都靠近一处——加贺国。

加贺国我们前面介绍过了，自长享二年（1488年）以来，便一直处在一向宗的宗教自治下，而这些一向宗背后的领导者是本愿寺显如，也就是信玄的妹夫。

其实信玄也没想怎么样，只是希望在他出兵的这些日子里，谦信领地里的一向宗能多多闹腾一下，让谦信没空盯着自己就成。

显如一口答应，然后一声令下，越中、能登相继爆发了大规模的一向一揆，此次一揆规模之大，连上杉谦信都叹为观止。不仅如此，越中的土豪大名椎名康胤、神保长职也加入其中，一起过了一把农民起义的瘾。

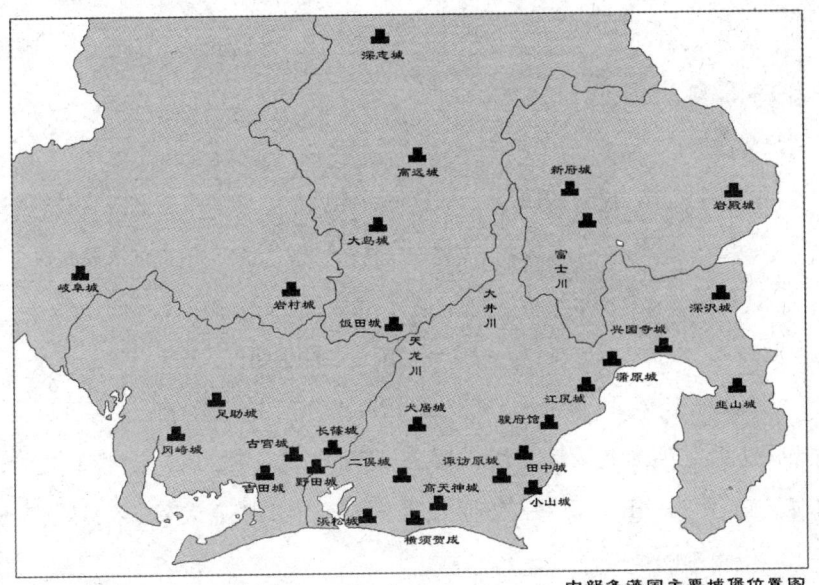

中部各藩国主要城堡位置图

元龟三年（1572年）秋，没了后顾之忧的信玄，命令大将山县昌景率领五千人侵入三河，又令秋山信友率五千人侵入美浓，自己则亲率两万多人浩浩荡荡地杀入远江，打算由家康领地路过而西击信长，顺便将家康能灭多少是多少。

面对秋山信友的那五千大军，信长实在是腾不出手来对付了，于是只能用上了狠招：献个美女嫁给信友。这位美女的身份也颇高，仔细算来，还是信长的婶婶。信友随身只带了五千人，并没有靠他们灭了信长的打算，而且人也没傻到

这个程度，所以便接受了美女，不再继续进攻。

而德川家康的日子就大大地不好过了，走三河一路的山县昌景，在北三河受到了很高的待遇：当地豪族不管势力大小，纷纷投降，不但投降，还争先恐后地做导游，于是，山县昌景没费多大工夫，便于当年十一月中旬在二俣城（静冈县浜松市天龙区）前和武田信玄的大部队顺利会师。

会师之后，信玄再次下令：山县昌景继续带着五千人攻打三河，自己则将两万多人分成两部分，一部分为五千人，由另一大将马场信春带着就地攻击二俣城，另外剩下的那部分，则由信玄亲自率领一路打了下去。信玄丝毫没负"甲斐之虎"的名声，仅用一天，就攻下了天方城、一宫城、饭田城等五座城池。

此时家康的总兵力在一万两千人左右，其中三分之一在三河，是不能动的，一动，就没人去扛山县昌景了。剩下八千防守远江，人数不到对方的一半。还有，双方主将能力的差距也比较悬殊。

这仗没法打。

但是不打怎么办呢？信玄一天就攻下五座城，以这个效率下去的话，不出一个月，远江就平了。不仅如此，如果见到自己主公龟缩不前，远江豪族也会失去信心，到时候就算信玄不动手，他们自己也会反将起来搞掉家康的。

没办法，创造办法也要打；没条件，创造条件也要打。

家康先派本多忠胜和内藤正成率领一小部分人前去侦察，自己亲自率领三千人随后跟着。按照他的设想，侦察部队应该静悄悄地跋山涉水，来到阴暗处时，发现正在行军的武田军，然后立刻回报，于是自己率领三千大军一个突袭，又创造一个"桶狭间"。

打仗成了拍电影，那是不太可能的，不过这也不能怪家康，谁还不盼着个好呢？

侦察队去了，家康一边行军，一边等待情报。

大概也就一顿饭的工夫，部队来到一个叫作一言坂的地方时，侦察队跑回来了，家康一看就觉得不对劲儿：侦察队人本不多，为何身后烟尘滚滚？便拉住本多忠胜问道："怎么了？"

忠胜大声回道："信玄杀来了！"

第十五章 老虎下山

开始的时候，侦察队一切都按照家康设想的那样：偷偷地出去，过河摸石头，然后，发现了武田军，确切地说，是碰上了。

接下来，其实还是按照了家康导演的计划在进行，发现敌军之后侦察队立刻跑了回来，并且顺利地找到了大部队，唯一的不足就是——武田军也跟了过来。

家康急眼了，因为一直在行军，所以连阵形都没怎么整，而此刻又在小坡路之中，即便要整也来不及了，只能眼巴巴地看着武田军冲杀了过来。

看着满山遍野杀过来的武田军，本多忠胜拉住家康的盔甲一边摇晃一边说道："大人快走！现在突围还来得及！后路由我们来保护！"

家康却不愿意，反正是个死，要死，大家死在一起。

忠胜急了，哭喊道："大人若死在这里，三河远江百姓如何是好？"

家康此刻也流泪了，忠胜自骏河人质时代便和自己在一起，如同兄弟一般，现在却眼睁睁地要看着他用自己的生命来换自己的生命，自然不会舍得。

可是如果现在自己不走，待会儿两个都走不了了。

狠下心来的家康带着本队狠命逃去，也就在这同时，武田家部将小杉左近将忠胜的后路给堵死了，然后指挥一部分人接着去追赶家康。

忠胜和他的部下们知道自己的最后时刻来临了，随着一声令下，大家抱着必死的觉悟，向着小杉左近发起了最后的冲击。

小杉左近也一挥手，大喊一声："分！"

队伍随即分成两队，将当中的通路让了出来。

接着一挥手："走吧！"

接下来便是两人的单独对话。

本多忠胜冲上前去，面对小杉左近说道："请问尊驾大名是？"

"在下只是一个疯子，叫小杉左近，疯疯癫癫的没法对你这样的热血男儿出手，快趁着我还没有恢复正常的当儿赶快走吧！"

"实在是感激不尽！"本多忠胜一边催动部队，一边留下了这么句话。

凭良心讲，家康这次战败是战败了，但是损失比较轻微，毕竟根本没怎么打，还碰上了好人小杉左近。

但是接下来就没这么轻松了。

*二俣城的坚守

在一言坂击败家康的信玄,又听到了一个消息:二俣城还没有被攻下。

于是他亲自率领大军,将此城团团围住。

城中守将叫作中根正照,此时城里总共有一千两百余人。

人数相差在二十倍左右。

不过正照并不打算放弃,因为他始终坚信着三点:第一,德川家康曾经对他说过,织田信长会派援军来援助的;第二,二俣城不大,但是地理位置很好,如果想进攻此城,有且只有唯一的一条路,那就是东北的大手口,而这条路又是一条很窄很陡的山路,武田军能跑上来但是跑不快,只能当活靶子;第三,正照是一个纯爷们儿。

所以,正照拒绝了武田家的劝降使者。

所以,信玄开始围攻二俣城。

从元龟三年(1572年)农历十一月中下旬开打,打了俩礼拜愣是没攻下来,但信玄并不着急,他还让人通知还在三河奋斗的山县昌景:回来一起打。

这次一打就是一个月,依旧没打下来。此时已经是十二月了,再不打下来,就要在这里过年了。

信玄还是没着急,不过也不打算在这里过年,他亲自来到二俣城附近查看了一番,便有了办法。

这个办法叫作断水。

二俣城造在山上,城内并没有井或者其他水源,每日用水都是从山旁的天龙川里汲取。汲取的场所只有一个,就是城内位于天龙川沿岸的一个断崖上的井楼。信玄让人制造了大量木筏,来到天龙川的上游,然后将木筏放入水中,顺着急流,木筏源源不断地向下游冲去,就这么冲了几十下,把井楼给撞塌了。

断水之后,信玄开始继续给城里施加压力,要求开城投降。

中根正照此时迎来了两个消息——一个好消息,一个坏消息。

好消息:断水之后的第二天,就开始下雨了。

坏消息:雨下得很小,水量很少。

正照考虑了一下,决定开城投降,条件只有一个:信玄必须答应不伤害城里任何一个人的性命，除了正照本人，并且要将这些人全部放回家康的居城浜松城。

信玄答应了，他也没有为难正照，并且信守诺言，让城里所有人全都回到了家康身边。

对于这次投降，家康没有做任何责怪，他知道，中根正照已经尽力，他也相信，这个铁骨铮铮的汉子绝对不是贪生怕死之辈。

一个星期之后，正照用自己的生命证明了这一点。

二俣城被攻下之后，家康的居城浜松便直接暴露在了信玄的眼皮底下，至此，无险可守。

凭良心讲，家康这次战败是战败了，损失也比较大——失去了一个战略要地，但再怎么讲还不是致命的。

接下来，就真的没这么简单了。

✻信玄的恶作剧

浜松城是一座比较大也比较牢固的城池，东西跨度在四百二十米，南北为二百五十米。城内工事繁多，地理复杂，易守难攻。

也就在这个时候，信长的援军终于到了。人不多，三千人，援军将领为佐久间信盛、平手秀汜、泷川一益、林秀贞和水野信元。

织田家其实很够意思，来的人虽然不多，可你要想想，人家信长这个时候可是四面楚歌十面埋伏，危难关头连自己婶婶都给送出去了，下一步估计就是送老婆当内裤了，居然还能给家康送来三千人马，够意思，太够意思了。

现在家康在远江的总兵力已经达到了一万一千人左右，虽然不太多，但是依险而守，武田军远道而来，硬碰硬攻城战的话或许还有胜算也说不定。

面对浜松城，信玄并不打算出兵攻击，因为他最终的目的是攻击信长，在此之前，能不浪费兵力最好不浪费兵力。但是，耍还是要耍家康一下的。

元龟三年（1572年）十二月十二日，信玄率大军浩浩荡荡地向着浜松城开

拨过来。正当家康双手直冒汗，做好拼命准备的时候，信玄突然枪头一转，避开了浜松城，向西面的三河继续进发了，而掉转方向的地方，离开浜松城仅五公里。

计划落空且发现自己被耍了的家康差点气疯，咬牙切齿地要找信玄拼命。

手下的家臣们自然纷纷上来劝解，连佐久间信盛都说："我出发之前信长公特地关照：信玄极其擅长挑拨他人，三河大人可千万不能中了计啊。"

家康没听。

这时候家康正好三十岁。在这个时代、这个年龄段，被人耍了，同时也被人看扁了，不奋起反击那就不是男人了。

家康是男人，所以决定奋起反击。

反击计划如下：全军出动袭击信玄背后，并且就此击败武田军。

计划还是不错的，自古以来，将后背暴露给敌人，都是兵家大忌，如果在没有防备的情况下遭到袭击，后果通常都比较惨。

可是，武田信玄已经有所防备了。

第十六章 惨败三方原

✼ 鱼鳞阵 VS 鹤翼阵

家康很快就追上信玄，两军相遇的地方，叫作三方原。

地如其名，这是一片很开阔的平原。

众所周知，武田家是以骑兵作战而出名的。

刚刚赶到的家康惊奇地发现，信玄早就已经看穿了自己的图谋。在他的指挥下，信玄军迅速布好了阵势，这个阵，叫作鱼鳞阵。

鱼鳞阵，是一种中间突出，两边依次后排的进攻阵形，阵形类似"△"，大将则通常在这个三角形的底边中心。整个阵形并非是单纯的一个密集阵形，而是由数百人左右为单位，编集成一个小的方阵，然后按梯次配置，如同鱼鳞一般

层层叠置，故名鱼鳞阵。

家康随即也立刻布阵迎战。这个阵，叫作鹤翼阵。

鹤翼阵，阵如其名，如同仙鹤张开翅膀一般，形成一个"V"字形，而总大将通常在正中，摆出这个阵形时，通常对方很容易来进攻正中间的大将，之后，便将两翼如同翅膀一般收拢，将敌军包围进攻。但是这个阵对主将的要求很高，必须能够将两翼指挥得张合自如：既可用于抄袭敌军两侧，又可合力夹击突入阵形中部之敌，大将本阵则要防卫严密，防止被敌突破；两翼应当机动灵活，密切协同，攻击猛烈，否则不但不能达到目的，反而还会将整场战役引入失败的深渊。

大约一千七百年前，在意大利的坎尼，有人布下了类似的鹤翼阵，将意图突破中心的罗马军包围击败，此人叫作汉尼拔。

不过德川家康是德川家康，不是汉尼拔；武田信玄是武田信玄，不是罗马将军。

兵法云："故用兵之法，十则围之，五则攻之，倍则分之，敌则能战之，少则能逃之，不若则能避之。"

家康的人数是武田家的三分之一，大致是属于"不若"那一类的，但是他居然打算把自己的兵当成"十倍于敌"而"围之"。实在有点"兜放两块钱，胸怀五百万"的意思。

这仗不会败，那从此以后估计也就没人会打败仗了。

这一年十二月二十二日下午四点，战斗正式打响。家康既然摆下了鹤翼阵，自然是指望武田军来攻击阵中，然后自己予以包围。

可惜，信玄连这点小小的愿望都没有满足他。

战阵一开，武田军拉出了先头部队——武田投石队。队如其名，他们一不打枪，二不放箭，而是专门丢石头，类似于《三国演义》里曹操的那个"霹雳队"。他们一边丢石头一边破口大骂，从德川家康一直骂到松平清康，从松平清康骂到三河人民。

通常在阵前叫骂，目的只有一个，那就是激怒对方主动出战，让其阵形松动。

第一个动手的，是石川数正的家臣外山正重。紧接着，其他人也纷纷上前开打。

信玄等的就是这一刻，他将手中采配一指，示意进攻。

按照通常的说法，在武田军的突击下，家康军马上就溃败了，不会有多余的动作。

事实上这么说不对，至少是不完整的：率先动手的石川队，目标是武田家的小山田队，因为谁都没想到德川军居然这么容易就受了挑拨冲上来攻击，一时间大家都没了个心理准备，所以小山田的两百余人就被打得败退了。

接着，石川队又和前来救火的马场信春队厮打在一起，一进一退互不相让。也就在这个时候，本多忠胜队、大久保忠世队、神原康政队三队联合，将马场信春团团围住一阵群殴，正所谓乱拳打死老师傅，一阵拳打脚踢之后，马场信春队败退。

坐在正中大本营内的家康听着战报，开始激动起来。

难道说，天下无敌的武田信玄，就真的要败在自己手中了吗？奇迹，真的要发生了吗？

奇迹，确实发生了。家康能够在这场战斗中活下来，以及从后面发生的那些事来看，确实发生了奇迹，而且还是接二连三的奇迹，但不是现在。

正在家康激动的时候，接着传来了平手秀汎被包围的消息。由于平手秀汎离家康的本队很近，所以酒井忠次没有来得及请示便前去援救了。

事实上这就是信玄的计划：家康的鹤翼阵，左翼也好右翼也好，只要牵制住，不必花大心思去击败，真正要做的，是位于正中的家康本阵，也就是"中心突破"。

面对直奔本阵而来的山县昌景，家康不仅没有畏惧，反而亲率贴身卫队迎之而上，然而却不幸被打败了。随后，家康发现内藤昌丰、武田信丰不知何时已经绕到了自己的背后，并且发起了突击。

兵力比较少，而且也比较分散的德川军，受到了前后两面的骑兵突击，终于走向了崩溃。崩溃之前，还有一段留给家康的受难时间。

荒川甚太郎、本多甚六、河合又五郎、多门越中以及一个星期前开城投降的二俣城城主中根正照等家臣先后战死，而在家康附近处的酒井忠次队也被分割包围，然后就在家康的眼皮底下被击溃。

逃吧。

幸好只是被抄了后路，还没有被完全包围，所以一路狂砍一路狂奔之后，终于来到了犀之崖，家康觉得安全了。

还没等他抚胸喘气喝口水，身边的大久保忠世却一声大喝："大人，别停，再逃！"

只见他的身后出现了一群群几十到几百不等的武田士兵。

家康绝望了，同时，也愤怒到了极点。

娘的，不就是一死吗？这条命，给你们就是了！

正待家康准备上前决死一战之时，从浜松城方向赶来了大约几十人，为首的，叫作夏目吉信。

吉信看到家康后并不下马，而是说道："大人赶紧回城，我这里有二十五人，可以挡住追兵。"

"不用了，我意已决，今日乃是我次郎三郎家康的归天之日！"

此时的家康，已经不再绝望。作为一个武士，坦然赴死乃是本分，想通了这一点，自然也就能坦然地去尽本分了。

"大人是杂兵小卒吗？"夏目吉信突然问道。

家康很愤怒："连你也看不起我？"

"如果大人只是一介小兵，那么吉信绝不阻拦您前去拼命送死，但是大人并非小兵，而是我三河的总大将。身为总大将者，身负一国家中所有人的安危前途，既有如此重大的责任，怎能轻贱自己的性命？"说完，吉信抄起手上长枪对着家康的坐骑就是一扎，胯下之马一惊，随即便猛地朝着浜松的方向跑去，吉信本人则带着那二十五骑向着追赶而来的武田军冲杀过去。

夏目吉信毫无悬念地战死在了武田阵中，手下的二十五人，也无一人生还。顺带一说，吉信有个儿子，儿子生了孙子，子子孙孙地到了明治大正时代，出了一个文豪，叫作夏目漱石。

✿ 家康的空城计

家康已经全然不知自己是如何到了浜松城下的,也不知自己是如何进了这大门,只是在下马的时候,听到大久保忠世一阵大笑:"哈哈,大人,你都吓得在马上拉屎了!"

家康大声回了一句:"笨蛋,这是味噌酱!"

所谓的味噌酱,指的是用大豆或者大米发酵而成的一种酱质物品,加入水煮成汤之后,便成了传说中的日本名产:味噌汤。

进了城之后,家康坐在屋中,大声喝道:"我饿了!上饭!"

打了一天了,或者说被人打了一天了,肚子饿是自然的。

三碗泡饭下肚之后,家康又说道:"如果有追兵前来攻城,就把城门打开,照亮火把,随他们进来!"说完之后,便伏在案上呼呼大睡起来。

遭此惨败,居然还能酣睡如此,这样的心态胸怀,不是弱智,则必定是人杰了。

正如家康所料,武田家的追兵确实有一鼓作气拿下浜松城的想法。

首先赶到浜松的,是山县昌景。

此时的浜松城,所有城门全部被打开,火把将黑夜照得如同白昼一般,每个德川士兵脸上都映照着微笑,酒井忠次亲自敲响太鼓,伴随着隆隆的鼓声,这伙人就差喊出"欢迎光临"的口号了。

昌景不敢轻举妄动,生怕刚刚进城出现"发一声喊,伏兵四起"的情况,但他同样也不愿意平白无故地退去,于是便想出了一个折中的办法:他命令士兵在距离浜松城一公里处的犀之崖上驻扎,等到天亮了,再行攻城之事。

不过他们并没有等到天亮,德川军就先杀来了。

浜松城内的大久保忠世组织了一百人,带上了十六门铁炮,悄悄地来到了山县昌景的阵前,也就是犀之崖。

这一百人,先在悬崖边愣是用布给搭了一座桥,当然,这桥只是看起来是一座桥,真走的话自然会掉入高达九十米悬崖之下。

一切准备停当之后,十六门铁炮同时开火,伴随着喊杀声,武田军纷纷以为德川家来夜袭了,一时间场面非常混乱。大家纷纷跑出营地准备逃走,结果刚刚走出营地,映入眼帘的便是那座"桥",于是,没多做考虑的武田大军纷纷踏上了这座布桥，也纷纷踏上了不归路。

也因为此，这一带后来便被冠上了"布桥"的地名。

❀首实检大会

终于熬到了早上，对于双方来说都不是一个太好的夜晚算是结束了。就在这个早上，武田信玄举行了首实检大会。

所谓首实检，是日本前近代的一个特色名词：当时武士出去打仗，是以砍下对方首级来论功行赏的，这个叫作"首"，一颗人头代表一个人；一个人活着时的身份高低，对取得此人首级的武士所得到的封赏有着举足轻重的影响，所以就必须要搞明白这颗人头还在脖子上时的身份、地位、姓名、家世等等，这个叫作"实"；此外，多砍多得，少砍少得，不砍头者没赏钱，这也是个常识，但究竟有多少，这就需要清点，这个叫作"检"。

首实检对于战争之后的伤亡人数统计，也起到了决定性的作用，因为一颗人头就是一条人命，只能换一份钱，所以统计起来也比较认真，水分也少。

顺带地说一下，这个词汇在经历了千年之后，在今天仍然会被提及，日本警察要求证人举证犯人时，这个过程便被称之为"首实检"。

在本次首实检大会上，根据武田家的清点，德川家这次总共损失在一千人以上。

在清理战场上的尸体之时，武田家还有一个意外的发现：三河士兵们的尸体如果是头朝武田方的，那么必定是脸朝下，如果是头朝浜松城的话，都是脸朝上。换言之，这些死去的一千多人里，没有一个是背向敌军逃走而被杀的。

什么叫勇敢？这就是勇敢。

什么叫武士道？这才是武士道！

此外，还"实"出了织田家援军大将平手秀汎的头颅。

平手秀汎作为信长老师兼监护人平手秀政的儿子，极受信长的器重，而且秀汎为人耿直，作战勇猛无比。

当他作为援军来到浜松的时候，家康曾出于礼貌来看望过援军的部队，但只是走了一圈，看了几眼，没有任何口头上的招呼便离开了。

秀氾当时就叫了起来："我们可是特特地地跑来支援的，连一声招呼都不打便走吗？"

声音很大，连已经走出很远的家康都听到了。

接着，叫声又响了起来："算啦，明天老子战死的时候，你再来跟我打招呼吧！"

作为援军，却已做好了战死的准备，真是条汉子。

信玄将秀氾的人头送到了信长家，看着秀氾的头颅，信长悲伤到了极点，也愤怒到了极点，紧接着，他看到了平安无事回到家中的佐久间信盛。

信盛以后的悲剧就此打下了基础。

数完头送完头之后，已经是元龟三年（1572年）年末了，武田军在德川家的领地上度过了一个欢乐的新年，并且迎来了崭新的天正元年（1573年），确实是崭新的，和去年完全不一样。

过完年发完压岁钱拿完红包后，信玄继续进军，他的目标仍然不是浜松城，所以，武田军依旧向西开拔，这次的目标，是东三河的野田城。

第十七章 虎死网破

❋ 虚惊一场

野田城不大,在文献上被称为"蕞尔小城",但是战略位置却极其重要,如果一旦失守,则吉田城以及家康的老家冈崎城都直接暴露在武田的刀下了。

家康很清楚个中厉害,但是现在的他,已经腾不出手去救援了,只能远远地看着野田城的方向,然后在精神上默默地支持他们。

野田城的守将是菅沼定盈,算是比较会打仗,却也架不住这么个阵势。面对武田军两万多人,他手下连将带兵能提枪掇刀的,只有四百人不到。

定盈想了一想,觉得自己算是活到头了。前面也提到,孙子曾经曰过,十倍于敌可以敞开了尽量打,往死里打,现如今敌军是几乎百倍于自己,这要是动起手来，估计更加可怕。

出人意料的是，武田军来到城下，一不动手攻城二不团团包围，而是开始了一个新动作——挖洞。

这些挖洞的，都是信玄特地从甲斐带来的挖矿专家，本来是挖金子的，现在却改行挖砖头，这倒也正合适。不过城里头的定盈就想不明白了，这到底是怎么一回事呢？向来攻城略地"侵掠如火"的武田信玄，摆着这么大的人数优势和气势优势不用，去挖劳什子砖头？莫非出啥事儿了？

挖洞挖了一个多月，野田城依旧没有易主，但是定盈渐渐地支撑不住了。

城里断粮自不用说，甚至连饮用水都没了，出于不得已，定盈答应了信玄的劝降。

野田城被攻破，意义比较重大。至于是啥意义，我们前面说过也就不多说了，总之，信玄现在可以直取整个三河，然后踏入信长的领地，和自己最终的目标决一死战了。

家康做好了觉悟，信长也做好了觉悟。

该来的总归要来，该走的总归会走。

信玄没来，他走了。

几天后，武田军撤回了甲斐。

大家都傻了，这眼看就上洛了，眼看信玄就要实现梦想自己就要GAME OVER 出现 KO 的画面了，怎么说走就走了呢？这是疯了还是傻了，还是良心发现不干杀人放火抢地盘的勾当了？

没疯也没傻，只是人死了。

❀ 武田信玄之死

信玄死了。

关于信玄的死，有一个很美丽也很玄幻的故事。

据说在野田城攻城战的时候，每到晚上，附近都会吹响悠扬的笛声，笛声美妙无比：时而如同大海波涛，时而如同竹林碧风，时而如同百灵鸣叫，不但武田家的士兵听得如痴如醉，连信玄本人也被深深地吸引住，每天晚上他必定要搬个小凳子，坐在阵前听上一会儿。

事实上，这个吹笛子的人，乃是野田城里的松林芳林。他知道信玄同志热爱女人、男人和音乐，但苦于城内已无美女，男人都是精壮汉子，无一小受，所以便想起了用音乐来吸引信玄。当然，松林芳林并非是真的要让信玄听音乐会，以缓解远离故乡的寂寞，而是别有用心的。

在野田城里，还有一名铁炮高手，叫作鸟井三右卫门。在一个月黑风高的夜里，松林芳林又开始吹起了笛子，信玄也一如往常地搬了个小椅子坐下听起了免费的音乐会，三右卫门则举起了铁炮，将罪恶的枪口对准了信玄，就听得"乓"的一声，日本伟大的军事家、内政家、谋略家、甲斐国一代卓越领导人武田信玄同志，因受到三河狙击手的暗杀，抢救无效，离开了人世，时年五十三岁。

以上这个故事，就是一个故事，所谓故事。就是你在菜场上、学校里，大家聊天侃大山的时候说说以增进感情用的，正式场合就不必去说了。

我要说的，不是故事，是历史。

实际上，信玄是病死的，肺病。根据他的御用医生御宿监物的记载，早在侵攻远江初期，信玄就已经出现了吐血的现象。野田城攻城战的时候，之所以采用挖城砖的办法来缓慢攻城，实在是因为信玄这时候已经病得无法起身亲自指挥作战了，更不用说坐在凳子上听吹笛子了。

以上，便是信玄的死因。

无聊吗？其实是蛮无聊的。一个老和尚生肺结核病死，当然比不得在悠悠笛声中中弹倒地来得风雅耐听，但是这就是历史。历史就是过去的事实，如同铁一般无聊的事实。在历史里，不存在以一敌百，也不存在着一脚二十米，它所能展现的，只有那一面而已。我在做的，只是将阳光中的七彩给分离出来，照在那一面上，让它看起来稍微好看一点，但是绝不会改变本质，绝对。

在临终的时候，已经意识模糊的信玄叫来了自己的继承者武田四郎胜赖，嘱咐道："我死后，敌人必定攻来，所以，绝对不能泄露我的死讯，三年内不能发丧。"

这是他在人世间说的最后一句话。

自从应仁之乱以来，室町幕府权威扫地，进入了群雄割据的战国时代。谁都希望自己能够获得天下，获得更多，在这些人里，织田信长无疑是佼佼者中的佼佼者，但是他最怕的，却是武田信玄和上杉谦信二人。

种种证据表明，在信长的一生中，都在极力避免着和这两人的交战。当他听到武田要西进上洛的消息时，虽然表面上没有任何反应，内心却极度害怕也说不定。

而德川家康，严格来说仅仅和武田信玄交战过了一次（三方原）而已，但是从此之后，信玄便成了他终生的偶像和师长，他的很多行事作风和作战作风都带上了信玄的影子。

天下无敌的信玄，终究没能取得天下，究其原因，只能说上这么一句：历史，终究在武田和织田之间，选择了后者。

这下放心了，舒坦了，爽了。

✹室町幕府的末日

虽然信玄遗嘱三年内秘不发丧，但是没过三个星期，信长和家康还是知道了消息。

估计哥俩儿应该长舒一口气，放声大笑三声，接着，该干啥干啥去。

信长包围网，从此开始崩溃。

率先缩头的，是石山本愿寺的和尚。显如本来就在很大程度上仰仗着武田信玄的威望和实力，现在斯人已去，还逞什么能呢，散了吧。

信长暂时也就让这帮和尚们散去了，因为手头上还有其他人要处理。但不久之后，两方还会再次开战，这场被称为"石山合战"的战争，前后持续了十年。

足利义昭终于也揭竿而起了，在忍耐了数年之后，他看到武田信玄在三方原打败家康，不断入侵美浓，以为时机已到，便在自己的居城二条御所宣布：从今天起正式对抗信长。

刚刚开始，义昭非常嚣张。信长愿意将自己的儿子送来做人质，请求和幕府恢复以前的表面和睦，而义昭却将使者直接给赶了回去。

信长火大了，发兵直接就冲着二条赶了过去。

事实证明，信长就是穷得当内裤，收拾义昭也不成问题。

不过几天，义昭就被赶出了二条御所，而信长则在京城放起了大大的一把火。这把火烧了数日，将京城周围方圆十多公里的五十多个村庄全部焚毁了。

因为义昭坚信信玄一定能够成功，于是便在京城边上的槇岛城再次竖起了大旗：一边反抗信长，一边等待着信玄的消息。

很快，义昭就等来了信玄病死的消息。

傻了吧。

天正元年七月，义昭被信长流放，宣告室町幕府正式灭亡。

当已经失去了地位、财富，正被迫离开自己领地的义昭赤着脚走过信长身边时，他对着这个曾经将自己扶上将军宝座，又亲手将自己拉下来的男人，吐了一口口水。

信长毫不在意地拦住了正要动手的侍从，说了一句话：

"自己的能力和心胸与自己的志向完全不成正比，正是这个家伙最大的可悲之处。"

接下来要收拾的，便是朝仓、浅井哥俩儿了。

✱ 朝仓家的急速灭亡

同年同月，信长出兵近江。知道大势已去的浅井长政依旧将自己最后的兵力五千人放置在居城小谷城里，做好了最后决战的准备。朝仓家虽然派了两万援军，但是在前哨战的时候便被击败，匆匆地退回了越前。

信长并不打算放过他们，他敏锐地感到，这是一次极好的机会，能够在消灭浅井的同时，顺手将朝仓给一起端了。于是他留下木下秀吉继续围攻小谷城，自己则带着三万人去追击朝仓家的军队，终于在一个叫作刀根坂的地方给追上了。

朝仓军虽然有两万人，但是大多数是临时拉来的壮丁，其中还不乏一揆的农民，士气普遍比较低落，战斗能力也不能和织田家相提并论。

但是，不管是临时壮丁、一揆农民，还是朝仓家本身的武士都知道：拼命的时候到了。

拼命的动力来自于信长，在此之前，信长对于已经失去了战斗意志，不断投降不断后退的朝仓家臣们，一律采取了杀无赦的态度。

横也是死，竖也是死，不如跟你拼了吧。

在战斗中，有一名织田家的家臣被箭射穿了半张脸，从右边脸颊一直贯插到嘴巴里面，一时间拔都拔不出来，情急之下，这位家臣的家来（家臣的家臣）连草鞋都没脱，就一脚踩住自己主人的脸上，一用力将那支箭给硬生生地拉了出来。

这位被破相的倒霉孩子叫作山内一丰。

拼命之后，便是崩溃了。朝仓家大名朝仓义景失去了自己的大部分家臣，其中包括山崎吉家、河合吉统等家中的核心。这一天是农历八月十四日，接下来的两天，是信长的休息时间，休整过后，十七日，信长再率大军逼向了朝仓最后的据点：一乘谷城。

此时的义景，只剩下五百人了。

一乘谷城陷落之后，信长将城下的民町全部烧毁，拥有一万多人口的繁华都市短时间内便被埋藏在了烟灰之下，直到四百多年后的昭和时代，才被挖掘出来，震惊一时。

而朝仓义景则趁乱逃了出来，却并没有绝望。在他看来，现在还不是最后的时刻，至少，他还有一个去处。

那里，将会成为他的葬身之地。

义景最终来到了大野郡（今福井县大野郡），那里是容易防守的盆地，而且还有和朝仓家同盟的平泉寺，寺里尚有相当数量勇猛善战的僧兵，此外，还有自己的一族朝仓景镜。

景镜没有多说什么，便给自己的主公安排了住处——六松贤松寺。

自以为暂时安定下来的义景，正在叹息命运多变之时，侍从上来报告了一个意料之内却还是让他震惊的消息：寺庙周围被景镜的士兵包围了。

八月二十日，称霸日本越前国一百多年，历经五代的名门大名朝仓家最后的当主朝仓义景，在亲族背叛和围攻之下，自杀身亡。

朝仓景镜带着义景的首级以及老婆孩子，投靠了信长。

百年名门的毁灭，仅用了一个星期。

❀ 扫灭浅井家

接着，信长再次回到了小谷城，此时的秀吉，还在那里啃砖头。

小谷城的建造，是日本中世典型的山城：大门叫作黑金门，进去之后，由下而上依次是大广间、本丸、京极丸、小丸、局屋敷、中丸、山王丸，分别并列排布。

其中，浅井长政位于本丸，其父久政位于小丸。

八月二十七日半夜，担任先锋的秀吉从清水谷的斜坡而上，绕道突然攻入京极丸，并且没费多大工夫就占领了此处，将整个城内分为两半，使得浅井父子失去了互相的联络。紧接着，他对久政所在的小丸发起了猛攻，在激烈的抵抗过后，久政自尽。

接下来，秀吉停止了进攻。

他并不是怜悯长政打算放他一条生路，也不是长政过于强大而攻不下来，事实上，秀吉从一开始便有了他自己的计划，所以才将浅井父子分而击之。

事情要从五年前（1568年）说起，那时候，信长向长政提出了同盟的要求，并且打算将妹妹织田市嫁入浅井家。但是，这却遭到了当时家里家臣的激烈反对，包括他的父亲浅井久政。

浅井家虽然是长政最大，但他爹久政虽然隐退，却还掌握着大量的家臣以及权力，势力甚至超过了长政本人，所以一旦发难起来，长政是只能屈从认输的。

但是这次，最终是以双方让步的形式结束的：久政等人认可了长政这次的婚姻以及和信长的同盟，但是作为条件，长政必须要让信长在同盟书里写上了这么一句：织田家不得主动挑起和朝仓家的战争。

信长答应了，当时他急着上洛，没打算和朝仓家发生任何关系。

上完洛之后的事情，你也已经知道了，信长反悔了，所以长政也反悔了。

其实本来长政并不打算反悔，是久政逼的。

久政带领着几乎所有的浅井家老资格、高地位的家臣搞起了罢工暴动，甚至有传言说要将长政给废黜，不得已，长政答应了和织田家的开战。

所以秀吉才会觉得，只要把久政给干掉，长政便会投降。

他错了。

当他的劝降使者跑到长政那里时，不出秀吉意料，长政果然问道："我父亲如何作答？"

使者按照秀吉要求的回答道："久政公已经投降了。"

换来的是长政的大笑。

我知道父亲的性格，虽然老头子迂腐不堪，不能适应这个时代的潮流，但是，他至少还有着一身堂堂正正的脊梁。

作为父亲的儿子，我亦如此。

长政告诉使者："你回去吧，长政将在此决战到最后。"

说着，便走进了内屋。

使者没走，他没敢走，因为他还担负着另外一个任务：将织田市以及她和长政生下的那几个孩子平安带回到秀吉的身边。事实上长政投降与否，对秀吉和信长来说都无所谓，但是长政身边还有着信长最喜欢的妹妹，同时也是秀吉暗恋了很久的那个女人：织田市。长政就算五马分尸了还可以喂狗做肥料，但是这个女人绝对不能被伤着了，同时，还有长政的孩子（两男三女）。

正在这位使者想着用什么方法问长政要人的时候，长政出来了，身后跟着阿市和他们的三个女儿，并且说道："我夫人和孩子，就拜托大人您了。"

使者拜谢而去，夫妻就此诀别。

关于夫妻两人之间的关系，似乎口径比较一致：帅哥配美女，和美小夫妻。

对于反映两人之间恩爱的动画、漫画、小说之类的数不胜数。

真的是这样吗？

我觉得不是。

我相信浅井长政是爱着阿市的：因为爱她，所以才会下定决心和织田家结盟；因为爱她，才会在金崎点到为止，并没有即刻动真格地出兵直接打残信长；因为爱她，所以就算知道了她通风报信私通信长却也没有做过多的指责；也因为爱她，最终断然拒绝了阿市要和他一起死的提议，将她和孩子们送还给了信长。

但是阿市爱长政吗？纵观这个女人的一生，以及众人的评价可以知道，她的性格和她的哥哥信长极为相似。如此个性独立的一个美女子，是不会愿意作为傀儡受人摆布的，恐怕在她嫁入浅井家门的那一刻起，她的心，应该就已经死了吧。她起到了信长所期待的作用：极力维护浅井家和织田家的和睦，并且在关键时刻给信长通风报信（金崎之战），但是，从夫妻的角度来说，这就过于对不起自己的老公了。至于希望和夫君一起死，我更愿意将其理解为绝望，正如她在十年后绝望自杀一样。

这是一个绝望的女子，自从兄长让她嫁入浅井家之后，公公不喜欢她，丈夫和兄长开战，家臣们和公公一起逼着丈夫和兄长开战，这一切的一切，让她变得绝望，让她变成了一个如同受过伤害再也不相信任何感情的女子。她不相信身边的任何人，甚至根本不知道也不愿意去相信丈夫是爱她的，她从来没有想过为何兄长能从金崎安然撤退，只是单纯地以为是自己的那包豆子。

这世界上，最痛苦的事情莫过于我爱你，你却不知道。

这是一段悲哀的单相思，这是一个悲剧性的时代。

九月一日，浅井长政切腹自尽，浅井家灭亡。

面对如此悲剧，我只能安慰你也或多或少地安慰我一下：浅井长政，最终在某种意义上成为了日本战国时代最后的"胜者"，至于如何胜的，我们以后再说。

当秀吉带着阿市和她的三个女儿来到了信长面前，信长正要开口说些什么，大女儿浅井茶茶走上前来，对着信长大声吆喝道："我口渴了，给点水！"

秀吉大惊失色。

信长看了看眼前的这个只有六七岁的小女孩，没说什么，亲手给她倒了一碗水。

小女孩喝完水之后，将碗往秀吉手里一塞，看了他一眼之后，便回到了母亲身边。

这个女孩后来嫁给了秀吉，并且生下了一个儿子，叫作丰臣秀赖。

浅井长政的两个儿子在小谷城尚未陷落的时候，就由长政托付给了别人，藏匿于山林之中，但是最终仍被搜出。长子万福丸年仅十岁，但是仍然被杀，次子万寿丸尚在襁褓之中，所以免去一死，但却被送进了寺院，终身做和尚。

灭掉浅井朝仓之后，天正元年也快结束了。为了迎接新的一年的到来以及庆祝战功，在天正二年的正月初一，信长召开了新年宴会。宴会上，信长拿出了三个酒杯，说道："这一年大家都辛苦了，我敬大家三杯酒。"

据说，当看到这三个酒杯的时候，被誉为"鬼柴田"的柴田胜家，居然瑟瑟发起抖来，而生平以拍信长马屁为爱好的木下秀吉，此时也没了声音。

这是三个骷髅，天灵盖被挖去，眼睛、嘴巴等空隙处被金箔等物给糊上了，成为了一个密封性极好的容器。这个容器里，倒满了酒。

信长举起其中的一个酒杯，一饮而尽，见大家不吭声，就笑了起来："算是老熟人了吧？这是朝仓义景，这是浅井长政，这是浅井久政。"这位仁兄把骷髅生前的主人挨个介绍了一遍。

三杯酒下肚，代表着信长包围网，就此支离破碎。

第十八章 新式武器

❋ 镇压一向一揆

新的一年（天正二年，1574年），是信长痛打落水狗的时节。

终于该收拾长岛的一向一揆了，希望你还能记得这群爱闹腾的人。

一向一揆在那里总共有五个据点，分别为大鸟居、筱桥、屋长岛、长岛、中江。

这年夏天，信长封锁了伊势湾，断了他们的粮路。

此时一揆势力中尚有一万多男女老少。

断粮一个月，老人和孩子先坚持不住了，饿死了一批。

信长趁机发起了进攻，没费多大工夫，便攻占了大鸟居和筱桥。接着又继续围困，从夏天围困到秋天，里面的人饿死了一半。

一揆扛不住了，表示全面无条件投降。

信长心里表示不同意，嘴上没说。

已经饿得发晕的一向宗们，以为信长同意了自己的投降，于是便乘着船从长岛出来，驶向对岸的陆地。

迎接他们的，是织田军的铁炮。

十月，在被团团包围，连一只老鼠都走不出来的中江和屋长岛上，燃起了熊熊的大火，一万多一向宗教徒全部被烧杀。此次一揆的领导者本证寺证惠此时已经八十岁了，亦投河自尽。

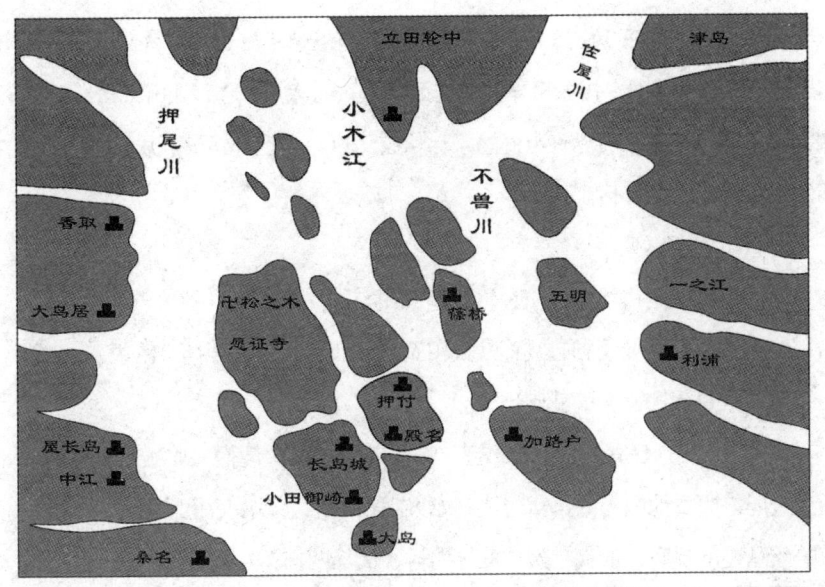

伊势长岛镇压一向一揆示意图

信长在此次战役中，因对于手无寸铁的老弱病幼毫不怜悯地痛下杀手，再次获得了"魔王"、"魔头"之类的称号，成为当时日本吓唬小孩的最佳形象代言人。

第一次信长包围网就这么结束了，不过日子还是一点也不太平。

✱ 跳槽专业户奥平贞能

武田家再次起兵了。

这次起兵的原因要追溯到信玄刚死的那会儿：菅原定盈投降了信玄，但是信玄并没有放他回到德川家，而是将其扣押了起来，接着，用他和德川家交换了俘虏，这个被交换的俘虏叫作奥平贞能。

这位奥平大人原来是三河的土豪，依附于今川家。今川义元死后，便跟着家康了。当武田信玄进攻三河的时候，他又投靠了武田家，结果在武田家打工的时候，被德川家康的军队打败并且当了俘虏。信玄比较看重他的才能以及在当地的威望，所以用菅原定盈换回了他。

回来之后的奥平贞能，发现自己的日子越来越不好过了。先是被要求交出自己的儿子作为人质，接着又被要求送两个人去做人质，之后武田家又说要三个，如此接二连三一来，贞能有点疑惑了：信玄一直对自己非常够意思，为何突然之间发生了转变？莫非信玄死了？

一打听，还真死了。

贞能立刻决定再跳一次槽，目标是德川家。

打定主意，正要动脚起跳，从武田家来了使者，说是要请客吃饭。

请客人是武田一族的武田信丰。

事实上武田家早就开始怀疑起了奥平贞能，这次请他来吃饭，是打算特地通过饭局来观察他内心的真实想法。如果观察下来觉得没啥也就罢了，如果一旦有蛛丝马迹的反意，那就立刻"掷杯为号，伏兵四出，一阵乱刀，剁成肉泥"。

贞能思考了片刻，便动身了。

一到武田信丰处，便看见刀枪鲜明，戒备森严，上下侍从一副杀气腾腾的样子。贞能在全副武装的侍从引导下，来到了会客大厅，刚刚坐下，便有两个人端上来一副围棋，武田信丰大手一挥：下棋。

如果此人决定谋反，如此身陷重围的情况下，必定心智混乱，从下棋的棋路中便能轻易探知一二。

下了三盘，两胜一败，贞能两胜。

信丰想了想，下令道：开饭。

第十八章
新式武器

通常谋反的人，如此身陷重围的情况下，必定压力重重，胃口别说不好，估计连饭都吃不下去了。现在看贞能在饭桌上的表现，便能知道他的真实心意了。

贞能毫不客气，连吃三碗米饭，还打着哈哈说道："实在不好意思再吃了，在家的时候我能吃五碗呢。"

看着思维清晰毫无压力胃口倍儿棒吃饭倍儿香的奥平贞能，武田信丰彻底没了想法，只能最后挥了挥手：你回去吧。

奥平贞能一到家就反了，顺便还夺走了长筱城。

武田家大名武田胜赖大怒，将奥平贞能交给自己的人质用锯子活活锯死，其中还有贞能尚未成年的小儿子。锯完之后，觉得仍不解恨，于天正三年（1575年）四月，提兵一万五千，直奔长筱城而来。

此时的长筱城内，负责主要防务的是贞能的儿子奥平贞昌，而城里总共的士兵，只有五百人。就实力对比来看，被攻陷不过是时间问题，此时城里的粮食也已经不多，唯一的出路，就是向德川家康求援。

对于奥平家和长筱城，家康是极为看重的。早在奥平贞能背叛武田家之前，还跟德川家属于私通阶段的时候，家康就有许诺：一旦事成，便将自己的女儿龟姬嫁给奥平贞昌。事实上后来他也这么做了，但是现在，家康面对奥平父子的求救，却有点无动于衷。

不是不想救，而是手头有点紧。

德川家的士兵，说到底还是这么点：三河四五千，远江七八千，全部加起来也没武田胜赖的多。虽说武田信玄已死，但是甲斐军的凶猛彪悍乃是天下有名，更何况前不久在三方原刚打了个大败仗，以至于整个德川家上下多多少少都有一点"恐甲症"，这样的状态轻易派出援兵的话，恐怕又会遭遇一场失败。所以为了谨慎起见，德川家康向织田家发出了求援信。

此时的信长早已平定了畿内几乎所有的势力，领土扩张甚至延伸到了越前，俨然一副财大气粗兵多将广的样子。接到家康的求援信，他二话没说，带了三万人就赶来了。

这三万人里，有着三千人，人手带着一种新式武器——铁炮。

其实也不能算新式，在日本，自打有家康的那一年，就有了这玩意儿了，

只不过如此大量装备用于战场，倒还是头一次。

✽ 种子岛铁炮

所谓铁炮，就是火绳枪，是从欧洲传到日本的武器，因为最先在种子岛登陆并且后来在当地被大量研发生产，所以也叫作种子岛铁炮，简称种子岛。

当时的战国大名对于这种新式武器的价值，并非像通常所说的，认为是暗器，认为是西洋南蛮的怪武器而置之不理，其实是非常看重的。

比如说武田家，信玄在世的时候就曾经说过："铁炮这种东西，在将来一定能够取代长枪。"

说是这么说，但是在当时，战场上主要还是依靠足轻（步兵）的长枪和弓弩以及突击性极强的战马，铁炮虽然被看好，却也不怎么被大名们真正地大规模装备过。

这倒并非大家叶公好龙，而是铁炮本身真的不怎么好用。

首先，铁炮的射程不远。虽然被称为"炮"而且还是"枪支"，但是当时铁炮的射程至多只有两三百米，和弓箭差不太多。所谓射程，指的是扣动扳机后枪膛里的子弹能飞的距离，至于飞到这个距离之后是不是真的能打死人，还是连餐巾纸都穿不透，都跟这个数据无关了。打死人擦破皮的距离，叫作杀伤射程，此时的铁炮只有五十米。

其次，铁炮的杀伤力并不大。其子弹是由金属弹丸做成，通常只有十几克二十几克，杀伤射程虽然有五十米，但是我只要穿得厚一点，肚子上顶一块铁板，或者拿着一个竹排挡在身前，就算站在离开你只有四十米的地方让你打，你也打不死我。不过也有例外，有一种能够发射超过八十克以上重量弹丸的铁炮，被称之为"大铁炮"，这种家伙就类似于小钢炮了，最大的弹丸重量甚至能超过四百克，通常用于攻城，一枪过去城墙上就是一个坑。然而此类武器非常少见，在战国时代基本没有被大规模地装备过。

再次，铁炮操作起来很麻烦。其实枪这种东西，不管 AK-47 也好，种子岛也好，发射的那一瞬间都差不多：一扣扳机，一声巨响，子弹飞出，或爆了头，或打了树。但是在发射之前，是需要做很多工作的，比如填弹，比如装火药，比如把子弹和火药混合……现代的枪支自然能够通过各种先进手段一步到位全部完成，但是在当时，是必须要依靠人手来做的，从你抄起家伙到扣动扳机，至少要做以下几步：

1. 清理上一次发射过后在引火孔和引药锅里的火药残渣，如果你在家清理过了，或者这次是第一枪，那么可以省略；

2. 将引药倒入引药锅，并且盖上盖子；

3. 将装有发射火药的小瓶拧开，将发射火药倒入枪管；

4. 吐出弹丸，擦干，放入枪管，你没看错，就是"吐出"，在你拿起枪杆之前，为了防止你之后手忙脚乱找不到子弹，所以就必须要把子弹提前放在自己随时都能拿到的地方，最好是自己的嘴巴里；

5. 从枪管里抽出一根专门准备好的长木条，将火药和子弹捣捅一番，让它们充分结合；

6. 撞击火石，点燃火绳，这需要一定时间，但是请不要自作聪明地提前点燃，因为这会让你的位置暴露；

7. 将火绳固定在火绳夹上，所谓的火绳夹，也就是后来类似于撞锤的东西。完成以上七步，你终于可以长舒一口气，好好瞄准扣动扳机了，但是，在扣动扳机之前，还有一件很重要的事情要去做，这件事情不费时间却关系到你的性命，那就是闭上你的眼睛。

火绳枪的发射原理是：扣动扳机，火绳落下的同时，引药锅盖打开，引药点燃发射药，弹丸发射。如果不想被飞溅出来的引药灼伤眼睛，或者被闪亮无比的火光刺激眼球，那么请你闭着眼睛扣动扳机。

如此一套程序做下来，至少需要三十秒，以杀伤射程为五十米算，三十秒，我用跑的都能跑到你跟前给你一家伙了，还装什么洋枪牛仔？

还有，铁炮的使用条件非常苛刻：迎风了没杀伤力，顺风了点不起火来，要是碰上下雨下雪，那就恭喜你了，毕竟整个战场上大家都拿着大刀长矛，唯独你，或许还有你的其他几个同伴拿的却是自来水管，别提多抢眼了。

最后，也是最关键的一点，铁炮很贵。在当时，买一杆铁炮需要一百贯文以上的金钱。贯是日本的货币单位，一贯钱相当于两石大米。在战国一石大米能让一个成年人吃上一年，五十石大米能养七个兵一年，换而言之，一杆铁炮等于一个人两百年的口粮等于三十个士兵一年的薪水。与其买一杆远了打不着，近了打不快的铁炮，还不如实实在在地多养几个兵，这便是当年大名的普遍想法。军队虽然装备了铁炮，但在战场上的主要作用只不过是骚扰敌军而已，地位远远比不得长枪和弓马。大名对于铁炮的看法，基本等同于我们对PS3的看法——东西倒是好东西，不过太贵，太麻烦，很多PS2的游戏它没有，算啦，还是等游戏多了，价格降下来了再买吧。

当然，买PS3以及正版游戏盘的人还是存在的。

在当时的日本，能够让军队大量装备铁炮的大名主要有两家：第一家是我们过去一直在说，现在也在说，等下马上又要被说到的传说中的日籍外星人织田信长为首的织田家，还有一家则是过去没说过现在也不打算说以后会且一定会说到的萨摩（今鹿儿岛，日本铁炮的故乡）岛津家，其代表人物是第十七代当主大名——岛津义弘。

第十九章 三河武士

个性的强右卫门

当信长带着三万大军外加三千铁炮来到家康的居城冈崎城后，并没有急着前去救援，而是优哉游哉地先开了一个连歌会，然后吃晚饭，过夜。

第二天一早，信长表示，冈崎城空气好东西好，所以打算再住一晚上再发兵援救。家康只是笑了笑，诚恳地表示：只要您愿意，住多久都行。

就在这个时候，手下上来报告：从长篠城来的使者，已经到达了冈崎城。

这时候来使者，自然不可能是请客吃饭，估计是因为长篠城被干得快挺不住了。家康看了看身边的信长，想开口却又没说话，倒是信长大爷从不把自己当外人，大手一挥："让他上来。"

一上来，才见面，信长差一点就把手伸到怀里去掏钱包了。

使者是个黑胖子，几天没洗的头发沾着灰尘和泥土，用一根草绳胡乱地扎着，一身庄稼人的打扮，衣服什么的都是破破烂烂的，草鞋就穿了一只，大腿裸露在外，基本上和要饭的没啥两样。

家康很迷茫地看着这位使者，很显然，因为他的穿着打扮比较个性，使得家康也认不出这位使者来了。经小栗大六、酒井忠次以及本多忠胜等家臣的仔细观察反复辨认，最终确定了来人的身份：此人乃是长筱城的鸟居强右卫门胜商。

"在下奉我家主公奥平贞昌之命特来冈崎城求见德川大人。"强右卫门开口说道。

"长筱城现在情况如何了？"家康问道。

"城池现在仍在我们手里，但是粮食已经只够三天的份了。"说完这句话，强右卫门把头一低，再也不开口了。

家康站了起来："强右卫门，你还没吃饭吧？先下去吃点东西，我和织田大人商量一下。"

"不必了！城里的人现在连一碗粥都喝不上，在下怎敢独自进食？强右卫门本是来报口信的，现在任务已经完成，所以想立刻回到城里和大家一起战斗！"

一直在一旁没吭声的信长，此时也终于开了口："胖子，谁说你的任务完成了？"

强右卫门疑惑地看着这位信长，一时间没明白是什么意思。

"你接下来的任务就是，赶快回去告诉长筱城的人，我织田信长和德川家康已经点起四万大军，最多一两天便能赶到。能完成吗？"

问题无须回答。为了能够冲出武田军的包围圈，连夜潜过大野川的河水赶来，连休息都不曾休息的鸟居强右卫门，只是向下低头一拜，便立刻起身离开了。

✳ 一个武士的本分死亡

此时的武田胜赖已经满头是包了。

当初意气风发自以为很快就能拿下长筱城的他，却很快发现事情远没有自己想的那么简单：守城方虽然只有五百人，却有着两百门以上的铁炮，甚至还带着几十门大铁炮。

大铁炮我们前面也介绍过了，射程远，杀伤力大，本来是攻城战时用来轰城墙的，现在却被奥平贞昌用来轰人，效果非常显著。所以一连几天武田军别说攻城，连城门都没能摸上。

四郎胜赖是个脾气比较急躁的人，面对这种情况他很生气，但后果基本没有。毕竟大家都是人类，被枪打了炮轰了都会当场交代，攻不上去就是攻不上去，并不会因心情好坏而改变。不过好在城里余粮看着也知道不多了，照这个样子围困下去，打不死他们也能饿死他们。

就在此时，手下家臣上来报告说，抓到了一个长筱城里的探子。

胜赖说，带上来亲自审问。

于是鸟居强右卫门就被带了上来。

当胜赖看到强右卫门的时候，第一个感觉是可能抓错了，因为眼前的这位仁兄不管从外貌还是打扮来看，都是活脱脱的一个农民。仔细想了想，又觉得不太可能，大军交战，农民在此做甚？

于是便开门见山了："我知道你是长筱城的细作，你呢，也别否认了，痛痛快快承认了吧。"

强右卫门笑了笑："对，我是从长筱城来的，去冈崎城报信。"

胜赖明知故问道："报什么信？"

强右卫门想都没想就回答道："去冈崎城找德川殿下要援军呗。"

胜赖窃喜。这个也是自然的，所谓抓俘虏，其实也要看运气的，有的俘虏你老虎凳辣椒水他都不开口，有的俘虏你才问了他家庭情况他便连自己主公七大姑八大姨的姓名身高三围都报给你听了，从现在的情形上来看，强右卫门很有一点后者的倾向。

于是胜赖再接再厉："冈崎城那里有什么情况吗？"

"织田信长大人已经带了四万大军来到冈崎，不出一两日便能前来救援。"

胜赖沉默了。他确实料到会有援军，也多多少少知道信长一定会插一脚，

不过真没想到有那么快。如果真的，那么估计长筱城是拿不下了，但是就这么放过背叛自己的奥平一家，实在有些不情愿。

"你想死吗？"胜赖突然问道。

"不想。"

"那好，只要你能告诉长筱城的各位，援军不会来了，那么我就放过你。"

强右卫门沉默了。他看起来虽然并不想死，却也似乎不打算为了自己而出卖整座城。

看到对方犹豫的样子，胜赖知道有戏了，便孜孜不倦地开始了开导："织田信长说话并不能当真，即便当真，再有个一两天，我也能把这座城池给攻下来了，更何况，看你现在这个样子，就能知道你至少是前天出发的，到现在为止，已经过去两三天了，城里的粮食早就吃光了吧？你觉得他们还能撑多久？"

强右卫门仍然没说话，但是表情却是一改刚才的木讷，显出了一副认真听讲的样子，还不住地微微点了点头。

胜赖一看对方如此诚恳，干脆开口再给了一些优惠："只要你去告诉他们援军不来了，他们必然投降。投降之后，我向你保证，一个都不杀，连奥平父子我都放过，如何？我以武士的名誉向你保证，大家都是武士，你该相信我吧？"

对面仍是一阵沉默，在这沉默中，胜赖焦急地等待着答复。

"武田大人……"强右卫门终于开了尊口，"真的不会残害城里的任何一个人吗？"

胜赖松了一口气，立刻保证道："我绝对不会，守信乃是武士的本分。"

强右卫门似乎不信，又确认了一下："真的不会吧？我也不会死吧？"

"真的不会。"

"好，我去说。"

胜赖笑了，传说中硬骨头中的硬骨头——三河武士，居然也有这样的货色。

鸟居强右卫门被带到了离长筱城不远的一处高坡下，站在这上面，他的声音可以非常清楚地传到城里。

"你可是答应好的啊，可别忘记守信乃是武士的本分啊。"走之前，胜赖还没忘记关照一句。

第十九章
三河武士

强右卫门在几个武田士兵的陪同下，被绑着双手一步一步地登上了高坡，站定，大声喊道："我是长筱城的鸟居强右卫门！！！你们听得到吗？"

城头上一片激动，但是当他们看到强右卫门身后的武田士兵和他被反绑的身子时，又陷入了沉默。

强右卫门继续喊道："如大家所看到的，我被武田家给抓住了！但是，关于援军的事情，我还是要告诉大家！"

说完这句，强右卫门顿了一下，整片大地似乎陷入了死一般的沉默之中。

面对已经成为俘虏的强右卫门，长筱城的众人心情想必是复杂的：既然武田家都能让他上山来喊话，估计多半知道援军没希望了吧，城里的粮食早就吃光了，那么……

"德川家康大人和织田信长大人已经点起四万援军，不到两天就能赶到了，请大家无论如何再坚持一下！！！我们一定可以胜利！！！"

强右卫门用尽了所有的力气，喊出了这句话。

武田胜赖傻眼了，他没想到这个在他眼里怕死胆小的老实人，居然蕴藏着如此的胆量。

被当场拖下山的鸟居强右卫门，在受了一顿拳打脚踢之后，武田士兵将他绑在了一个木架子上。即将实行的，是一种被叫作磔刑的死刑——用长枪活活将其戳死。

"你这个不守信用的家伙！你忘记了武士的本分吗？"

看着下面气急败坏的武田胜赖，强右卫门则是一脸轻松。

信长殿下，您的任务，在下算是完成了，接下来，就要拜托您和家康殿下了。

现在的本分就是抗击侵略者，保护自己的家乡，这才是武士的本分。

在长筱城五百将士的注视下，三河武士鸟居强右卫门胜商被武田家杀死，时年三十五岁。

天正三年（1575年）五月十八日，也就是强右卫门死后的第三天，德川、织田联军到达设乐原。

第二十章 长筱决战

❋大战前夕

信长军驻扎在极乐寺山，德川军的驻地则是茶臼山。

设乐原位于长筱城之南，是群山环绕中的一片低洼地，北有太山，南有丰川，中夹宽为两公里的平地。织田军就在这一地域，凭借浅浅的连子川，在西岸布阵。此外织田信长还在连子川岸边修建起数道防马栅，并把自己驻扎所在的山坡进行了一番人工改造，将其陡峭程度大大提高。这种布置的目的只有一个，就是最大限度地削弱闻名天下的武田骑马武士的突击力。顺便，也能让自己的三千杆铁炮发挥到最大威力。

按惯例，先阵由当地的德川家康担任，他着阵于坂上的高松山（弹正山）。

织田军的泷川左近一益、羽柴藤吉郎秀吉（这孩子自从浅井家覆灭之后，就被封了长浜城，改姓羽柴）、丹羽五郎左卫门长秀三将着阵有海原，直面东面的武田军。同时，德川军、泷川军的阵前也设置了防马栅。

在太山南面的不远处，有一座叫作鸢之巢山的地方，南北相距不到三十町（3300米左右），大野川就从两山的夹缝之间流入设乐原。北面的凤来寺山胁流下的泷泽川（寒狭川）与附近的大野川合流，而长筱城就位于两川汇合点西南的平原地带。

布完了阵，挖完了坑，信长和家康召开了决战前的最后一次军事会议。

会议上酒井忠次举手发言道："如果能给我一支军队，然后去偷袭鸢之巢山，切断武田军的后路，这样岂不很好？"

信长哈哈大笑："我还当是什么好计策，原来不过如此，你以为这是官兵抓强盗的游戏吗？拜托，我们现在是在打仗耶！打仗！"

酒井忠次当场脸就涨得如同猪肝一般。

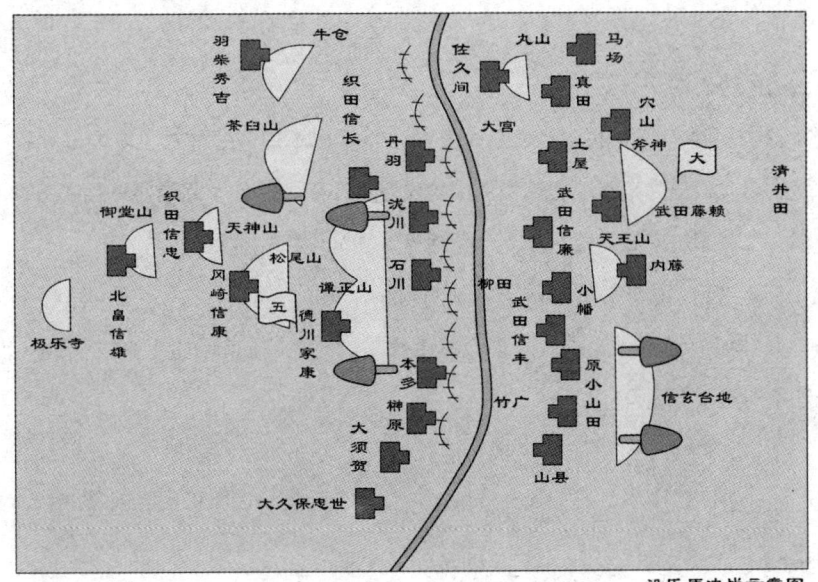

设乐原决战示意图

看着忠次，信长示意："滚。"

德川家康自然很尴尬，不过也不敢得罪这位外星大爷，但又实在不知道他葫芦里到底卖的啥药。

就在纳闷的当儿，信长凑过来悄悄地说："忠次的计划很不错啊。"

大哥，你是没事儿闲着慌，特地来骂人的是吧？

看着家康那张疑惑的脸，信长笑着继续说道："让他晚上的时候来我这里一次吧。"

于是，当天晚上，信长首先当着家康的面赞扬了酒井忠次的计划，接着说，会场上有间谍，所以只能故意骂你一顿，以分散他们的注意力（胡说吧你就，就这几个人开会都能有间谍？想骂人就说想骂人），最后说，给你三千士兵，五百门铁炮，你去夺下鸢之巢山。

在家康的示意下，酒井忠次拜谢领军而去。

此时此刻，武田胜赖的军帐里也是灯火通明。

胜赖拿出一封信，是织田方大将佐久间信盛写来的。信中表示：织田家对武田家非常惧怕，所以断然不会主动出击，只要胜赖能够前去攻打，自己一定作为内应突然反叛。

对于这么一封信，很多人都认为胜赖是因为它才最终下定主动出击与织田家决战的决心的。

这当然是不可能的：胜赖为人急躁，而且也不如他爹信玄，这的确是板上钉钉的事实，但并不意味着不如武田信玄就等于弱智。佐久间信盛一和武田家没交情，二在织田家混得那么滋润，凭啥无缘无故地投靠过来做内应？

但是这封信最终还是影响了胜赖的判断。

虽然知道是不可能的，但是仍然希望是真的，我们前面也说过相同的话：谁还不盼着个好呢？

所以，当他听到探子前来报告信长里三层外三层地砌墙挖坑竖栅栏，把自己团团包进了防御工事时，胜赖就相信了信盛的一部分内容：信长绝对不敢主动出击。

既然你不敢主动出击，那么就由我来主动打过去，一举将你击溃，就算没能把你一下子打死，谅你也不敢出来咋的，顶多我再想点别的办法。

五月二十一日日出，武田胜赖留下三千左右的士兵继续牵制长筱城，自己则带着一万两千人浩浩荡荡地赶到了设乐原。

✱ 甲斐骑士的悲壮末日

决战开始。

率先打头冲锋的，是德川方面的大久保忠世。他和弟弟忠佐带着几百人来到了山县昌景的阵前，一阵铁炮乱击过后，拔腿就跑。

这是诱敌，赤裸裸地诱敌。

你看出来了，我看出来了，山县昌景同样也看出来了。

但是他仍然下令追击。

他的手下，是一身红色铠甲，被誉为武田家最强骑兵的"赤备"，人数在两千左右。对于自己的军队，他充满着信心。

诱敌也好，铁炮也好，今天都给我去死吧！

很快，他冲到了德川阵的栅栏前，迎接他的，是一千支铁炮。

枪声过后，堆起了一堵尸墙，山县昌景军溃败——才怪。虽然打死了不少人，但是山县昌景的冲锋却依旧继续，很快，第一道栅栏几乎就要被冲破了，于是德川家的士兵们便主动出击，迎着昌景直接攻了上来，为首的是本多忠胜。

忠胜挺着长枪直逼山县昌景，仅一合，便分出了胜负——本多忠胜转身就跑，一边跑一边大叫："这家伙就是山县昌景！！！"

于是，在这一片混乱中，所有的铁炮都对准了昌景。

山县昌景就这么死在了乱枪之中，时年四十六岁。

随着主将的阵亡，名满天下的武田家赤备也走向了灭亡。

很快，第二波进攻也来了。

发动者是武田信玄的弟弟武田逍遥轩信廉。

但是他的军队却连栅栏都没摸到，便被打得晕头转向，不得已撤退。

第三阵和第四阵的小幡信贞和武田信丰发动的进攻依旧是如同前面一样，丢下了无数具尸体，然后撤退，信贞的父亲信重亦战死。

连续四次冲锋之后,已经是下午一点了,胜赖连午饭都没顾上吃一口,准备命令发起第五阵攻击。就在这时,传来了一个让他震惊的消息:自己的后方据点鸢之巢山被攻下来了,退路被断了。

断了就断了,只要在此冲破织德联军的防马栅,就是胜利。

第五阵的进攻者,是马场信春,他的目标,是雁峰山下织田信长军的左翼。同时一起的,还有真田昌辉和土屋昌次。

冲到半道,信春突然停止了前行,找了一片树林命令军队就此停步。虽然大家不明白他想干什么,但还是照做了。

接着,映入马场军所有人眼帘中的是:因中弹一头摔下马来死在栅栏前的土屋昌次,以及被羽柴秀吉和丹羽长秀迂回上前包围后,被乱枪打死的真田昌辉。

信春叫过一个侍从:"去告诉主公,我方大势已去,敌人很快就会发起反攻,让他赶紧撤退,断后的事,就交给我吧。"

下午三点左右,信长下达了总攻令,德川家以及织田家的武士争先恐后地拥出了防马栅,向着武田军的阵地冲去。

胜赖明白,自己败了。

那就赶紧走吧。

在撤退途中,武田家重臣内藤昌丰战死。而断后的马场信春,在目送胜赖远去之后,带着三十骑突入对方军阵,血战而死,时年六十一岁。

信春自跟随信玄他爹武田信虎以来,历经三代大名,参战总数达七十余次,从未受伤,被称之为"不死鬼美浓"(官居美浓守)。

这是他第一次受伤,也是最后一次。

这场持续了整整八小时的战斗终于结束了,虽然过程比较单调:武田家冲,德川织田家铁炮打退,再冲,再打退,冲了多次之后,冲累了冲不动了,于是联军反攻,武田军败退,大致就是如此。

但是,这场战斗对于三家的意义都是非常重大。

织田家终于消除了长久以来来自武田家的困扰,并且来自武田家的那位亲戚本愿寺显如的压力也大大减轻了,至于扩大领土势力这种理所当然的后话,当然也不必去说了。

德川家也终于消除了长久以来来自武田家的那种困扰，并且夺回了高天神城和二俣城，自此，真正地、牢固地掌握了三河一国。

对于武田家来说，自然不是什么好事情，这一仗把家里能打的那几个全都给打死了，以后的砍人质量势必大大地打上折扣。而且，胜赖的声望也一落千丈，以后外交之类的，也理所当然地变得难搞了。

❋ 冤大头胜赖

武田信玄，作为日本战国历史上的一个超级大腕，拥有无数的粉丝，这些粉丝中，来自日本的自不必去说了，就连中国、韩国甚至欧美等地，也不乏簇拥者。

而信玄的名言"人是城，人是砦，人是垣，仇恨是敌，情爱是友"这句话，更是被无数人奉为经典。至于信玄的家臣，特别是武田四天王（马场信春、高坂昌信、内藤昌丰、山县昌景）以及武田信玄和大帅哥高坂昌信之间的断袖恋情，更是广大腐女子所津津乐道的话题。

因为这样，胜赖成了可怜的娃。

长筱一战，家臣丧失了无数，武田四天王死掉了百分之七十五。剩下的那个高坂昌信纯属运气好，当时不在，若是在的话，估计也难逃吃花生米的下场。

于是，"无能"、"不及他爹一个脚趾"、"不会打仗"、"有勇无谋"之类的帽子便扣向了胜赖，真的是这样吗？

当然不是。

自然，我不打算刻意地为胜赖平反，我在做的，只是告诉你历史的真相，顺便摘走一些其实不属于胜赖的帽子而已。

首先，针对设乐原决战，很多人认为这是一场自杀性的战役。对于胜赖明知送死却还要牺牲家臣前去，甚至将老臣们的拼死劝谏置之不理的行为，自然是纷纷谴责其无谋，甚至还有人将他归进暴君、昏君的范围里了。

这是很不公正的。

胜赖之所以敢去设乐原决战，个人觉得那是因为在整个武田集团看来，这是一场必胜的战争。

整场战役总共持续了八小时，在这八小时里，武田军总共发起了五阵共计十九次的冲锋，而织田家的要害就在于那一道道防马栅，十九次的冲锋里只要有一次冲破了防马栅那就是胜利了。这样的优势是显而易见的，而事实上大家正是抱着这样的心态，才会一次又一次地发动进攻，尽管，最后没有成功。

其次，有很多日本的也好，哪儿的也好，在他们所写的关于长筱会战的场面里，都特别写到了"胜赖是因为听信了奸臣长坂钓闲和迹部胜资的谗言，才会断然决定发起这场无谋的自杀性战役"，从而导致了"武田家的老臣马场信春、内藤昌丰等在决战之前喝酒话别，准备送死"一事。这基本上是属于乱说了：第一，长坂钓闲当时根本就不在战场上，他怎么跟胜赖进"谗言"？用QQ吗？还是用手机？第二，迹部胜资这个人，是一个出名的有能力的文官，并非武将，所以不可能对胜赖进行军事上的进言，顶多跟胜赖说说粮食不够了，煤炭不多了之类，而且，并没有关于此人参加武田家军事会议的记录。

那么，这个所谓的"奸臣进谗言"的说法，究竟是从哪儿开始传出来的呢？

关于这点，我翻了不少资料，最终基本断定：该说法起源于一本叫作《甲阳军鉴》的书，书的作者叫作小幡景宪。看完这本书，个人的感觉就是，这位作者估计不是老婆被胜赖抢了，就是他娘死在了胜赖手里，总之，在此作品里，洋溢着一股对胜赖极端的痛恨。其中，同时被恨上的，还有长坂钓闲和迹部胜资，估计这两位是欠了小幡同学的赌债了。

再仔细看看，就会发现长坂钓闲和迹部胜资其实只是背了黑锅而已。

《甲阳军鉴》这本书，成书于江户时代。在那个时候，武田家自然是早灭了，而那些武田家臣们，包括小幡景宪在内的大多数人都已经成为了德川集团的家臣，大家又成为了好同事好伙伴。在如此的情况下，他所写的《甲阳军鉴》，是自然不可能得罪其他人的，唯一能作为背黑锅代表的，既够得上一定身份也不会被得罪，也就是早就不在人间的长坂钓闲和迹部胜资了。正所谓送死也你去，黑锅也你背。

✤ 点背不能怨社会

最后，我们再来详细地说一说这场战役的胜负原因。

要打赢一场战争，就如同要追到一个女生一样，需要三样很重要的因素：天时、地利、人和。

对于武田家来说，他们占尽了这三个要素。这也就是为什么我前面一直在强调，这对于武田家来说其实是一场必胜的战役。

先说人和：武田家人才济济，从武田四天王，到土屋昌次、真田一族、小幡一族，无不是以一当百的勇将，而武田家的骑兵更是天下无敌。

再说地利：设乐原是群山包围下的洼地，非常开阔，十分适合骑兵冲击作战。

最后说天时：战争开始的时间是和历5月下旬，这时候在日本东部，正是属于梅雨季节的末期，而事实上，就在开战的当天清晨，还下过一场大雨，别忘了，织田家的主要武器是那三千门铁炮。

如此尽得天时地利人和，如若不胜，那真是天要亡他武田家啊！

天要亡的，就是你武田家。

对于家康和信长来说，人和，便是那三万大军以及其中的三千门铁炮，还有羽柴秀吉、丹羽长秀、本多忠胜等一群强有力的家臣。

接着说一下地利。在几乎所有的小说、漫画、电影里，说到长筱会战通常会是如下画面：一望无际的平原上，武田骑兵蜂拥而来，一阵阵铁炮声响起，子弹飞出，武田方将兵纷纷落马，然后武田家再次冲锋，再次被铁炮射退，依次反复，终于溃败。

当然，电影毕竟只是电影。

希望你还记得，我前面提到过一点，那就是信长将自己营地所在的山坡给人工改造了一番，增加了它的陡峭程度。

这一个动作，导致了武田家无法直接骑着战马冲过来踏破防马栅，而是必须先下马，再爬坡，然后以步兵的身份去拆栅栏而不是踏破栅栏。这样，就给了织田家铁炮大量的机会。

而信长，为了避免铁炮发射前那繁琐的步骤所造成的时间浪费，特地想出了一个办法：命令铁炮兵站成三排，轮流射击，从而能够造成一张持续不断的火

力网,这个战法被叫作"三段击"。

事实上,除了山县昌景和土屋昌次之外,没有第三个武田家的将领是死在防马栅前的,更多的人,是死在了前面的山坡上。

不能骑马的武田骑兵,与步兵无异。八千爬坡的步兵VS三万八千以逸待劳的步兵(包含三千铁炮和八千远江德川军),谁胜谁负,自然一目了然了。

最后再来说天时。事实上,这天清晨确实下了大雨,可是下完之后,却是万里晴空艳阳高照,连风都没怎么吹。

命苦不能怨政府,点背不能怪社会。

基本上,就是这样了。

总体来评价的话,那也就是一句话:脑子不错运气超烂的武田胜赖,败在了脑子超棒运气奇好的织田信长手下。

打完了,那就回家吧。

第二十一章 终于能松一口气了

✽ 包工头丹羽长秀

四天后,也就是当年五月二十五日,信长凯旋。但是回到岐阜后,他并没有安分下来。

因为有人不打算让他安分。

本愿寺显如爆发了,他要代表佛祖,替天行道,亲自铲除织田信长。

和他站在同一线的,是日本中国地方大名毛利辉元,以及刚刚兵败的武田胜赖,而在这些人的背后也就是真正的幕后黑手,则是我们的老熟人——足利义昭。

当年七月,越前爆发了大规模的一向一揆,而原本一些已经投降了的朝仓旧臣也趁机起来作乱。为此，信长率领数万大军亲征，不出一个月就搞定了。

于是，显如再次暂时地安定了下来。

同年秋天，四十二岁的信长宣布将家督的位置让给自己年仅十九岁的儿子织田信忠。

然后，他要造城，造一座天下第一的，属于他的城。

天正四年（1576年），刚刚过完新年的信长叫来了家中第一筑城设计高手，也是第一内政官，外号米五郎左的丹羽长秀。

"长秀，帮我去造一座城。"

这是信长独特的说话方式，比开门见山还开门见山，门还没开，那山就压进屋子了。

丹羽长秀当然不明白了，莫名其妙地造什么城？

"大致地址就选在南近江的观音寺城吧。"

所谓观音寺城，大致位于今天的滋贺县蒲生郡安土町，在当年，乃是战国大名六角氏的居城。这是一座平山城，北临琵琶湖，西靠京都，不管是从战略位置还是周边生态环境来看，都是适合大人物居住的好场所。

长秀从十六岁开始跟随信长，一路摸爬滚打走来，现在俨然一副得道多年的老油子模样了，听了这么两句话他便已明白，这位大爷心里早就全部盘算好了，自己到时候只要做个二把手工程师兼监工就行，其他的不必费心，也不必插嘴。

在一一聆听了信长总设计师的要求之后，他便告辞动身，准备开始这项工程。

丹羽长秀很有几分劳模风采，元宵节还没过，就开工了。

开工开了一个多月，连屋顶都没盖，信长来了。

一见领导前来视察，长秀自然不敢怠慢，领着信长东看西看，四处游走，看完走完，便两手一垂脑袋一低，静等信长指示。

"嗯，长秀，你辛苦了，干得很好。从今天起，我就住这儿了。"

长秀傻了，这房子还没造完你怎么住？不过又不太敢明着问，憋了半天也就说了句："那么，岐阜城那里……"

"那里给信忠就是了。"

行，你是老大爱住哪儿就住哪儿吧，烂尾楼也好豆腐渣也好，只要你开口，被砸死我也不管。

✱ 光秀很受伤

听说信长喜迁新居，本愿寺显如立刻活泛了起来，准备用枪声和鲜血来给信长祝贺。

随之而起的，还有纪伊的杂贺党、中国的毛利辉元、丹波（今天大致在兵库一带）的波多野秀治、甲斐的武田胜赖以及大和的松永久秀等人。

以上，被称为第二次信长包围网。

信长很高兴。

事实上，他之所以要提前入住还没完工的新城，就是为了让自己离京城近一点，能够更方便地控制整个日本的中心，也是为了能更方便地消灭这些蠢蠢欲动的敌人。

现在刚一住下，就立刻闹腾了起来，可谓是正中下怀，来得很好。

他立刻下令，让明智光秀前去讨伐离自己最近的丹波，而信长本人，则亲自去石山大阪，准备会会那位闹腾了快十年的和尚。

事实证明，信长同学还是过于乐观了。

明智光秀到了丹波，居然连着打了一年多都没啃下几块城砖来，不得已，光秀把自己老娘给交了出去，说："这样吧，咱也别打了，我把我娘做人质放在你家，你们呢，也给几个人质，大家从今以后就当是一家人了。"

丹波大名波多野秀治表示同意，随即将自己的兄弟交给了织田家做人质。

按照规矩，因为是给织田家的人质，所以要送到信长那里。

当信长看到人质之后，问："这是谁？"

亲自押送的光秀照实回答，这是波多野家的谁谁谁，是他们送过来的人质。

信长说："拖下去，砍了。"

光秀急了，大喊："这是人质！是我方用人质换来的！"

信长很惊讶地说："真的啊，我们也给人质了？那个人质是谁？"

光秀很认真地说："是我妈。"

于是信长更认真地说："拉下去，砍了。"

接着又说："我从来就没打算跟波多野这群人和谈，我只要他们的脑袋。你这个和谈我不承认，至于你妈，自己想办法去吧。"

波多野家的人质就这么被砍了，所以，明智光秀他妈也被砍了。

光秀很悲伤，但是这时候的他，只能继续围攻丹波，没有其他方法。

或许，当时的他，还没想到那个办法。

✿ 信长的克星

这件事发生不久，从越前北之庄城传来了一个让信长极为震惊的消息：上杉谦信出兵了。

当然，目标是信长。

谦信打算是由能登进越前，再由越前入近江，最后上洛。

继武田信玄之后，最让织田信长感到害怕的敌人来了。

害怕之余，信长让柴田胜家先带兵两万赶去支援，接着再让羽柴秀吉去支援柴田胜家，等目送秀吉离去之后，自己则打算在他之后，再带三万人亲自前去和上杉家一决雌雄。

就在信长快要带兵出发的时候，羽柴秀吉突然从前线回来了，紧接着，他又听到了柴田胜家大败的消息。

事情是这样的：

当秀吉一接到支援命令，便立刻赶往了柴田胜家处，到达之后，便一起开了个军事会议。

其实两人的关系不太好，具体说来，是柴田胜家很看不起秀吉，认为他是暴发户，坐火箭，马屁精。

在这里，有必要简单介绍一下"羽柴"这个姓。所谓羽柴，就是在织田家重臣丹羽（长秀）和柴田（胜家）这两个姓里各取一个字，组成的一个新的姓。

可见，秀吉本人即便和这两人都不太对付，却也是不愿意得罪他们的。

不过胜家并不领情，即便是在秀吉和自己地位相当，都是一国之主之后，仍然当面背后猴子长猴子短的，基本不把对方当人类。

但是秀吉却似乎并不在意。

在军议上，秀吉说："上杉谦信很强，所以我们不能轻举妄动，应该等待主公的援军。"

胜家说："胆小鬼，要打就要打他个突然袭击，现在出动正是时候。"

秀吉明确表示，不能莽撞，莽撞了要吃亏。

柴田胜家明确骂道："猴子你给我滚！"

行，滚就滚。

秀吉当天就走人了。

于是柴田胜家出击了，并于天正五年（1577年）九月下旬在手取川被谦信击败，战死两千多，淹死一千多。

信长很愤怒，却也有点无可奈何。

秀吉是胜家让滚的，要处罚的话就要连胜家一起罚了，而这两个人却是家中最能打的，罚了他们难道你亲自扛着长枪挎着大刀和谦信单挑吗？

好在此时日本的北国普降大雪，大雪封山还封路，导致谦信不能行军。

而上杉谦信可谓豪情万丈，当下放出话来，别看现在有大雪，等春天来了，雪融化了，我就亲自上洛，踏平你织田信长。

✿ 干掉"大天魔"

信长实在是没空鸟谦信了，趁着大雪还在下，上杉动不了的当儿，他率兵包围了信贵山城，那里的城主松永久秀已经反了老半年了。

松永久秀这一年已经六十八岁了，和北条早云、斋藤道三并称战国三枭雄。自三十岁起侍奉三好家后，篡家权，杀将军，毒少主，极尽背叛天分，先后数次反复投靠信长之后再背叛，并在永禄十年（1567年）十月十日放火烧了日本名刹东大寺大佛殿，被称为"大天魔"，名声之坏，和信长有得一拼。

此时的信贵山城被四万大军包围，城内只有五千人。

这是一场没什么胜算的防守战。

作为一个战国大名，松永久秀同时还是一个有名的文化人：和歌、书画、茶道样样精通，业余爱好是收集各类茶器，其中九十九发茄子和平蜘蛛茶釜更是被誉为日本第一的茶器。

已经做好了觉悟的久秀，将费尽一生精力所搜集到的那些锅碗瓢盆放在自身周围，每个里面都塞满了火药。

在这人生的最后时刻，久秀的脸上，想必仍旧是那一成不变的奸笑和一丝不甘吧。

成王败寇，这便是战国。

天正五年（1577年）十月十日，松永久秀自爆而亡。

这一天，恰巧是他火烧东大寺十周年纪念日。

在久秀死后，信长迎来了天正六年（1578年）的新年。新年伊始，他便命令明智光秀继续攻打丹波，并且正式任命羽柴秀吉为中国攻略军总司令，即刻出阵。

接着，他便开始琢磨着怎么对付上杉谦信了。

奇迹又出现了。

上杉谦信死了，猝死，据说是酒喝多了突然中风倒地然后吹灯拔蜡了。在此也提醒一下各位，饮酒一定要有个度，不然等你也"上杉谦信"了，后悔都来不及了。

估计信长听到这个消息之后，一定是偷偷找了个地方，然后放声大笑十分钟。

更让信长感到暗爽的是，上杉谦信一死，当下上杉家就出乱子了。

也怪他老人家走得太急，连个遗嘱都没能留下，于是他的两个儿子（都是养子）上杉景虎和上杉景胜为了家督的位置大打出手。

一生以"义"为人生格言，一生不近女色，一生为了贯彻自己所谓的"义"、"仁"、"爱"而在物欲横流尔虞我诈的战国时代孤身奋战的谦信，终于离开了人世。

这是一个了不起的人，却也是一个寂寞的人。

不过谦信如果地下有知，还是应该会感到一丝欣慰的。毕竟，他的那份"义"、"仁"、"爱"，不但被他的后继者牢牢记在了心头，甚至还被刻在了脑门前的头盔上。

不管怎么说，命运，又一次选择了织田信长。

❋海贼王的杀手锏

这年夏天，信长接待了一位奇怪的客人。说奇怪，是因为此人的身份比较特别。通常能在信长会客室出现的，不是大名重臣就是豪商富贾，要不就是朝廷方面的使者或者文化人艺术家，但是这次的这位客人，身份却是海贼。

所谓海贼，其实和山贼类似，正所谓靠山吃山，靠海吃海。

但是日本的海贼却是比较特殊的。这些海贼，也被称之为"水军"，领头的，都是大海沿岸的各个大小豪族，他们依附于强有力的大名，一边打劫，一边也成为了这些大名的水上作战力量，比如毛利家的小早川氏、河野家的村上氏，以及现在来见织田信长的九鬼嘉隆。

九鬼嘉隆是来汇报工作的，他告诉信长，前不久，自己的熊野水军在安宅船（日本当时最大规模的战船）的基础上，又自主研制开发出了一种新的战船，叫作铁甲船。此船长为五十多米，宽为十米左右，整个船身大部分被厚度在三毫米的铁板所覆盖，并且配置了三门大炮以及几十门大铁炮，能够做到攻防合一，刀枪不入。

信长很高兴。

他还清楚地记得，就在前年（1576年），自己由陆路将石山本愿寺的石山城团团围住，眼看就要断粮了，不想毛利家却从水上给那群和尚送来了军粮。因为自己的水军力量有限，不但在木津川口被对方击败，还眼睁睁地看着那一船一船的粮食被运进了城去，实在非常不爽。

现在，终于可以报仇了。

高兴之余，信长想起来一个问题："你们总共有多少那个铁甲船？"

"六艘。"

"……"

这里说明一下，毛利家的船只，大小总数在七百艘以上。

"主公不必担心，就算是一千艘安宅船或者是小早（小型快船，为日本最常用的战船），那终究不过是安宅船和小早而已，对付他们，铁甲船六艘，足够了。"

在这世界上能够决定胜负的，往往是质而非量。

天正六年（1578年）十二月，仍然是在木津川口，九鬼嘉隆凭借六艘铁甲船，战胜了毛利家六百艘战船，取得了第二次木津川口战役的胜利。

至此，石山本愿寺完全成为了孤城，所有的援路都被切断了。

第二十二章 心照不宣的冤案

❀新居竣工

这个新年，信长想必是过得非常舒坦的。

在新年里，织田信长殿下从百忙中抽出空来，慰问了奋战在战斗第一线的新城建筑工作人员，并且亲切询问了大家的工作和生活情况。监工冈部又右卫门表示，自己一定带领大家一不怕苦二不怕死狠干猛干，争取早日完成工程，让信长大人住得更好更舒坦。

最后，又右卫门表示，在工程中，只有一个小小的困难，那就是缺少大石头。

信长当即表示，缺少大石头不是问题，离这里不远就是二条御所，那以前将军住的地方。当年盖那儿的时候用了无数的大石头，现在你可以把它们一块一块地扒下来安在新城上。

在织田信长的直接指导以及广大群众的拼命努力下，光阴似箭，岁月如梭，天正七年（1579年）五月，新居城终于竣工了，取名为安土城，意为"平安乐土万年春"。

此城堪称日本中世建筑的经典，总共动用民夫一万多人：城堡位于海拔一百多米的山顶上，七层楼的建筑高六十五米；城下有大道贯穿，沿路兴建民居、寺庙和武将居所；城与丘陵东西相连，西北有安土山；城郭建于突出琵琶湖面的小半岛上，三面围以湖水，因奥岛、伊崎岛而与琵琶湖分开，成为方圆二里许的内湖；城内分本丸、二丸，均建于中央丘陵之上，后面则为长方形的天守阁——信长改了天守阁的旧名，而呼之为"天主台"，意为"天下之主"。

天主台第一层（地下）是石墙，作为仓库放置粮秣；石墙之上建第二层，墙壁贴金，柱数二百零四根，绘百鸟及儒者；第三层，柱数一百四十六根，绘花鸟及贤人像；第四层，柱数九十三根，绘松、竹等；第五层，无绘，为三角形；第六层，八角形，经信长亲自设计，外面的柱漆红，里面的柱则包金箔，周围有雕栏、刻龟和飞龙，外壁绘画恶鬼，内画释迦牟尼与十大弟子说法图；第七层，室内外皆涂金箔，四柱雕龙。

❀ 喝的不是酒，是杀气

新城竣工，各地人等前来庆祝，德川家康自然也不例外，他派出家中重臣酒井忠次为使者代表，带领一千人等来到安土城参见了信长，并且表示祝贺。

信长单独接见了忠次。

寒暄过后，信长让上酒。接着两人边喝边聊，信长询问了三河、远江的风土人情，忠次也夸奖了信长的安土城，会见在一片和谐热烈的气氛下进行着。

几杯酒下肚，信长突然开口问道："我听说，我女婿在家中的名声不太好，这是为什么呢？"

他所说的女婿，指的是家康的嫡长子德川信康，永禄十年（1567年）和织田德姬结婚的那个。

酒井忠次自然很是惊讶:"少主勇猛无比,是谁这么说的?"

信长笑了:"我只是随便问问,随便问问。"

于是两人继续喝酒,喝了一会儿,信长再次主动开口:"忠次,听说你以前被我女婿给骂过?"

酒井忠次又一愣,心里琢磨了好一会儿,终于想起来了。那是多年前,忠次曾经看上了信康的一个侍女,于是开口向信康要,结果信康不仅没给,还笑了忠次几句,结果也就不了了之。

这个……能算骂吗?

不过也难得你信长连这事儿都打听清楚了,你到底想干啥?

此时的酒井忠次,已经完全没了醉意,甚至感到背脊一阵阵地发凉。

"筑山殿还好吧?"信长又问了起来。

筑山殿,也就是关口濑名,家康的正室,信康的生母。因为她的住所是在冈崎城边上一座新建的御馆——筑山馆,所以也被称作筑山夫人。

"夫人很好啊。"忠次非常小心地回答道。

信长又笑了:"随便问问,别紧张,继续喝酒。"

忠次已经喝不下去了。

信长见状,摸出了一封信,丢在了忠次面前,说道:"你看看吧。"

这封信是信长的女儿德姬所写,信中开头明确指出,筑山是一个极其恶毒的女人,信康是一个极其弱智的男人,而正是这两个人间败类,居然蓄意勾结内通武田家,意图灭亡织田家。

接着,德姬小姐用了举例子的表达手法,来加强自己论述的可信程度。这些例子仔细数来,总共十二个,其实也就是控诉信康母子的十二条罪状。

里面包括信康找侧室以及筑山搞外遇的花边八卦,看来光搜集这些资料,也着实费了不少功夫。

据说酒井忠次看完之后,便满头大汗浑身颤抖。

此时信长不笑了,很严肃地问道:"这些说的都是真的吗?"

酒井忠次没说话也说不出话,这种没影儿的事情,鬼才知道是真的还是假的。

"既然是真的，那就把他们给杀了吧。"信长不等回话，便开始自说自话了。

酒井忠次不是织田家的家臣，所以并不知道信长的脾气。事实上信长招忠次来，当然不是请他喝酒，也不是为了询问信康和筑山的事情，其实对于如何处理德姬的这封信，如何处理信康和筑山，信长心里早就有了自己的决定，之所以叫忠次来，无非是想让他做个见证人兼传话人：去告诉家康，老子要宰女婿了，你们哥儿几个给我做个见证，将来世人问起来，也好证明我信长是光明正大动手的。

接下来的故事其实很简单：忠次很准确地传了话，家康彻底傻了，傻归傻，但他还是做了一番调查，发现筑山夫人还真是一个恶妇，不但经常虐待儿媳，性格暴躁的她欺负家康的其他侧室甚至到了丧心病狂的地步，而且确实私通了武田家，不但私通武田家，甚至还要求武田胜赖在灭了德川家之后帮自己另找一个好男人。这武田胜赖估计也是脑子少了根筋，居然真的给她推荐了一个叫小山田啥玩意儿的中年丧妻男子。此外，关于筑山夫人和各种男人搞外遇的情报，也纷纷送到了家康的案前。

而对于信康，尽管他平时为人比较鲁莽，但是有关私通武田家的事情倒也一时半会儿没找到证据，可是他毕竟经常和他娘凑一块儿，实在脱不掉"莫须有"的干系。

于是，家康狠下心来，噙着眼泪，答应了信长的要求，大义灭亲，处死了母子俩。

长期以来，无数历史学家、历史小说家等一群人，无不声泪俱下地述说了这样的故事，并且得出结论：丧心病狂心黑手辣的筑山不但罪有应得，还连累了自己的儿子，实在是吃啥啥不剩，干啥啥不成，活着累家人，死了害街坊。

现在我要说的，不是故事，是历史。

✿背后的玄机

我们先要从德姬的那封信里的十二条罪状入手。

这十二条如下：

1. 筑山挑拨我（德姬，下同）和信康之间的关系；
2. 因为我只生女儿，所以筑山经常当面嘲笑我没用，甚至还殴打我；
3. 筑山和唐人（明朝人，也就是中国人）医生减敬搞外遇；
4. 筑山在冈崎城内花天酒地，铺张浪费，滥用开销；
5. 筑山曾经说过，要让武田家灭了织田家和德川家；
6. 筑山曾经拜托武田胜赖，让他在灭了德川家之后给自己找个老公；
7. 武田胜赖答应了筑山的要求，并且推荐了家臣，是一个姓小山田的人；
8. 冈崎城的城下町最近流行歌舞，乃是信康所带动起来的，影响很坏；
9. 信康曾因手下不会跳舞而将其射杀；
10. 信康曾经因打猎回来心情不好而将一个和尚殴打致死；
11. 信康曾经以我从尾张带来的侍女"太吵闹"为由将其杀死；
12. 信康曾多次和其他女子勾搭，并且娶侧室。

以上，就是这全部罪状了。

那么，就请大家跟我一起，来分析分析吧。

首先，第一、第二条说的是筑山虐待媳妇。事实上，婆媳关系，自古以来，不分东西无论南北，都是一件让人非常头痛的事情，从某种意义上来说，婆媳之间，本身就存在着一些完全不可能调和的阶级矛盾。其中，在东方家庭里，婆婆跟儿子说媳妇不好，以及因为儿媳生不出儿子所以不待见媳妇从而影响婆媳关系的情况，是非常多见的，也是一些小心眼的婆婆为了满足自己某种欲望所使用的常见手段。但若是因为这个就把婆婆定罪，未免过分大了点。

其次，第三条说的是筑山搞外遇，这真的是没影没边的事情。而且这外遇对象居然还是外国人，婆媳俩不住在一起，德姬断然是没可能捉奸捉双的，所谓道听途说不可当真，怎么能就此给人定罪呢？

再者，第四条，筑山在冈崎城内搞腐败，这怎么可能吗？筑山之所以叫筑山，前面也说过，正是因为她不住在冈崎城内而是住在筑山馆，人都不在里面怎么个腐败法？

接着，第五条到第七条所谓的与武田家私通这就比较危言耸听了，虽说是家康的正室，可是常年深居在后庭，连家康的面都见不上几次的筑山，真的具备这样的外交能力吗？而武田胜赖，真的会相信这样一个形同摆设的女人有能力帮助他消灭德川家甚至织田家从而与其合作么？我想胜赖当然应该还没有天真烂漫到这个程度吧？

以上是关于筑山的罪状，接下来是信康的。

八条和九条是关于那个冈崎城下流行的歌舞，我查了一些资料，仍然不得要领，实在无法从这些资料里得出这些舞蹈的跳法，只知道是一种跳了会让人醉生梦死的舞蹈，还有别名叫"风流舞"。更有传言说，今川家之所以灭亡，就是当主今川氏真沉迷于这种舞蹈所导致的直接后果。

其实好好想一下，应该就能理解：战国乱世，整天你打我，我杀你的，大家脑袋都别在裤腰带上，天天吃了早饭或许就吃不上晚饭了，现在难得能够唱歌跳舞高兴一场，这种活动怎么可能不流行起来？这又关信康啥事了？至于扯上今川家，那纯粹就是找茬了，今川家灭亡就是因为今川氏真自己本身能力的问题以及今川义元死后家臣无法齐心，关这舞蹈啥事儿了？而信康杀不会跳舞的侍从一条，也似乎没有足够的证据来证明这件事情的真实性。

唯独几条靠谱的，就是第十到第十二这三条：杀侍女，杀和尚，讨小老婆。

杀个侍女，在当时万恶的封建社会里根本就不算个事儿，但关键的关键是，这个侍女是从尾张来的，而且是德姬嫁到三河的时候所一起带来的贴身侍女。这个的确比较麻烦了，正所谓"跟我李大嘴过不去就是和我姑父娄知县过不去，跟娄知县过不去就是和朝廷过不去，跟朝廷过不去就是……"，但再怎么过不去那也绝对不可能构成死罪，甚至连罪过都算不上，最多的处理，也就是忏悔一下，检讨一下，给人家家属点抚恤金，足够了。

再来看最后这两条，对于这两条"罪状"，我只有一句话评述：

如果杀和尚也是一种罪，那你信长已经是罪恶滔天；如果讨小老婆也是一种错，那你信长已经是一错再错。

总体的分析如上，得出的结论也很简单，不管从当时的情理上还是法律上来说，将这母子俩以上述罪名杀死，都是不合理的。

这个道理我明白，你明白，事实上当时的织田信长他们也明白，现在的作家们都明白。

但是，实际上的情况是：信康、筑山两人，依旧被杀了。

所以就衍生出这么一个问题：信长为何要下令杀他们？

首先，我们知道，织田家和德川家是同盟，而且是对等的五五同盟。

所谓对等的五五同盟，指的就是两家在外交地位等问题上，都应该是平起平坐的，绝非一家是另一家的附庸。

但是，这实在是不可能做到的。

当时的织田信长，拥有包括尾张、美浓、越前、近江、伊势、大和、山城、丹波（波多野家已在安土城竣工同年被灭）等大片领土，而且还是日本的中心区域，属于黄金地段。而德川家康虽奋斗多年却仍然只拥有远江、三河两国土地，实力上与信长根本无法相提并论。

而且，在经过几十年的风风雨雨之后，当年的吉法师早已不复存在。现在的他，是正二位右大臣织田信长，是立志天下布武成为"天主"的织田信长，在他的世界里，将不再有同盟，也不会再有朋友，他所需要的，只有臣民和附庸。

这是一个只能容得下一个人的位置，从来都只有一个人。

从信长立志天下布武起，德川家康的命运就只有依附着生存、灭织田生存、反抗被织田灭这三条路。

同样，信长也只有让家康依附、灭家康和被家康灭这三条路。

狭路相逢的两人，碰撞出了火花。

信长下令要家康杀儿子，如果杀了，那便等同于家康宣布自己依附于信长，如果不杀，则表示宣战。

家康被信长下令杀儿子，如果杀了，那就等同于宣布自己从今往后便是信长的狗，如若不杀，便是宣战。

接到信长命令的家康，一言不发，将自己关在屋子里整整三天三夜，粒米不沾，滴水不进。

三天之后，走出房间的他下了决定。

❋家康的决断

天正七年（1579年）八月二十九日，家臣野中重政来到了筑山夫人的居所，告诉她，德川信康（此时已经被家康下令拘禁）想见她一次。

儿子说想见母亲，恐怕这个世界上没有一个母亲会不高兴吧？筑山夫人亦是如此，当她走出自己的居所，准备跨上轿笼的时候，仰头看着太阳和天空，如同少女般笑着感叹道："真是忘记了自己有多久没看到蓝天了呢！"

一行人渡过了浜名湖，到了一个叫作小薮的村子后，轿笼停了下来，迎面走来两个人，分别是石川义房和冈本时仲，都是自浜松城家康处而来。

"你们从浜松城而来？有什么事情吗？"筑山夫人走下轿笼，说出了她人生中的最后一句话。

接着，野中重政从后面赶上，举起了手中的刀……

遗体就地掩埋，首级被送到了浜松城。

石川义房和冈本时仲其实就是来拿筑山首级的。

当家康看到筑山首级的时候，当着石川和冈本两人，忍不住流下了眼泪。

他还记得，是这个女人，在他孤苦伶仃留在骏府的时候，给予了她家庭的温暖；他也记得，是这个女人，拼命恳求今川义元，让他在成亲后回家乡看一看；他依旧记得，是这个女人，为他生下了儿子信康和女儿龟姬。

曾经给了他太多太多的女人，自己却什么都给不了她，却还要剥夺她的性命，甚至连比她性命更重要，也同样被自己视作性命的儿子，也要一起杀死。

濑名，对不起……

当筑山被杀之后，有一个人开始着急甚至疯狂了。

德姬压根就没想到，只是一封带有抱怨口气的家信，居然会惹出这种事情，现在连信康都不得不搭上性命了。

她决定亲自去一次安土城，要求自己的父亲放过自己的丈夫。

但是被家康拦住了。

"说句不好听的话，虽然你是他的女儿，但要是说到对他的了解，你必然是不如我的。这位大人既然作出了这样的决定，就断然不会更改，你的这份心意，爹我心领了。"

说完这段话，家康面无表情地转身离开，德姬在背后伏地痛哭。

接着，在二俣城里的信康接到了要求他切腹的命令。

所谓切腹，就是用刀切开自己的肚子然后死掉的一种自杀方式。但是这种方式，一时半会儿是死不掉的，自杀者会痛苦地在地上挣扎，然后慢慢地等待鲜血流尽然后死亡，这段挣扎的时间一般为三到六个小时，最长的记录据说甚至能达到七十二小时。

所以，必须需要一个人，在自杀者刀切开腹部之后的一瞬间，挥刀将其头颅砍下，迅速将其人为杀死以减轻他的痛苦。

这个人，被称之为介错。

一般而言，需要切腹者会找一位自己最亲密的好友、家人、兄弟或是剑道高超的人来执行。

担任此次介错任务的人叫作服部半藏正成。

服部半藏正成，俗称服部半藏，外号鬼半藏，现在人称日本第一忍者，并且成为了一切漫画、小说、动画、游戏中的忍者界精神领袖。

关于什么是忍者，我们放到后面详细说，现在你只要知道，服部半藏他们家，是伊贺（三重县）出身的小土豪，也是当地忍者家族的名门，和百地、藤林两家并称伊贺三忍。他爹服部保长一开始作为将军足利义辉的侍卫，后来投靠了三河的松平清康，从此往后，服部家就开始了代代侍奉松平家的武士生涯。

这一天同时到场的，还有处理后事的验尸官天方道纲。

在信康切腹的前夜，半藏的儿子服部正就找到自己的父亲，说希望能够代替少主去死。

半藏抬起头来，正视着自己的儿子，眼睛里射出的是无尽的愤怒和鄙视。

接着他缓缓说道："你的考虑很好，我其实早就想这么做了，只是身为人父，不好主动提出。"

正就的脸色当场就变了。

半藏却故作不知，还追问了一句："你的脖子洗干净了吗？"

正就开始颤抖流汗，结结巴巴地开口道："我……我是想，如果父亲大人……允许的话……也……"

还没有说完，半藏再也忍耐不住，怒喝一声："滚！"

此时信康已经二十一岁，而正就只有十五岁，年龄相差用眼睛就能轻易看出，更何况这种织田信长指示，德川家康亲自过问的大事件，要想玩一手偷天换日那是完全没可能的。

服部正就其实也是非常清楚这一点，所以才故意这么说，好让自己的父亲褒扬自己一番诸如"忠君爱国"之类的话。不过他爹半藏乃是黑白通吃，经历了多年风雨的老江湖，自然一眼就看穿了这套小把戏。

九月十五日，信康切腹自尽。

不过事出蹊跷，刀入腹中却未立时毙命，监斩人天方道纲为了减轻信康的痛苦，没奈何，只得自己挥刀砍下了信康的头颅。

当天，两人回到浜松，给家康看了信康的首级并且详细报告了当时的情况。

家康听完之后，只是对着边说边哭的半藏叹道："可怜天下父母心，你不忍下手，也是理所当然的。"

在一旁的天方道纲听了难过万分，当夜便不辞而别离开了浜松，去高野山隐居了。

信康的监护人平岩亲吉，以及筑山的侍女伊奈，先后自杀殉主。

✿ 勇敢的心

事情到此，就算结束了。我们还剩下最后一个问题：为何作家们要把很明显的一场冤枉官司给说成一个罪有应得外加连累儿子的悲剧呢？

事实上我在说这段事情的经过的时候，已经解开了这个谜团。

打个比方来说，我让你干掉自己的老婆和儿子，你会不会听我的？

你通常不会，不单单因为他们是你最亲近的人，而且一旦你真听了我的干掉了他们，从此往后，你的名声会一落千丈，被人冠上"懦弱"、"弱虫"、"弱狗"等一系列不好听的帽子。

但是德川家康干出来了。你是人，家康也是人，你这么干，是懦弱，他这么干，也是懦弱。尽管有人可能会质疑说，你小子怎能跟信长相比？没错，可即便我不能跟信长相比，在强大武力胁迫下杀死自己亲人的行为，依旧应该算是懦弱的。老话说："威武不能屈。"

懦弱的江户幕府初代将军，懦弱的东照大权现。

这并不是大家所愿意看到的形象，所以才会给筑山安上一些帽子，让家康由懦弱转身变成一个大义灭亲的英雄，好让他那一米五六左右的个子一下上升到一米九六。

筑山和信康，说到底，从过去到现在，一直都只是那个悲剧性年代的牺牲品罢了。

但是，家康真的是因为懦弱，才杀了妻儿吗？

我想也并非如此。

当年面对武田信玄数倍于己的大军，家康都丝毫不曾畏惧地出战了，证明他并非是一个贪生怕死的懦弱之辈。

家康只不过是在保护着什么东西。

这种东西叫作领土和领民。

我相信家康在单独把自己关在房间里的那三天里，一定想到了三方原，一定想到了夏目吉信的那句"大人难道是小卒吗"的质问。

没错，我不是小卒，我是这两国数十万石领地的主人，我要考虑，我要保护的，不只有我的家人，还有我的领民。如果我现在为了图一时之逞，那么信长一定会发兵打来，到时候，三河和远江的国土上，将会出现数以千万的筑山和信康母子。作为一个大名，我必须要明白，什么是应该牺牲的，什么是牺牲一切都要保护的。

这是我的领土，他们是我的子民，从我做人质的时候开始，我的子民就始终坚定不移地相信我。为了回报他们这份信任，我必须保护他们，即使是用我的亲人作为代价也在所不惜，这便是我德川家康的武士之道。

这不是懦弱，这是勇敢，为了保护自己要保护的东西不惜担上所有骂名的勇敢。

德川家康，是一个勇敢的人。

这件事发生之后，有一个人非常高兴，那就是武田胜赖同学。

看来，织田家和德川家终于出现裂痕了，自己终于能有所图了。

自长筱大败之后，胜赖无一日不励精图治，不奋发拼命，为的就是能够重振武田家昔日的威名，爷爷和老爹打下的江山，怎么也不能毁在自己手上吧？

于是，在织田要杀亲家母和女婿的时候，胜赖向家康频频暗送秋波，希望家康能够和自己站在同一战线，共同对抗信长。

不久之后，他听到了筑山母子的死讯。

无妨，A方案不行咱就来B方案。

第二十三章 武田家的覆灭

❋ 出来混，迟早是要还的

天正八年（1580年），武田胜赖写信给了北条家，希望北条方面能够假意和德川家联盟，然后约定共同出兵武田家的领地骏河国，目的就是把德川家康从自己的领地里给引出来，方便自己下手。

北条家自关东铁三角的时候开始，就跟武田家是同盟了，虽然中间出现过几次反复，但总体来说关系还是很铁，而且胜赖最近还娶了当年北条家前当主氏康（已死）最喜欢的小女儿做正室，两家的关系就又更靠近了。所以在胜赖看来，北条家一定会同意自己这个建议的。

北条家当主氏政确实同意了。几天后，探子来报，北条家在黄濑川的对岸

举行了大规模的武装游行。

之后，又得到了德川家出兵的消息。

胜赖很高兴，决定动手了。

等一下。

是不是弄错什么了？原本已经和北条家商量得非常清楚了，他们佯装起兵，引诱德川家一起，可是，为什么这个消息是由探子而非北条家的使者前来报告的呢？按理，这种事情应该提前通知对方才对呀。

胜赖琢磨着不对劲，赶忙让人再去打探，终于弄明白了：原来这回自己被卖了！北条家和德川家已经秘密地缔结了同盟，这次德川家出兵是真打，目标高天神城（静冈县挂川市）。

这下郁闷了，好端端的，怎么说翻脸就翻脸了呢？

事情要从三年前说起。

那时候，上杉谦信刚死，家里大乱，两个养子互相乱斗，为的就是一个上杉家当主的位置，史称"御馆之乱"。

这两个养子，分别是上杉谦信的外甥上杉景胜，以及北条氏康的儿子上杉景虎，后者是作为人质来到上杉家的，而后成了谦信的养子。

两位少爷一阵乱斗，发现谁都没办法打赢谁，于是便想到了找外援。

景虎自然头一个想到了自己的实家——北条家，于是向哥哥氏政发去了求援信。

无利不起早的北条氏政很快便认定这里面绝对有利可图，于是立刻点起两万大军，浩浩荡荡地开向了景胜和景虎争执的焦点——春日山城。为了保险起见，他还邀请了自己的妹夫，同时也是上杉景虎的妹夫武田胜赖一起攻打景胜。他相信，不管从利益角度还是血缘角度或者是同盟角度来说，胜赖都一定会接受他的邀请。

所以，当看到胜赖三万大军踏入信浓（今长野县一带）的时候，北条氏政不由会心一笑。

但接下来发生的事情让他再也笑不出来了：胜赖是天正六年（1578年）五月下旬发兵的，三个月之后，便退兵回了甲斐，并反过来向春日山的景胜派出了援军。

氏政后来才明白，就在胜赖刚出兵的时候，景胜就派来了使者，不光给了胜赖大量的金钱，还答应割让上野国（今群马县一带）东部的领土。

正所谓远利不如现钞，好大喜功的胜赖收下金钱和土地，立刻就允诺了同盟。不但如此，还将自己的妹妹菊姬嫁给了上杉景胜做正室。

之后，上杉景胜最终在武田家的帮助下，顺利地打败了景虎并将其逼杀，完成了家督争夺战。

北条氏政愤怒了！难得自己兴师远征，劳民伤财的，居然是这么一个偷鸡不成蚀把米的下场：搭上了自己的亲弟弟不说，武田胜赖居然因出卖自己而成了最大的获益者，这口气是无论如何也咽不下去的。

比较可悲的是，胜赖似乎没有察觉到后果的严重性，居然还喜滋滋乐滋滋地向北条家发去了共讨德川的信。

结果就是，家康利用了这个机会和北条结成了同盟，并将矛头对准了高天神城。

✽ 高天神城陷落

高天神城是一座革命历史悠久，战略意义重大的老城。武田信玄在侵攻德川之时，围攻了很久都没成果，不得已撤退。信玄死后，为了表示自己并非一味地活在父亲阴影之下，胜赖选择了他爹没能拿下的高天神城开张。一阵猛攻之后，内无粮外无援的守军便投降了。

从此，胜赖便认定，自己攻城略地的本事已经超过了他的父亲。

而这座城，也就成为了胜赖心中比自己爹强的象征。

现在，该轮到家康开张了。

从天正八年（1580年）起，家康就开始作起了准备工作：在周围的三井山一带，德川军总共建立了六个砦以及一座对城（攻城用的桥头堡，规模比砦大很多），并挖了几条很深的水沟，还竖起了数层栅栏。

在完成了这张号称"飞鸟飞不出"的包围网之后，德川家部将本多忠胜带着五千人开始对城池发起了进攻。

守城的将领叫作冈部元信，原是今川家家臣，主家灭亡之后投靠了武田家。

此人干过一件很有名的事，那就是桶狭间会战之时，用自己的鸣海城为今川家换回了义元的首级，一时间名声鹊起，被认为是忠勇之士。

此刻，面对德川家的围攻，冈部元信手头只有七百人不到，而且粮食也非常匮乏。尽管如此，元信还是率领城里的寡兵连续数次击退了对方的进攻。城里虽然缺人少粮，但气势高涨，因为大家都坚信，武田胜赖绝对不会丢下这座自己的招牌城不管的，援军迟早都会到。

抱着这样的想法，大家坚守了整整十个月。

胜赖没来。

因为元信不让他来。

早在包围网还没有完全完成的时候，元信便让人拼死冲出，给武田胜赖送了一封信。信里表示，现在的武田家已经岌岌可危了，首先财政粮食紧缺，其次北条家在东面虎视眈眈，如果胜赖一定死要面子前来救援高天神城的话，那么只有受到德川和北条的两面夹攻活受罪了。所以，不管高天神城的下场如何，希望胜赖都要冷静应对，切不可轻举妄动而中了敌人的圈套。

看完这封绝笔信，胜赖在震撼之余，下定决心不发援兵。

天正九年（1581年）三月，元信再也守不下去了。他现在面临着两个选择：投降或是战死。

他选了后者。

高天神城位于海拔一百三十二米的山顶上，整个城分为东西两部分：东城包括本丸和三之丸，西城有西之丸和二之丸。

当月二十二日深夜，元信将手下士兵分为两组，分头突围。

他本人先率领三百士兵由西之丸出发，摸黑下山。

知道自己已经迎来了人生的最后时刻，冈部元信率领大家向着大久保部死命冲去，一时间将对手打得连连后退，毫无招架之力。在南面的大须贺康高闻讯立刻前来救援，冈部队终因寡不敌众而被迫退回城里，在这一片混乱中，元信战死。

另一方面，从本丸出发的江马直盛，率领大约二百人的队伍来到了一处断崖前，然后用绳子绑着滑下山崖。当他们落地的时候，看到了已在此地等了很久的德川家家臣石川康道。

紧接着，铃木重时、水野胜成队也挨个围了上来。

江马直盛队全军覆没。

趁此机会，德川家正面部队松平康忠突入城内，将刚刚退回去的冈部残部如数歼灭，然后占领了高天神城。

看着自己的招牌被砸，胜赖伤心惋惜之余，却也无可奈何。

他并不知道，武田家的丧钟，就在此刻，已经被敲响。

❋木材大王反水

家康此时收到了一封来自信长的信，内容总的概括就一句话：一起痛打落水狗。

此时的信长，已经完全瓦解了第二次信长包围网：本愿寺显如已经彻底投降，交出了自己的领地；波多野兄弟早死了；上杉家自从谦信死后，就基本上被柴田胜家压制住了；而毛利家也在羽柴秀吉的进攻讨伐下没过过几天好日子。

该是彻底收拾武田家的时候了。

信长决定再次和家康合兵一起，送武田家走上最后一段。

胜赖开始忙起来了，忙着造城。

凭良心讲，这是武田信玄他老人家造的孽。因为当年他的名言"人是城，人是砦"，导致了武田家除了在甲斐的踯躅崎馆之外，就再也没有正儿八经地造过一座能抗弓箭火炮的城池了。当然，信玄这么做我们可以理解，因为这位大爷不喜欢堆城墙，而喜欢丢砖头。可是胜赖就不一样了，自从信玄死后，长筱战败，每天都过着内外交困，随时可能被人丢砖的危险日子，在这样的情况下，就必须造一座强度大硬度高的坚城来保护自己了。

新城的名字叫新府城，地址选在相当于今天山梨县的菲崎市。

造城需要大量的木材，不过也无妨：信浓一国拥有大量森林，盛产桧木，质量好数量足，是用来建造城池住家的不二木选。而当地的领主木曾义昌是胜赖的妹夫，算是近亲。

于是胜赖下令，让义昌将信浓境内上好的桧木如数砍伐，然后运至甲斐。

这一运，就运出了问题。

从天正八年开始，连续三年，义昌将砍下来的参天大树先穿过盐尻垭到诹访，再由诹访中转，最终到达菲崎。此番折腾路途遥远劳民伤财，不但木曾义昌叫苦连天，连沿途的百姓家也痛恨不已。这些百姓，不管是诹访的，还是信浓的，都把仇恨归咎于木曾义昌，以及信浓的森林。他们认定如果信浓没那么多森林，胜赖就不会造城，胜赖不造城，木曾义昌就不会砍树运树，他们也不会受苦。

就在义昌叫苦背黑锅的当儿，高天神城被家康攻了下来。

前面我们说过，面对被连续围困了十个月的高天神城，胜赖没有给过一个援兵一粒粮食，这种行为让所有的家臣都感到无比寒心。

义昌觉得现在拼死拼活地给胜赖砍树送木头背黑锅的，已经完全没了个盼头。

没了盼头就自然要找盼头，于是在天正十年二月，义昌投靠了织田家，光明正大地宣布脱离武田家。

胜赖怒了。

他先命令自己的弟弟武田信丰率五千人攻打信浓，接着自己又率一万五千人跟进。在他出兵之前，将木曾义昌留在甲斐的人质全部杀光，其中包括他的母亲和儿子。

❋ 众叛亲离

当信长知道木曾反乱的消息之后，随即下达了动员令，对武田家发起了总攻。

总攻分为四路：信长本人和儿子信忠从伊那口入信浓，织田家家臣金森长近由飞驒国（今岐阜县一部分）南下，德川家康从骏河国北上，北条家则由伊豆、相模东进。

总共军队人数为十八万。

二月六日，信忠的先锋队到达了信浓的下关、泷泽（今长野县下伊那郡内）一带，当地的领主下条信氏召开了军议，决定拼死抵抗。

会上大家都很激动，喊口号的喊口号，喝酒砸碗的砸碗，非常热闹。

在这一片热烈热闹的气氛中，信氏的弟弟，也是下条家家老的九兵卫带着一群人走了上来。

"兄长，你走吧。"

走？走哪儿去？

还没等下条信氏回过神来，几个士兵已经走上前，架住他就往外拖。随即九兵卫宣布道："从今日起，下条家正式投靠织田，有不服者如同我哥一般！"

于是大家继续喝酒的喝酒，表忠心的表忠心，在一片热闹热烈的气氛下，迎接织田大军的到来。

而下条信氏则被赶出了领地。

这件事只是一个开端，而接下来的一个月，便成了武田胜赖的众叛亲离时间：

二月八日，松尾城（长野县内）城主小笠原信岑开城投降；

二月十七日，饭田城（长野县内）城主保科正直弃城逃跑；

同日，大岛城（长野县内）城主信玄之弟武田逍遥轩信廉弃城逃跑；

二月二十日，在德川家康的猛攻之下，田中城（静冈县内）城主依田信藩弃城而逃；

三月一日，武田信玄的女婿穴山雪梅在家康的劝说下表示降服。

同日，织田方约三万人围住了甲斐武田最后的要害据点——高远城（长野县内）。

高远城是武田胜赖的老家，永禄五年（1562年），胜赖作为武田家的庶子，继承了母亲家诹访一族的衣钵时，便受领了高远一城，成为那里的城主。后因兄长武田义信意图流放父亲信玄而被废除了继承人资格，胜赖才又回到了踯躅崎馆。

这座城对于他来说，意义非常重大，同时也具有着极其重要的战略地位。一旦被攻破，那么一座坚城也不曾建起的甲斐国，将会直接暴露在织田、德川、北条的三家联军眼下。

负责守城的是胜赖的弟弟仁科五郎盛信。

负责攻打的是信长的儿子织田勘九郎信忠。

信忠觉得再打下去已经没意思了，就这么座小城，总共人数不满三千，怎么扛都是扛不住自己那三万大军的，于是便派遣了几个僧侣作为使者，带着几块金子，跑去劝降。

没多久使者回来了，带着被仁科盛信割下的鼻子和耳朵。

三月二日，攻城开始。

半天就攻下了，仁科盛信自杀。

在这一片投降逃跑的声潮中，仁科盛信是极少数留下坚决抵抗的。所以当地的老百姓自发地在落城之后，找到了他的尸首并且将其掩埋在了附近的山上，而这座山也因此得名叫作五郎山。

完了，终于完了。

胜赖现在面临的选择是，是逃，还是死？

胜赖说：我选择逃。

恭喜你，胜赖君，你又能活下去了。

不过同时还有第二个问题，往哪儿逃？

别急别急，这也是一道选择题，而且选项只有两个：A. 胜赖君的亲戚，小山田信茂的岩殿城（山梨县大月市）；B. 和胜赖君无亲无故，但是一直邀请胜赖君过去避难的，真田昌幸的岩柜城（群马县吾妻町）。只要你答对了，依旧可以活下去，但是记住，只能选一次哟。

胜赖说：小山田是亲戚而且又离得近，咱就往他那儿去吧。

很遗憾，胜赖君。虽然我也想让你继续活着在战国的舞台上尽情地表演，但是，因为你的选择，注定了你的生命就将在这一个星期里结束。喂！喂！胜赖君？人呢？咦？已经上路了？喂……至少把小田原夫人留下来吧，人家女生这一辈子也不容易，别毁了人家啊，喂……

三月三日，武田胜赖将刚刚竣工不久的新府城付之一炬，然后带着嫡子信胜、妻子小田原夫人等三百余人向岩殿城逃去。

一行人自菲崎经过甲府，等来到柏尾山的大善寺庙的时候，总共人数已经不足两百，即便是小田原夫人，也和其他女眷一样蓬头垢面，头发披散，光着脚徒步赶路。

三月四日，这群人终于来到了小山田信茂的领地内。在驹饲（山梨县山梨郡大和村），胜赖一边安排人去通知信茂自己的到达，一边坐下来长长地舒了一口气，望着得到消息远远赶来的小山田的士兵，几天悬着的心，终于放下了。

看来以岩殿城为据点，东山再起，应该不是一个梦想。

接着，小山田的士兵用铁炮告诉了胜赖，这，就是梦想。

信茂叛变了！

至此，曾经坐拥信浓、上野、甲斐、骏河、三河（一部）领地的武田胜赖，已经在日本没了锥尖立足之地。

当他们穿山越岭一路逃命来到天目山后，已经只剩下五十人不到了。这里，将成为胜赖的归宿。

经当地群众举报，织田家家臣泷川一益很快就找到了这群难民的行踪，并将天目山团团围住。

胜赖知道，该做个了断了。

天正十年（1582年）三月十一日，武田胜赖于天目山切腹自尽，终年三十七岁。

同时自杀的，还有年仅十九岁的小田原夫人和十四岁的嫡子武田信胜。

接着，一只手已经受伤的土屋昌恒单手拿起武士刀冲入敌阵，砍杀数人后战死，得名"片手千人斩"。

长坂钓闲、迹部胜资、秋山伊纪等随即自尽殉死。

自源新罗三郎义光以来，甲斐源氏嫡流战国名门大名中的武田家，就此灭亡了。

我知道很多人都想不通甚至接受不了。

✽ 时也？命也？

武田信玄死了十年都不到，武田家就全完了。换谁是武田信玄的粉丝谁都

会做一件事——痛骂武田胜赖。

确实，胜赖有错，对于武田家的灭亡他有着不可推卸的责任，但如果把这些错这些罪过一股脑儿全都扣在他头上，就是黑锅。

武田家为啥会灭亡，只能说，是因为信玄死得太早。

因为死得太早，所以在第一次信长包围网的时候功亏一篑，最终没能成为压垮骆驼的最后一根稻草，也就留下了这个无穷的后患。

人死由天定。

说得迷信一点，是天亡武田家；说得浪漫一点，是历史的潮流吞没了武田家；说得玄幻一点，那就是气数；说得贴近生活一点，那就是武田家的保质期到了。

不管怎么说，武田家终究是没了。

人死了家没了事儿还没完。对于武田家的余党，打残是不够的，灭家是不行的，一定要抓起来全部和谐，才是信长的风格。

没几天，躲起来的武田逍遥轩、一条信龙等武田家一族全部被搜捕出来，处以斩首。而先前临时抱佛脚投靠过来的小山田信茂也被剥夺领地判处死刑，罪名是"不忠"。

而对于一些并非武田家亲族的武田家旧臣，信长也打算一网打尽如数和谐，但此时家康站了出来，说："这些人都富有才干，还望信长公宽宏大量予以饶恕，如若可以，是否能让家康收为自己家臣，为信长公看疆守土呢？"

这话说得信长大喜，当下就表示：武田家旧臣就交给你处理了。

于是，依田信藩、成濑正一、大久保长安、柳泽信俊等一大批武田家人才得以保全性命，来到了家康的营下效力。而之前我们提到的饭田城城主保科正直，也来到了家康的帐下，并且担任了高远城的城主。

接下来便是论赏了。

作为攻灭武田家的功臣，河尻隆秀得到了甲斐一国，泷川一益得了上野一国。

而德川家康则拿到了骏河。

值得一提的是，有一个人在这次战役中基本上就没发挥啥作用，也没啥成绩，却依然得到了美浓兼山城作为奖励。这个人名叫森兰丸，时年十八岁。

第二十四章 潜伏的杀机

✾小姓森兰丸

森兰丸他爹是织田家重臣森可成。可成在当年近江和浅井家作战的时候战死，年仅五岁的兰丸便由信长一手带大，之后又成了信长的小姓。

所谓小姓，就是侍童。

一个合格的小姓需要四样资质：年少、美型、能文、善武。

年少自不必说，通常到了十五岁左右，小姓们都会元服，然后作为主公的左膀右臂活跃在各种政务或者战场之上。到了江户中后期，由小姓发家而成为老中（类似于首辅）的更是不在少数。

美型也是很重要的，任哪个大名也绝不希望早上一起床就是一张李健仁李

如花小姐挖着鼻孔的脸蛋对着他微笑问好吧。

同时，小姓作为一个武家职业的存在，他不单单需要照顾自己主公的饮食起居，还需要担任秘书以及贴身保镖，这就需要具备一流的学识和高超的武艺。

而森兰丸就是日本历史上小姓的代表。

兰丸自幼有神童之誉，特别是有数理方面的天赋（这在战国时期颇为罕见）。自十二三岁起他就到信长身边担任侍童，令所有人都称奇的是，年纪小小的他，居然和外星人织田信长格外投缘，往往信长还没说，他就已经做完了，仿佛就是另一个外星人一般。所以信长对兰丸非常看重，从他十四岁开始，就给予了"诸事奉行"、"奏事"等职务，总揽身边大小政务，举凡各地使者接见、公文往来乃至于信长私人的生活起居，都由森兰丸一人负责。他的职位相当于总秘书长，且有副署信长书状的权限，也就是说拥有代表信长说话的话语权。

不仅才华出众，森兰丸长得也极美，见者无不惊为天人。曾有外国使臣觐见信长，结果看到信长身边的兰丸而惊艳得说不出话来，甚至连口水都差点淌下来。由此可见即便按照当时的国际标准，兰丸也是一等一的美少年。所以，信长对森兰丸的喜爱已到无以复加的地步。日本古代，男子幼时留长发，元服时必须束起，从此不能再披发。但是兰丸披发的样子实在是过于漂亮了，所以信长专门下了一道命令：不许兰丸元服。

此时他年纪已经不小了，十八了，家康像他那么大的时候，信康都已经会叫爹娘了。

这下尴尬了，小伙子人也不小了，还跟姑娘家似的披着个长发到处溜达，自然惹来了不少议论。不过信长对此也作足了补偿：每次打仗，不管兰丸有没有去参加，都会有一份丰厚的封赏，这次攻灭武田亦是如此。

✽ 郁闷的光秀

当年四月中旬，信长基本处理完武田领的所有后事之后，便离开了甲斐起程回家。

第二十四章
潜伏的杀机

为了庆祝武田家的覆灭，他在富士山下举行了盛大的宴会，与会代表有织田信长、织田信忠、德川家康、明智光秀、泷川一益、金森长近、本多忠胜、神原康政等。

富士山是日本的象征，被誉为日本国山。当时正值农历三月，也是樱花盛开的时节。在此名山之下赏花喝酒，众人都感到其乐融融畅快无比。

而望着这番美景，明智光秀不由得从内心感慨道："百年名门武田家，终于在我们的努力下灰飞烟灭了，真是可喜可贺啊。"

大家听了，正要齐声附和点头称是，信长突然把酒碗"哐当"一摔，面前的摆酒的小酒案也被一脚踢翻。

大家一看这哥们"掷杯为号"，纷纷惊跳起来，谁也不知道这接下来会从哪儿冲杀出一帮子人然后把谁"剁成肉酱"。

接着信长用很平静的口气问道："光秀，你刚才说靠了大家的努力？"

明智光秀实在有些摸不着头脑，不过还是承认了："是……是的。"

"那么，你努力了些啥？"

明智光秀在这次武田征伐战中确实没立下什么战功，但也不能怪他。举个例子来说，十几个人围殴一个人，真正能打着踢着的，也就是围在最里面的那几个，其他的，也就只能在圈外骂几声，运气好的，最多扒开人群给两脚，其他的基本啥都干不了。

光秀，就是属于在那圈外的。

看着沉默的光秀，信长噌的一下就蹿到他跟前，还没等大家反应过来，抬手照着光秀就是俩耳光，一边打一边说："看老子还打不死你这个没用的东西！"

正当信长抬起脚本想再来几下的时候，织田信忠和森兰丸一起扑了上去。

前者架住自己爹，后者跪在地上，开始求情。

信长一边骂骂咧咧的，一边被信忠给拖回了自己的位置。

大家面面相觑：这唱的到底是哪一出？周瑜打黄盖？不像啊……

好在这事儿也就这么过去了，被打的没多说啥，打人的也没接着打。大家就这么回到了座位上继续喝酒作乐，接着几天后，又起程各自回到各自的领地，该干吗接着干吗去了。

✽ 信长辞官

信长到家之后，做的第一件事是辞官。

他将自己现有的官职：右大臣以及右近卫大将两职给辞去了。

这里，简单介绍一下当时日本的一些官位。

战国时代，日本名义上最大的官有三个：太政大臣、关白、征夷大将军。

太政大臣的中国名字叫相国、大丞相、太师，也就是天皇的老师，不常设。换句话说如果这个天皇没老师，或者觉得自己读书不好都是老师的责任所以不认这个老师，那么这个位子就是空缺了。实际上这官没啥鸟用，当上之后是否能呼风唤雨全凭自己努力：自己能力强的，那么可以将朝廷上下所有大小事情一把抓，天皇也能被你当孙子看待（如平清盛）；能力不强的，那么好好的开着个会也能被人中途一脚给踹出去（如三条实美）。

同时，太政大臣还是太政官系统的长官。所谓太政官，其实是一个机构，是负责当时日本的立法、行政、司法这三大权力的最高机构。所以，太政大臣就是某种意义上的国家首相。

此外，太政大臣还拥有日本所有官职中唯一的权力——弹劾豁免权。

关白，是律令外的官位。说白了，就是属于编制外的职位，但是权力极大。

此官的职责，是当天皇年幼或者人傻的时候，化身为天皇统治全国。我国的张居正曾经说过一句很牛的话："老子非相，摄也。"但是关白比摄政更加彪悍，不但所有政务要先经关白之手再给天皇，而且还拥有直接草拟并且颁布圣旨以及最终裁决的权力（前提是天皇年幼或人傻）。

顺便介绍一下，关白是一个进口的名词，起源是和我们中国汉朝霍光有关的一句话："诸事先关白光"，就是说不管啥事儿都要先通告霍光，然后再跟皇帝说。

所以，关白时常也会被叫作"博陆"，起源是霍光的爵位博陆侯。

确实，霍光比张居正牛多了。

征夷大将军就是我们常常说的幕府将军，一般来讲就是全日本武士的领袖，或者是精神领袖，拥有指哪儿打哪儿的权利（注意是利不是力）。

这个官位本身开始的时候，确实和名字一样，是用来征夷的。

这夷指的是日本北海道，那年代叫虾夷，因此这个官也就是负责攻打北海道的总司令。

自然，这夷不是天天都有的，所以这总司令和关白一样并非是常设的官衔。

后来因为在日本武士力量开始壮大，出现了现在所谓的军人干政现象，所以也就出现了幕府这种东西："幕"，指的是营帐；"府"，指的是官厅。幕府，就是军人设立了官厅掌管政事；军人，自然就是武士，武士的老大，便是将军。

以上三个，都是正一位，俗称一品大员，也称三职。

日本所有的官位，总共有三十个等级上百个职位，一个个介绍过来就算我有耐心说你也没耐心看。

好在今后我们接触最多的还是这上面最大的三个，或者是和这上面三个有着直接关系的职位，所以接下来我们就直接说信长的那两个官吧。

右大臣，正二位，俗称二品，中国名字叫右府、右丞相、右仆射、太保，属太政官系统下的一个职务，主要负责帮助太政大臣处理政务，是其左右手。

有右大臣自然也有左大臣，左大臣性质和右大臣差不多，但是当时日本流行左为上，所以左大臣的地位比右大臣要高。

右近卫大将，三品武官，设左右两职，统领近卫府，也就是京城防卫总司令。在征夷大将军这个官位还只是真正"征夷"的时候，近卫大将是地位最高的武官。当然，和左右大臣一样，左比右大。

现在，信长将这两个几乎快大到顶天的官给辞了，所以天皇有点急了。

你不干，我以后过年找谁要年糕呀？

于是找来诸公卿商量，商量之后大家意见比较统一，一致认定信长是在以退为进。

小样儿，知道你灭了武田就牛起来了，不就是想要官位嘛，给你就是了。

当年四月二十七日，在天皇的授意下，武家传奏（负责和武家联络的朝廷官员）找到京都所司代村井贞胜，表示：只要信长愿意，太政大臣、关白、征夷大将军这三个官里可以任选一个。

信长说，我不愿意。

大家都愣住了。

战国乱世，大家辛辛苦苦奋斗一辈子，除了土地金钱之外，要的就是一个名分。有的人拼死拼活累了一辈子，也就只有正五位从四位的小官，现在你信长五十岁都不到，能够位极人臣，你居然不干？你到底要干啥？

　　这个问题一出来，大家都打了个寒战。

　　难道，这家伙要天皇的干活？

　　仔细回想起来，就在前不久，信长突然宣布将自己的生日作为国定节假日，并且还在某处寺庙里放了个石像说是他自己，要求众人参拜。种种迹象表明，以信长这种行事作风，干出这般大逆不道的事情是绝对有可能的。

　　这下坏菜了。

　　在一片手忙脚乱中，大家想起来一件事：信长是不是因为觉得不好意思而故作推辞呢？

　　于是五月四日，众公卿再次在天皇的授意下，提名信长为三个最高官职的唯一候选人。

　　信长仍然拒绝了。

　　这就是公卿失算了，在信长的字典里，从来都找不到"不好意思"这四个字。

　　这下没辙了，真的没辙了。那就拉倒吧，看看这大爷到底想干啥。

　　信长不想干啥，他只是纯粹觉得这种腐朽的日本官位制度该换了，就算本质不换，名字也得换上一个，比如把关白叫关黑，太政大臣叫霸王之类的。

　　由此看来，信长其实在破四旧方面还是有点天分的，而且还有点神经质。

　　不管怎么说，此时的信长已经是全日本无敌了。

　　眼下的主要敌人只剩下越后的上杉、关东的北条、东北的伊达、四国的长宗我部、中国的毛利和九州的岛津。其中，上杉家正被柴田胜家压着打，北条家被家康牵制着，长宗我部也被丹羽长秀和他儿子织田信孝在摄津死死地看着，毛利家也被羽柴秀吉压着打，伊达家和岛津家地方太过偏僻而且隔了太远没法打。

　　总体看来，这些敌人不是被压着打就是打不着，真正能够给信长造成威胁的，一个都没有。

　　而且他们基本都在偏远地区，完全不能和掌握日本几乎所有黄金地段的信长相提并论。

第二十四章
潜伏的杀机

信长长期以来要天下布武的梦想，就要实现了。

为了庆祝自己马上就能实现梦想，并且也感谢多年来不管在精神上还是物质上都一直支持着自己的盟友德川家康，信长决定让他带着自己的家臣来自己这里做客一次，好好招待一番。

第二十五章 一条臭鱼

❀ 特殊的味蕾

五月十五日,德川家康一行被带到安土城,同时被请来的,还有前不久投降的武田信玄的女婿——穴山梅雪。

当天,信长在安土城举行了盛大的宴会。会上,信长首先代表东道主对德川家康一行的到来表示了热烈的欢迎,接着他又回顾总结了二十年来的织德同盟关系发展,在谈到德川家康多年来始终紧跟织田家,为了织田家宁肯杀老婆孩子的时候,信长感叹不已并且对此作了高度评价。

织田家重臣、此次宴会筹办举行的总负责人明智光秀也陪同在座。

在这一片热烈的氛围中,侍从们将刚从琵琶湖里打捞上来的上好鲤鱼端了上来，每人一份，将宴会的气氛推向了高潮。

鲤鱼这种玩意儿，在日本的古代是非常名贵的东西，只有在琵琶湖和四十万川等大湖泊大河流中才能捞到。一般不是天皇上你家来家访或者是你中了头等大奖是舍不得拿出来待客的。

见到这等好东西，大家自然没有二话，拔出筷子就吃了起来。

看着大家高兴地吃着鲤鱼，信长微笑着点了点头，一边说着"吃好喝好，要啥吱声"，一边也伸出筷子夹起一块鱼肉放进了嘴中。

刚嚼了几口，信长突然一摔酒杯子，一拍小案子，瞪起了眼珠子。

大家都傻了。

虽说在富士山下都已经见识过信长的尾张流王八拳了，但再怎么说那时候是因为明智光秀说错了话才会挨打的，可这次大家谁都没说话，谁也没招他惹他，都在吃鱼，特别是那明智光秀，已经吸取了在富士山下的教训，脸上一直带着微笑，嘴巴却紧紧闭着，吃着个鱼都不带吐刺的。现在你信长这副样子，到底想干什么了？

"这鱼臭了！"信长怒喝道。

作为宴会的负责人，明智光秀跪了出来并且辩解道："这鱼没臭。"

这不废话嘛，刚捞上来的鱼，而且大家都在吃，没一个叫臭皱眉的，就你信长味蕾灵敏？

信长不但味蕾灵敏，而且神经敏感，身手敏捷。

紧接着就看到他噌的一下蹿了出来，一脚踢翻跪在地上的光秀，骑在他身上，一套尾张流王八拳再次使了出来，可谓是行云流水密不透风，一边打还一边喊着："还敢狡辩，打死你，打死你！"

光秀一边护住脸和要害部位，一边仍在辩解："没臭，真的没臭。"

众人一看再这么打下去可能要出人命，于是纷纷上前拉的拉劝的劝，费尽力气才将两人给扯开了。

宴会就这么不欢而散了。

✿秀吉的小算盘

回到家里，一肚子不爽的信长收到了一封来自备中高松城（今冈山县内）的信，是求援信。写信的人，是羽柴秀吉。

秀吉在信上表示：自己挖开了河道，倒灌了河水，效仿当年中国的关羽用滔滔大水将整个高松城围了个水泄不通，本来很快就能攻下来，但是对方大将清水宗治向自己的主公毛利辉元讨来了五万援军，除辉元亲自赶来之外，随行的领军更是赫赫有名的毛利两川——小早川隆景和吉川元春。这下一来本来处于优势的自己一下子就变成了劣势，不得已，他也希望自己的主公能发兵援助，拉小弟一把。

事实上完全没秀吉说得那么玄乎。虽然隆景和元春哥俩确实到场一个也没落下，但是完全没有要开打的意思，而是在距离高松城有段距离的地方安营扎寨，然后开始开会。

会上，吉川元春强烈要求，要一鼓作气将羽柴秀吉给包饺子吃掉。而小早川隆景则坚持认为，如果贸然进攻，一定会引来织田信长的亲自出击，现在的毛利家是断然打不过织田家的，不如派人去和谈，开点条件让秀吉撤军，以此息事宁人。

谈不拢的哥俩开始争论起来，时间也就一点一点地过去了。

秀吉要的就是这个效果，他之所以用大水围困高松城，就是为了将清水宗治一伙人活活饿死在城里。虽然现在他的援军到了，但迟迟不见进攻，浪费的，还是毛利家自己的粮食，而对于秀吉本身的“渴杀”攻城计划，起不了任何影响。

高松城的落城，不过是时间问题。

但是秀吉却有着自己的想法。

他作为一介平民，从帮信长提鞋打杂开始，渐渐晋升为家中地位最高的家臣之一，这里面，当然靠的全是他自己的努力，其中的艰辛只有秀吉本人明白。

换言之，别人是不明白的。

除了上次提到过的那位柴田胜家之外，还有相当数量的家臣对于秀吉的晋升都表示不以为然，这里面自然有嫉妒的成分，但是更多的，则是一种发自内心的，讨厌暴发户的心情。

第二十五章 一条臭鱼

现在自己如果再攻下备中高松城，那么或许会遭到更多的人讨厌也说不定，但又不能不打吧？于是只能用一个折中的办法：让信长带援军过来，到达之后再将城池攻落。这样一来，便能将大部分功劳算在信长头上，自己也能少招来一些怨恨，而且如果毛利家万一真打，信长大军的到来可以防止自己被包饺子。

看着这封求援信，信长自然也明白是怎么一回事。他知道秀吉是在利用自己做挡箭牌，但是仔细想想，万一毛利军真的发动了进攻，秀吉也是需要一支援军的。

于是信长也想出了个折中的办法：援军归援军，但先头不是他自己。

谁都没想到，这么折来折去，最终把信长自己给折死了。

不过此刻的他，还在想着援军的人选。

❋ 致命误会

在信长眼里，合适的人选有且只有一个，而且现在就在安土城。

"去把那个男人给叫来吧。"他对身边的森兰丸说道。

森兰丸会意，找来了明智光秀。

"光秀啊，今天宴会上的事情你可千万别在意啊。"面对出现在自己面前的明智光秀，信长说道。

光秀立刻表示自己不在意，同时也暗示自己确实在很多地方都做得不够而且生性不怎么机灵，希望信长大人随时提醒，但唯独只有一点：自己上了年纪不怎么经得起锤炼，所以希望信长大人下次提醒的时候只用嘴巴就行了。

信长也点点头，表示下次一定注意说教态度，接着便进入了正题："你带着自己领地的人马，去支援猴子吧。我随后也会赶到，在此之前，你的一切行动要听他指挥哦。"

光秀愣了愣："那我这次负责的接待工作怎么办呢？"

"这还用废话吗？当然是免掉了。"

信长很不耐烦地表示。

光秀听后什么也没说，默默地退了下去。

望着光秀消失的方向，信长笑了笑："这下总算是能弥补这秃子吃我的那一顿打了。"

按照信长的想法，秀吉希望有人能够平摊自己的功劳，现在将光秀派去，这份功劳便算是白白送给他的了，如此一来，想必光秀也会高兴吧。

没错，如此一来光秀确实会高兴，但是前提是——他得知道是怎么一回事儿。

而现在的明智光秀，认定自己是被抛弃了，如同几年前，信长突然将家中资格最老的老臣林秀贞和佐久间信盛给流放了一样。

但是，流放那两个人至少还有个理由：林秀贞是因为二十多年前和信长的弟弟信行一起进行了反乱，佐久间是因为在三方原战场上对平手秀汎见死不救。而此刻的光秀，却连一个理由都没有，就有可能被信长直接抛弃，这也未免太无情了吧？好好地做着个接待，一天都没做满就被撤职，还要去给和自己地位相当的秀吉打下手，这不是埋汰人吗？

外星人的好意，在地球人的心中变成了恶意，最后酿成了杀意。

当晚，明智光秀便起程回到了自己的领地，位于丹波国的龟山城。

安土城则继续宴会，宴会的负责人也换成了堀久太郎。

当然，这一切和德川家康他们无关。

五月二十日，光秀迎来了从安土来的使者青山总与。总与一见到光秀，就笑嘻嘻地开始贺喜了："光秀大人，恭喜恭喜啊。"

光秀一脸疑惑。

总与接着开口道："信长大人其实还是很看重大人您的啊。"

光秀还是一脸疑惑。

于是总与便直话直说了："大人让我来告诉您，这次帮助秀吉大人打败毛利家之后，将赏赐给您出云（今岛根县内）和石见（今岛根县内）两国。如何？是一个好消息吧？"

坚持认为这是一个特大喜讯并且也由衷为这段日子很不受待见的光秀感到高兴的总与并没有注意到已经面部僵硬发青的明智光秀，在转告完消息之后，便乐呵呵地告辞了。

事实上出云和石见这两国目前并非属于织田家所有，信长说要给光秀，用现在的话来讲就是提前预订，但是提前预订一般都要给点定金啥的，以信长为人自然不会给。

光秀绝望了。

在他看来，信长的口头预定根本不可信，不但不可信，而且还有着非常大的恶意和阴谋。这所谓的阴谋就是要夺回光秀自己现在的领地——近江的阪本和丹波国，故而借口给新领地而后收回旧领地。

外星人摊上了神经质，这确实是一件比较麻烦的事情。

✾ 连歌里的杀机

五月二十九日，宴会算是终于结束了。信长打算先去京城和公卿贵族们再开一个联谊会，之后再西上观看毛利家被歼。

德川家康则表示，自己常年待在乡下，唯一的愿望就是趁着这次来到大城市的机会，好好地各处转悠转悠，同时又透露说，自己多年来拼死拼活攒下了不少积蓄，想买一点好东西带回去。

信长说："那你们就去堺吧。"

家康说："正有此意。"

于是两人就此出发，分别，并且约好在京都再会面。

可是，这却是死别。

同日，明智光秀率领一万三千人从丹波城出发，准备开赴战场。

在此之前，他举行了一个大型的连歌会，并将当时著名的连歌师绍巴也给请来了。

连歌会其实就是类似于中国的连诗会，比如我说"从前有座山"，你就接着连下去说"山上有座庙"，这就是连诗（歌）。

在当时连得好的人，会被称为文化名人，享有相当高的声誉。

光秀是主，绍巴是客，所以由光秀先开头。

这场连歌会距今已有四五百年了，虽然个中句子都被记录在案，但是绝大多数都已经被人遗忘。唯有一句，至今脍炙人口，这就是：

ときは今雨（あめ）が下しる五月哉。

翻译成中文也就是："时为雨绵绵的五月天"。

事实上这还有另外一层意思，那就是："土岐（とき）は今天（あめ）が下治（し）る五月哉"。

中文意思为："时则今日，乃是土岐家治理天下的五月天。"

土岐家，本是美浓国的守护大名，后来被信长的岳父，也就是斋藤道三夺取了家业，大名土岐赖艺被流放。

而明智光秀所在的明智一族，则是土岐家的一支。

内在意思不言自明。

不过绍巴显然将其理解成了前者，于是风花雪月地就这么对了好一阵子。

对完和歌便开始聊天，两个人从个人交情开始，聊到各种有趣的见闻，接着说到了织田信长，最后又说到了信长的这次上洛以及其住处——本能寺。

光秀突然问道："绍巴兄见多识广游历天下，想必一定去过本能寺吧？"

绍巴点点头。

"那么，本能寺周围可有壕沟？"

绍巴笑了起来："一座寺庙而已，又非战阵，怎么可能会有壕沟？大人莫非连年征战，犯职业病了吧？"

光秀也笑了起来，两人继续聊天。

五月三十日，家康一行到达了堺。

迎接他们的，是富商茶屋四郎次郎。此人据说祖上曾经是三河武士，所以也算得上是家康的老乡了。在他的带领下，大家先参观了茶道名人千利休（这时候还叫千宗易）的茶研工房，对日本的茶道有了进一步的了解，接着又去看了西洋人的物品，对于各种舶来品赞叹不已之后，众人在四郎次郎的推荐下纷纷解囊进行了有选择性的购物，由此可见导游兼职导购并不单单是中国才有的特产。最后，三河观光团观摩了从西洋传来的马戏表演，大家伙第一次看到了鸵鸟、狮子等珍禽猛兽，当夕阳照上街头的时候，堺一日游也结束了。大伙依依不舍地告别了繁华的都市，回到了住所，深感国家如此美丽，自己一定要奋发努力，好好建设这壮丽山河。

就这样，美好的一天结束了。

第二十六章 敌在本能寺！

☀ 本能寺茶会

六月一日，明智光秀率领一万三千人开拔行军，德川家康等继续游览祖国的大好河山。

织田信长则带着随行一百人左右抵达了京都。

然后在下榻的本能寺，信长会见了前来拜见的公卿、豪商以及宗教界人士，并且为此举行了盛大的茶会。

会上，公卿们拿着茶点叨絮着东家长西家短的，话题总离不了繁琐的宫中礼典及逸事。信长周围的每个侍从包括他儿子信忠在内都捏着一把汗，生怕这位外星大爷在这让人烦躁的盛夏时节突然发作翻脸。但是信长愣是忍着不爽，用僵硬的笑容打发了一个又一个的公卿。

来访的公卿除了打招呼祝贺信长灭了武田以及骗吃骗喝一顿好的之外，还有一个很重要的任务——确认信长内心关于"三职"的真正的想法。

所谓"三职"，之前有过说明，就是指征夷大将军、关白和太政大臣这三个职位。之前信长曾经表示对于这三个位极人臣的好官职不感任何兴趣，让朝廷上下大为恐慌，这次众公卿正是希望听听信长对于他灭掉武田之后的打算到底是啥。

茶会上，近卫前久问道："信长大人这次消灭了武田家，天下可谓尽在掌握之中，这就是大人所说的'天下布武'吧？"

信长笑了笑："所谓的'天下布武'，指的就是武士能随心所欲地统治天下，不再有任何障碍。"

说完之后，他平静地开始喝起了茶。

茶会举行了数小时后结束。在送走了客人之后，信长叫来了同在京城的长子信忠继续喝酒。一直喝到大半夜，信忠才离开前往位于本能寺直线距离大约五六百米的妙觉寺下榻。

不过信长似乎还不打算消停，拉过浓姬开始聊天，随后又开始跟人下围棋。一直闹腾到凌晨一两点，才进被窝睡觉。

✽惊变，光秀反了！

这一天的下午四点，也就是信长正在接待公卿的时候，明智光秀的军队已经到达了山崎（大阪和京都之间的地方）。光秀下令召集所有物头（步兵大将）以上干部开会，会上他表示，从京都来了急报，说信长大人要阅兵，所以大家现在先开赴京城。

众人领命执行。

对于光秀的真实意图，当时谁也不知道，底下的士兵甚至连"阅兵"这个借口也不知道。大家只知道西上和毛利作战，本以为到了山崎会继续向西走，不想队伍却直直地向着京城方向开去，以至于一些人觉得此行是要去京城消灭德川家康。

之后，光秀将一万三千人马分为三队：光秀本队自保津（京都府内）翻山，经水尾天皇陵至嵯峨野（京都府内），在衣笠山麓（京都府内）的地藏院布阵；一队由明智秀满等率领，由山阴道经过老之坂，渡过桂川（京都府内）；另一队由明智光忠率领，从王子村取道唐柜岳，前往松尾的山田村（全部都在京都府内或附近）。

明智本队进入山城国（京都府），在沓挂宿稍作休息时，光秀命令部将天野源右卫门领一队人马为先驱，将此地到本能寺路上有可能泄露本军行踪的行人全部捉拿或诛杀。结果还真抓到了几十个打算早起种瓜的农民，被如数灭口。

终于，当光秀本队和秀满在桂川会师之后，明智光秀下令道："铁炮手把火绳切成一尺五寸长，并将两端都点燃。随时准备战斗！"

大家傻了，不是说阅兵吗？还带放炮的？

见此情况，光秀激情洋溢地解释道："口称'天下布武'，为了天下苍生，却杀人无数，一消灭武田就自以为神，想把天皇置于自己膝下，火烧佛门圣地，种种恶行不胜枚举，富士山下时辱骂光秀，对三河大人的接待也是如此，对我在丹波的老母见死不救，没收近江的领地，强令攻下出云石见，这般冷酷的处置，让人已经忍无可忍了，我唯任日向首今日誓要替天行道！"

这次大家没傻，都听明白了，但是却迟迟不肯开路。毕竟动手的对象是第六天大魔王、天下霸主织田信长，属于大BOSS级别的，万一有个三长两短，可不是闹着玩的。

见此状，光秀继续说道："大家不必惊慌，从今日起，我便是天下之主，你们跟随我夺取天下，这份功劳和恩情我是绝对不会忘的。之后有什么要求可以尽管提出来，赏赐人人都有一大份。当然，行军打仗免不了有个性命损害的，但是放心：父亲死了，赏赐给儿子，儿子死了给兄弟，人人都有份，我日向首绝不食言！"

最后下达了命令："众人听着，敌在本能寺！"

✲信长之死

时间，被定格在天正十年（1582年）六月二日清晨。

昨天折腾到半夜的信长，此刻还在熟睡中。但是突然，他便睁开了眼睛，大声喊道："阿兰！阿兰在哪儿？"

森兰丸立刻跑了进来，跪在地上等候命令。

"外面好吵，是不是有人在打架？"

"兰丸先去看一看吧。"说完森兰丸起身就要走，但是被信长叫住了。

"等等，你没听到弓箭发射和铁炮的声音吗？这不是打架，是有人袭击。"

森兰丸很是震惊，他根本想不到会有谁敢在这京城腹地搞兵变，但是信长说得确实没错，这声音中确实夹杂着非常清晰的铁炮声。

信长显然也在思索这个问题，想了一会儿他说出了自己的考虑："该不会是信忠那个家伙吧？"

森兰丸没再说什么，直接奔了出去。

没一会儿他回来了，仍然跪倒在地，说道："看清旗帜上的家纹了。"

"是啥？"

"是……是水色桔梗花！"

水色桔梗，是土岐流明智家的家纹。

"光秀？"听了兰丸的答案之后，毫无心理准备的信长似乎一时间接受不了。

"是，明智日向首大人，谋反了！"森兰丸非常肯定地说道。

信长起身，穿着白色的睡衣向外走去。

当看到本能寺外的坪地上已经和明智军杀作一团的小姓们时，信长笑了笑。

接着他轻声说道："肯定来不及了。"

直到今天，大家仍然不知道这话的意思——信长到底指的是什么"来不及"了？

普遍认为，信长的意思是：明智光秀思路缜密，既然决定谋反，必然已经作足了准备工作，所以事已至此，断然已经没了生的希望。

然后信长大叫道："铁炮！"

一旁的侍从赶紧将已经点燃火绳装弹完毕的铁炮递上。

开了几枪后，信长又拿起弓箭，开始射杀来犯之敌，但是仅射了四五箭，弓弦就被拉断了。

最后，信长抄起了长枪，和不断拥上来的明智军展开了白刃战。

身边仅有的那几十个侍从也全部冲了出来，负责指挥的，是森兰丸。

唯独留在信长身边担任贴身护卫的，是兰丸的弟弟，年仅十四岁的森力丸。

此时的信长已经冷静了下来，笑着对边上的力丸说道："既然光秀叛乱，那我就要活捉了他，然后叫他切腹。"

力丸也一阵点头："大人说得是！"

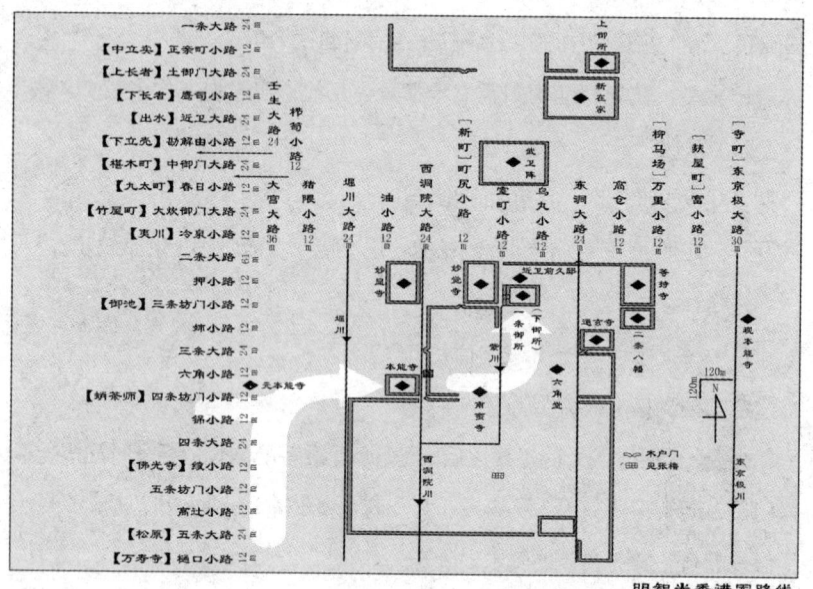

明智光秀进军路线

另一方面，明智光秀坐镇三条堀河，并将本能寺重重包围：第一重四天王但马，第二重村上和泉，第三重三宅式部；且本能寺周围所有的出口都有两千三百人负责把守。

明智军为了防止信长逃走，一上来先对马厩展开进攻。此时信长的侍从总计二十四人也赶了过去，双方展开了激烈的交战，最终以信长方被全歼而告终。

此外，寄宿或居住在附近的汤浅甚介、小仓松寿等人闻讯也前来救驾，试图突入寺中，但最终也都身死失败。

大约半小时后，战斗渐渐地分出了胜负。

此时的信长已经头发散乱披在了肩上，在经历了几次短兵相接后，因劳累开始气喘吁吁。他的右腹被铁炮打中，手肘也被枪刺伤，身边的护卫仅仅剩下了森家兄弟等寥寥数人。

小河爱平、高桥虎松、金森义入、菅屋角藏、鱼住胜七，以及在桶狭间立下大功的毛利新助等人先后战死。

森兰丸跑到信长跟前大叫一声："大人！"

还在走廊里的信长会过意来，将手里的长枪用力往下一摔，大吼了一声，朝着本能寺的内殿里走去。

到此为止了。

余下的几个侍从，则用尽最后的力气，拼死和追上前来的明智军展开了决战。

而森兰丸则与明智家家臣安田作兵卫厮杀在一起。

因为之前明智军在攻击的时候大量使用了火矢，导致了此时的本能寺本殿已经燃起了熊熊的大火。

而走入内殿的信长，也放起了一把火。

在这熊熊的大火中，响起了信长的声音：

> 人生五十年，
>
> 与天地相较之，
>
> 如梦亦如幻。
>
> 但得一生者，
>
> 岂有不灭乎？
>
> 但得一生者，
>
> 岂有不灭乎？！

之后，他自尽于本能寺，时年四十九岁。

几乎同时，森兰丸力战不支，被安田作兵卫砍杀，年仅十八岁。

一代风云人物织田信长，就此结束了他的一生。

对于此人，个人作如下评价：

虽然通篇我都称呼这家伙是"外星人"、"奥特曼"、"火星人"，但其实我心里明白，他是地球人，只不过他是一个孤独的地球人，而且孤独到了极点。

他所做的一切，都是为了改变这个在他眼里已经腐朽了的国家。他接受新事物，他甚至能接受时人所不能接受的新理念：当外国传教士告诉他地球其实是个球体之后，他大笑着说道："很有道理。"这在当时的亚洲，是绝无仅有的。即便是在自诩文明开化的欧洲，所谓上层统治者为了地球是圆的还是方的这个问题，也跟科学家之类的吵吵闹闹了好久，似乎还曾闹出过人命来。

这样的家伙，不管在什么时候什么地方，都是孤独的，而且也是得不到大多数人认可的。

有这么一件事很能说明问题。

三好家被灭的时候，有一个大名三好义继专用的叫内坪也成的厨子也同时被俘，信长对他说："给我做料理吧，做得好吃，就免你一死。"

内坪答应了，很快便将做完的菜给端了上来。信长吃了一口便说："像水一样，一点味道都没有，你去死吧。"

被死死按住的内坪也成赶紧求饶，恳求信长再给他一次机会，表示若这次的料理仍不合其心意，甘愿受死。

当信长吃了他端上来的第二份料理时，大加赞叹，说很好吃，并且当场雇用他作为自己的御用厨子。

事后，朋友问内坪："为何你一开始就不拿第二份料理上来呢？万一信长不给你机会，那你不是白白丢了性命了？"

内坪回道："我哪儿知道事情会变成那样啊？你知道吗？我第一次做的是京城的高级料理，特点就是味道清淡。他发怒之后，我才改做了乡下重口味的料理。"

看着一脸黑线的朋友，内坪轻蔑地笑道："说是天下的霸主，其实不过是个乡巴佬而已。"

连一个被俘的厨子都这么看待信长，其孤独的程度，可想而知了吧。

因为孤独，因为得不到认可，所以他想改变。只不过他改变的不是他自己，

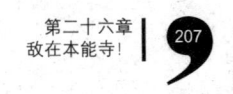

而是这个世界。

总有一天，我要成为这个天下的主人，让天下都认同我！

虽然走的路或许不怎么对，但是他要寻求的，其实仅仅是一份认同感罢了。

信长的一生，虽然有着无数幽默的地方，却终究是一场悲剧。

✳信忠的选择

随着本能寺被完全被吞入熊熊的烈火之中，这场兵变的第一个目标，算是达到了。

但是还没完。

织田信长的继承人——嫡长子信忠还活着，就在不远的妙觉寺。

让信忠知道本能寺有变的，是那烧红了半边天的熊熊大火。同时这也让信忠知道，就算现在赶去救援也来不及了，当务之急，是赶紧走人。

所幸光秀没有马上派兵攻打那里，也没有派兵包围，于是信忠便利用了这个机会离开了妙觉寺，开始逃走。让人颇感意外的是，这一路上，连一个明智家的士兵都没遇上，反倒是碰上了听到动静没带武器就出来看热闹的京都所司代村井贞胜。

好了，现在又是一道选择题：请问信忠同学，你的目标是哪儿？是直接回安土呢，还是去别的什么地方？答对了就能活，答错了，那么只能请你去陪武田胜赖和你爹了。

说老实话这道题目很简单：直接回到安土，即便不能奈光秀如何，却至少不会死。

所以信忠的近侍们也纷纷提议，要先回安土，然后给信长报仇，打死光秀那丫的。

大伙说得很激动，但是信忠却没有激动。在一番思考之后，信忠给出了自己的答案：去二条御所。随后信忠解释道：光秀为人思路缜密，必定已把守了各个要道路口，一旦途中遇到他的人就不妙了，还是不要做徒劳的移动。

于是，在仅剩下的一条多一点的活路里，被信忠自己给堵死了一条。

关于还剩下最后的那一点点活路，我们之后再说。

很多人，包括当时和后来记叙这段历史的人，对信忠的自寻死路表示了深深的不理解和惋惜。

因为在那时候，光秀其实还根本没有像信忠所说的那样，把守堵死了各条路口，证据就是信忠从逃离妙觉寺到二条御所这一路上，都没碰上一个明智军。

光秀若是真的料事如神啥都算到而且算周到的话，早派人在妙觉寺门口堵信忠了，何苦去把守那几条路口呢？

我相信信忠其实也是知道这点的，但他仍然选择了那条死路。

个人觉得，很大程度上是出于绝望。

信忠实在不知道他爹死了之后，他还能干啥。一辈子在自己父亲光环下长大的他，虽然被冠以能征善战之名，但是跟信长比起来，还是差得很远很远。可以很负责地说，现在，二十六岁的他，根本不具备成为天下霸主的资格，甚至连大名的资格是否具备，都有得一说。

爹死了，家业基本也差不多该完了，我还活着干啥呢？与其做一个守不住家业的败家子，还不如跟爹一起走吧。

所以，信忠来到了二条御所，并且做好了最后的觉悟。

✾ 狼狈的亲王

所谓的二条御所，就是正亲町天皇的储君诚仁亲王的御所。名义上，当时诚仁亲王只是皇子，但是由于当时信长致力于扶植诚仁亲王继承皇位，因此亲王的地位越来越高，甚至当时奈良兴福寺的子院莲成院的僧人在记录中，就直接称亲王为"今上皇帝"、"主上样"，后世一般也都把搬入二条御所后的诚仁亲王视为"事实上的天皇"。相对于称作"上御所"的禁里，二条御所被称作"下御所"，位于与妙觉寺紧邻的东面，这里以前曾经是二条家的宅邸，在应仁大乱中被烧为白地。信长上洛之后，命村井贞胜在此修建屋馆，作为信长在京都的居处，天正五年（1577年）完工。两年之后，信长将其赠送给诚仁亲王。由于最初是作为信长的居所而建造的，因此建筑防备相当坚固。不过有一个问题，那就是这里的军队很少，根据各处记载得出的结论，基本不满五百人。

这五百人，指的是能打的，除此之外，还有一批没啥用的公卿，以及御所的主人诚仁亲王。

明智军很快就到了，但是没敢发动进攻，毕竟皇家的人在里面，万一打死了就会变成朝敌，来个人神共愤就不好玩了。

所以，他们暂时先将二条御所给围了起来。

此时的信忠也无意将亲王当成挡箭牌，所以便和村井贞胜商量，让亲王走人。

亲王自然巴不得赶紧离开这危险地带，于是向外边的明智军派去了使者。

使者倒也很开门见山，上来便问明智家的人："你们是要亲王切腹吗？"

明智家代表连忙表示不敢。

接着又说："如果亲王愿意出城，可以自由走人。"

使者很嚣张地说："废话，不出城还能在城里过暑假？"

明智家代表正色道："大军当前，生死攸关，即便是亲王，要想活命，也得听我们的安排。"

使者是公卿出身，胆子比较小，人也比较废柴，一看对方满脸横肉杀气四溢，便立刻不再言语了，忙问有啥要求。

"很简单，这次主要是针对城介（信忠官居秋田城介）大人，和亲王无关。所以我们希望亲王殿下立刻离开这里，以免遭到不必要的祸端。但是，为了防止城介大人混在人群中逃走，所以马和车驾以及轿笼不能随行。"

听到使者复命之后的亲王二话没说，立刻带着妻儿家小离开了二条御所，搬到他爹也就是天皇的禁里御所去了。

这位亲王当时是比较狼狈的：没马没轿没车的，只好徒步走到了他爹那儿。这对他来说，确实是个不小的旅程了，于是只能让侍从暂且充当马匹背着他走，好在路上碰上了不知是闲逛还是看热闹的连歌师绍巴——就是几天前跟光秀一起开赛诗会的那位。绍巴将自己乘坐的低级轿笼让给了亲王，虽然他用的那东西比较狭小坐着也不太舒服，但总算强过没有，于是亲王便坐上了这个轿笼，赶回了禁里。

顺便说一句,也不知道是绍巴同志出现的太是时候,还是太不是时候,总之多多少少因为这个,在几百年后的今天出现了"本能寺之变"的幕后策划者其实是绍巴的说法。

由此可见即便是路过打酱油也不能随便打的:今天可能你打的真是酱油,可几百年后你就会变成一个组织大规模无业闲散人员用酱油瓶子做燃烧瓶进行袭击的策划人也说不定。

*命运终结的时刻

亲王离开的时候,双方达成了短暂的停火协议。在此之后,二条御所再次陷入了地狱般的战火之中。

已经知道自己没有生还可能的信忠等人,在打开的大手门内布置了铁炮、弓箭队,向拥入的敌军猛烈射击,连续三次将其击退。尽管背水一战以一当十,但毕竟寡不敌众,而且因事发突然,许多士兵连盔甲都没穿戴齐全就上了战场,所以战斗能力大大地打上了折扣。数小时后,大手门被突破了。

然后,明智军的侍大将明智孙十郎、松生三右卫门、加成清次等率领数百人冲了过来。这时候信忠带着他的弟弟——信长的第五子织田胜长从正面冲切了进去,当下便把带头的那三个侍大将给砍死,之后根据明智方的目击者称:"城介殿连杀十七八人,宛如当年的强情公方。"

强情公方就是足利义辉,前面有过介绍就不多说了。

但实际上虽然信忠精通剑道,而且此时又处在拼命暴走加攻加速度的状态,却并没有像说得那么夸张。这时候的他身上早已是伤痕累累,所以不得已放弃了大门,退回到了里边的御殿。

御殿地方比较窄,明智的大军不能全部拥进去,所以人数上的优势暂时就体现不出来了。

而信忠方则依旧拼了老命地死磕,不但打死了对方数百人,连光秀五宿老(家老中的老前辈）之一的明智治右卫门也被铁炮击成重伤。

只能出狠招了。

二条御所旁是太政大臣近卫前久的宅邸。原来的近卫邸从室町时代以来一直被称作"樱御所"，位置在土御门内里的西北角，是信长在天正五年（1577 年）二条御所竣工后，为表示与近卫家的亲密，特意让近卫家在近邻二条御所的位置营建的新宅。因此前久的嫡子内大臣信基就住在"樱御所"，前久本人则住在二条新邸（因此前久被称作"下之大御所"）。

苦战中的明智军注意到了这点，于是纷纷闯入近卫邸，接着又爬上了屋顶，居高临下地对着御殿里发射火箭和铁炮。更有甚者，还拿来了类似燃烧瓶的家伙往里丢，不但丢人，还丢房子。

就这样，御殿燃起了熊熊大火，信忠方再也无法应对，命运终结的时刻即将来临了。

信忠的近侍下方弥三郎自幼起就陪伴着信忠，此时他已经多处受伤，腹部被刀枪所开，连肠子都流了出来。同样遍体鳞伤的信忠看着弥三郎说道："这一路走过来，真的是辛苦你了，只可惜，连个奖赏都给不了你，如有来生，让我们再见吧。"

弥三郎笑了笑，什么都没说，便提刀冲向了蜂拥而来的明智军，力战而死。

在这最后最后的关头，又有人劝说信忠逃命，并声泪俱下地表示：留得青山在，不怕没柴烧。

不过现在要逃，显然已经来不及了。所以信忠并不为所动，决意切腹自尽。

也就在此时，跳出来一个人，高声说道：

"所谓武士，就该华丽地去死。吾侪如此，无复何求！"

说这话的人是信忠他叔、信长他弟——织田长益，兴趣爱好是泡茶。

说完之后他就消失了，不过当时太乱，也没人在乎他到底上哪儿去了。事实上，他是从二条御所搠枪的墙洞里钻出去逃走了。

如果信忠愿意跟着他叔一起钻墙洞，或许还有那么一点点生还的可能。

这最后的一点生机，也没了。

信忠吩咐担任介错的镰田新介揭开走廊的地板，示意将自己的尸体藏入此

中，然后放火烧毁。

之后，信忠便切腹自尽，年二十六岁。村井贞胜等人先后殉死。

新介本人则躲进了一口井里，等到深夜的时候又爬了出来，逃往他处，留了一条性命。数十年后，他战死在了日本侵略朝鲜的战场上。

此外，一些本不在这场灾难现场的织田家人，知道了消息后也纷纷跑来殉死。

美浓住人松野平介一忠得知事变发生，立即前往助战，但还没来得及赶到，在半路上就听到了织田父子殉难的消息，于是便前往位于三条坊门押小路的妙显寺（在妙觉寺西），追随自己的主公信忠而去。

光秀的宿老斋藤利三与平介熟识，知道后便立刻派人前去劝说他不要自尽，并且邀请他出仕明智家。平介回复道："我受信长公恩惠太多，在他最紧要的时候却没能够尽到力，这已经是奇耻大辱了，现在又要我投降敌人，那实在是没有可能的。"

说完，从容自尽。

顺便一说，平介并非真正意义上的武士，他原本的身份是医生。

而在这些事后赶赴战场的人当中，还有一个外国人，确切地说，是一个黑奴。

这个黑奴的名字叫弥助，是信长所起。天正九年（1581 年）二月，耶稣会的东洋巡察师瓦利尼亚诺到日本时，将他送给了信长。见多识广的外星人信长在第一次看到他的时候，当即判断：这是假的，是人为涂上去的，于是便成天让弥助泡在木桶里洗澡，最后发现人家是真黑。于是信长便感叹道："这辈子没见过这么黑的家伙！"然后便把他收为了自己的仆人。

信长对待弥助自然远胜过西方的那些白人，而弥助也对此心存感激，所以在本能寺事变发生的时候，他赶去了二条御所参加战斗，最后被生擒后，坚决要求赴死。

当家臣问光秀怎么处置时，光秀回道："不是日本人却卷入了日本人的战争，着实是他的无辜，放了吧。"

就此，又将他交还给了耶稣会，之后如何，便无人知晓了。

在灾难的时候，变节逃生确实是人的本能。身为同样人类的我，没有任何资格去责备他们所做的那一切。但是能够留下勇敢地面对灾难的，却是值得每一

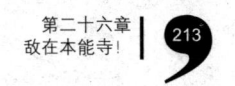

个人尊敬的。

就这样,在本能寺和二条御所的战斗结束了,前后历时不到三小时。然而就是这三个小时,却彻底改变了整个日本的政治大势,比本能寺之变更为波澜起伏的事件由此鸣锣张幕,即将上演。

第二十七章 神君越伊贺

❋ 晴天霹雳

此时的家康,已经结束了在堺的旅游,正准备赶赴京城会见信长,以答谢他的这次款待。

为了表示自己的礼貌,他特地让本多忠胜先行一步,以提前告知信长。

而本多忠胜听话地就上了路,在半道上,突然看到一个人骑着马朝着他飞奔过来,仔细一看,是茶屋四郎次郎。

四郎次郎在忠胜面前勒住马匹跳了下来,双手抓住忠胜的肩膀,气喘吁吁异常激动。

"平八君,你要镇定。"

忠胜有点摸不着头脑。自己很镇定啊。

"平八君,不管发生什么,你都要镇定。"

忠胜很茫然。

但是当四郎次郎附在他耳边告诉他京城发生的事情后,忠胜也开始跟着对方一起激动了起来。

激动过后,两人一致认定,应该赶紧先告诉家康。

此时的家康一行还在慢悠悠地朝着京城方向走去,远远地看到了赶回来的本多忠胜,似乎很着急要有什么话说的样子,于是便停住了脚步,等他过来说。

但是忠胜却在离家康还有一段距离的一条小溪边站停,然后说道:"大人。"一边说一边示意家康过去。

大家都有些不理解:你丫的要干啥呢?还说悄悄话?大家都自己人,有什么话不能当面说?

不过大家很快就发现,这堆人里还真有一个不是自己人——穴山梅雪。

本多忠胜并不想把这个消息告诉这个外人,因为他觉得穴山梅雪为人比较阴险,万一告诉了他,他很有可能会伙同光秀一起要了家康的命。

而此时的梅雪也比较紧张,生怕这是信长下了密令,要家康取他的性命。

气氛一下子变得非常尴尬。

不过最终家康还是从容地对着穴山说了一句:"稍微失陪一下。"然后便走到了忠胜的跟前。

而其余的三河人,也自发地围在了四郎次郎的身边,于是就形成了一个戏剧性的画面:家康和忠胜一对,四郎次郎他们一堆,穴山梅雪一个。

接下来,便是一片死寂。

随着一声"扑通"的声音,死寂被打破了。

家康一只脚踩进了小溪,本多忠胜赶紧上前扶住,同时劝慰道:"大人,一定要镇定呀。"

失魂落魄的家康一脚湿一脚干,一瘸一拐地走到了穴山梅雪跟前,用颤抖的声音说道:"穴山大人,您可一定要镇定呀。"

穴山很莫名其妙,他非常想知道发生了什么。

"走，去京城，去知恩院吧。"家康歇斯底里地命令道。

知恩院是一座净土宗的寺庙，具体算来这寺庙的某代住持是三河松平家的人。家康之所以要去这座先人做过住持的庙，其实是打算去追随信长切腹。

此刻的他，已经彻底绝望了。因为他很清楚，光秀一旦谋反，必定要控制京城周围的所有大小路道，现在自己身边仅数十人，就算能够侥幸冲破光秀的封锁，但若路途中碰上山贼土匪之类，多半也是凶多吉少。

不如，一死了之吧。

三河武士们很快就明白了自己主公的意思：君要死，臣舍命相陪。于是大家一致表示要走一起走，要死一块儿死。

在这种共鸣下，三河武士顿时人人两眼发红光，脸上杀气腾腾，穴山梅雪快被吓哭了。

现在似乎已经不光是要杀他了，看这副架势更像是要活吃了他。

于是他几乎是哭丧着询问家康，到底发生了什么事情。

家康这才想起，把这位仁兄给忘记了。

"穴山大人，因明智光秀谋反，信长大人已经在今天清晨遇害了！"

✲ 倒霉孩子梅雪

梅雪没说什么，此刻他最关心的是，自己如何在这片混乱中脱身。

就在此时，有人问道："德川大人去了京都，又能如何呢？"

说这话的人叫作长谷川秀一，是信长特地为家康安排的官方导游。只不过在堺游览的时候，被茶屋四郎次郎抢去了风头，所以才默默无闻了好几天，到了现在这个关头，他终于站出来说话了。

长谷川秀一这个人，总体评价就俩字：好人。

他担任信长身边接待各地大名土豪的职务，但从来不为难这些诸侯。诸侯给他礼物的自然不在话下，甚至不给礼物的，他也常常为大家在信长面前说好话。加上他为人本来就诚实本分，温柔可亲，所以人缘极好。

当他听到信长的死讯时，也哆嗦了好一阵，但很快就恢复了镇定。

听到这句话，家康也回过神来了。

对啊，去了京都，跟着信长一起死了，又能怎样呢？这死得真是毫无意义。

"我要回三河，然后起兵给信长大人报仇，这样才能回报我俩三十多年来的情义。"

"既然这样，那就由在下来带路吧。"秀一说道。

这话一出，家康心里稍稍宽慰了一些。因为尽管光秀已经控制了大小干道，但是在一些路径错杂的山间，他还是没来得及渗入自己的势力，而正是在这京都周边的山间，有相当数量的土豪跟长谷川秀一保持着很好的交情，若是由他来带路的话，估计那些人对自己一定会开绿灯的。

"那就拜托您了，长谷川大人。"

接着，家康瞅了一眼在一旁的梅雪，说道："穴山大人也一起来吧。"

然后他又开始劝说梅雪，说两家人交情不浅，现在大难当头更是应该有难同当，携手并肩共闯灾区，哪怕只有一丝希望，也要回到自己的领地。

但是梅雪却已经被刚才那伙人的举动给吓怕了，此时的他甚至害怕在路上还没碰到真正的劫匪，这群三河人就会联合起来把他刚从堺买回来的新奇玩意儿给一抢而光。

不行，绝对不能跟这帮人一起走。

于是他说："在下另有打算，就此别过。"

道别之后，梅雪快马加鞭，没多久就到了今天京都南郊的地方，然后看到了明智家的足轻。

这些人已经在这里等了很久了。

当他们看到梅雪的快马时，各个两眼冒出了碧绿的光芒，如同发现一个纯金打造的猪头一般，纷纷拔刀的拔刀，拉弓的拉弓，嘴里喊着："来者就是德川家康！"

因为明智光秀早就知道家康今天会从堺赶往京城会见信长，所以特地安排了一道人马等候。

诸葛亮若是地下有知，一定会拉光秀去茶话会，带他去参加"我要打鹿，

没想到来了个獐"俱乐部。

倒霉孩子穴山梅雪还没来得及把那句"我不是德川家康"说出口,便死在了乱刀之下。

对于家康来说,梅雪的横死虽然听起来有些可怜,但未必不是件好事。

因为在杀了梅雪之后,光秀的部下向他报告说杀的是家康,于是光秀一听便非常高兴,觉得这次总算又除掉了一个心头大患,因此便让原本负责京都周围搜索家康行踪的人马赶赴回来,也因此,家康总算是少掉了一个危机。

❋ 遭遇山贼

此刻的家康仍在山城国内转悠,因为大道毕竟不太好走,所以只能经山间小道迂回逃跑。

不过,在山间小道里,是有山贼的。

日本的山贼和中国的不太一样:以梁山好汉为例,那群人是专职打劫的,即便攻城略地那也离不开金银财宝,除了杀人放火抢劫之外基本不干其他职业;但是在日本,在战国,这些被称为"草寇"的人,拿起锄头就是农民,拿起刀枪就是山贼,有时候应大名之征,搞不好就是一帮武士。

他们做山贼,那真是兼职的。

战国时代成天打仗,打仗自然有胜有负。落败的一方逃亡山林之中,对于山贼来讲,这时候就算是买卖上门了,于是几小时前还在拿着锄头修理地球的当地农民,便会自发组织起来,拿着自制的武器,去袭击那些落败的武士(落武者),以便抢夺他们身上的钱财和武器盔甲。

说心里话,站在武士的角度来看,这种行为确实够不要脸的。

但其实这也是无奈之举。

农民们其实是一群自私自利又缺德的家伙,你别看他们天天哭穷叫贫的,其实他们的地板下哟,藏着满满的清酒、钱币,还有鱼肉。可是,为什么他们要这么做？还不是因为武士？打仗的时候要征丁抢东西，不打仗的时候要纳税，因为有了这样的武士，才会有那样的农民！

——菊千代（七武士）

我不得不再次重复之前说过多次的话，这是一个悲剧的时代。

什么波澜壮阔，人才辈出，啥乱七八糟的都是扯淡，生在乱世，对于大多数人来讲都不是啥好事儿。

此刻的家康一行还在逃亡中。在这逃亡的队伍里，大家都做了明确分工：服部半藏是家康的贴身侍卫；长谷川秀一负责打通各处土豪的关节，让他们高抬贵手以便大家顺利跑路；本多忠胜则手持名枪（长枪）蜻蛉切，走在队伍的最前面开道。

蜻蛉切这个名字，也是有一番由来的：据说某日忠胜君扛着长枪四处晃悠，不想飞来了一只蜻蛉，正巧落在了枪尖儿上（真是不长眼，那么多复眼白长了），当场这只虫子就被枪尖切成了两段，故此得名。

至于我们那秀外慧中聪明能干物美身价不廉的家康，任务只有一个——好好活着。

长谷川秀一首先利用他的关系，找到了自己的近亲兼好友——大和豪族十市家，诚恳地表示自己要去三河处通知德川家康大人，希望对方沿途保护。

在这一要求里，秀一为了防止节外生枝，故意隐瞒了家康也在一行人之中的事实。

十市家当主十市常陆介不仅答应了，还给了秀一的面子，又跟其他各地豪族打了招呼，以至于家康连住宿问题都得到了解决——住在当地土豪的家中。

不过当时情况非常紧张，所以谁也不知道那些留宿自己的土豪是什么居心，故本多忠胜等人彻夜手执长枪腰挎大刀站岗警戒，总算是过了一晚上。

次日，一行人来到了木津川前，坐着十市家弄来的两只竹筏渡了过去。一到岸，忠胜就将竹筏全部捣毁，可见此时大家已经到了高度紧张接近发狂的程度了。

过了河，沿着山道来到了一个村落，转眼间就冲出了几十上百个山贼，手

拿家伙逼了过来，形势非常紧迫。

就在此时，茶屋四郎次郎站了出来。

"你们要干什么？"

干什么？废话，看你们这副落魄的样子，不抢你们抢谁啊？

众山贼对四郎次郎的明知故问表示了极大的不屑。

"你们虽然人多，但是不过是些手拿竹枪的农民，我们虽然人少，但各个是身经百战的武士。就算你们能够靠着人多势众打败甚至打死我们，但想必你们也必定会伤亡惨重吧？"四郎次郎接着说道。

领头的那个听后，点了点头，表示赞同他的观点，但仍没有收手的打算。

这是当然的，出门在外搞抢劫，那是刀尖上的干活，不死几个人做代价，怎能吃上这碗饭？

"不如这样吧，看你们也不过是为了钱财。只要放我们过去，我就给你们钱，如何？"四郎次郎说着掏出了一把金币丢在了地上。

山贼们眼睛都直了，大家自干上强盗以来，在职业生涯中第一次看到那么多钱。

啥也别说了，既然肯主动给钱，那也算是省了不少事儿。你们这群人大爷我今天就算高抬贵手了，不过下次可别撞在我手上啊。

看着抢起（其实是捡起）地上所有金币心满意足离开的山贼们，四郎次郎得意地笑了笑："有时候，商人的钱比武士的刀还要来得有用呢。"

话一出口他就知道不对头了：这是一个武士的时代，商人虽然有钱却没啥地位，现在你在一群武士中间公然鼓吹金钱万能论，这不找砍吗？

但家康却哈哈大笑起来，拍着四郎次郎的肩膀说道："你说得一点不错，就是这样。"

这场灾难过去后，茶屋便成了德川家的御用商人，在江户开幕后赚足了钞票。

当然，这是后话。

现在，他们面临着此次旅途中最难跨越的一道坎——伊贺（今三重县内）。

伊贺其实地方不大，人也不多，但是盛产一种东西——忍者。

✽ 忍者是怎样炼成的

在大多数欧美国家看来，一说到日本就能想到如下几样东西：武士、武士刀、歌舞伎、忍者和寿司。更何况最近在中国国内，因为《火影忍者》火爆的缘故，让忍者这个职业也着实火了一大把。

所以在本书中，不管出于介绍日本文化历史的动机，还是为了吸引某些读者的眼光，对于忍者，都是很有必要作一个介绍的。

我们首先要说的是，忍者到底是什么。

因为《火影忍者》这部动画片走红的缘故，所以很多人一提到忍者就会想到一个黄毛小子高叫着要成为火影，或者一撮金发封印妖狐，一撮银发戴着面罩摆酷等的形象，然后双手乱动，或召唤出神兽，或变成美女。

一般的印象是：在伸手不见五指的漆黑夜晚，身穿黑色衣服的人跳跃在各处的屋顶上收集情报，或是在显贵要人吃饭散步甚至上厕所时，突然出现在其背后咔嚓给上一刀。

我要说明的是，这种事情不是每个忍者都有机会做的。

看到这里，相信一些看过《火影忍者》的读者可能会很兴奋地说：我知道我知道，这暗杀呀闯入宅邸偷情报是S级任务，要上忍级别才能做的。

我的回答或者说按照历史的回答是：恰恰相反。

干这种高危险、高体力活的，通常都是被称为"体忍"的下忍。体忍，顾名思义，就是干体力活的忍者。这些忍者是忍者数量中最多的，他们干的事情其实和山贼差不多，通常为杀人放火抢劫，当然很多时候还要刺探各种情报甚至攻城略地。

只不过最大的区别在于：山贼杀人也好放火也好，都是自己命令自己干，也就是传说中的独立经营，盈亏自负，而忍者则是受雇于大名。忍者头目的出身说白了和海贼差不多，都是当地的一些土豪，组织了一些人手，投靠了一家或者是一些大名，然后根据大名的要求去干着那些勾当。

而在忍者的世界里，同样有着森严的等级制度，除了我们刚才所说的下忍外，其他由下而上分别为：中忍、上忍，没有火影。

等级不同，职责也不同。简单来说一句话：下忍烧杀抢掠，中忍现场指挥烧杀抢掠，上忍根据雇用大名的意思在家策划烧杀抢掠。

值得一提的是：忍者之间，只服从上级忍者的指示，除此之外，别无领导。比如说我是一大名，我雇用了伊贺的忍者，但是，伊贺的下忍却仍只听从他们的上忍，绝不会来鸟我。

接下来，说一下如何成为忍者。

说之前，我要提醒一下，以下说的东西，你听归听，但是切勿模仿。万一你好奇心太重实在忍不住了，也别去模仿，请牢记忍者关键在"忍"这句话。谢谢配合。

要成为忍者，不是光嘴巴上说说就行的，而是要从小开始训练起来的，也就是我们通常所说的童子功。

基本训练有五个方面：平衡、灵敏、力量、持久以及特殊技巧。

平衡训练，第一步是站在滚圆的竹竿上保持不摔倒。熟练了之后，将竹子竖起来，先离地约三尺（一米），在上面行走，类似于中国的梅花桩，接着根据自己的熟练程度，提高竹竿的高度，当最终高度达到三四十尺（十多米）的时候，基本上就算是毕业了。可以飞檐走壁，如履平地，而不是面门着地。

灵敏训练，这个需要从小开始的。自幼年起，进行灵敏素质专项训练，如跳过插满刀片的绳子，如钻过全是带针钩的铁丝网等。到了后期，便要加上速度训练，比如你光脚光屁股在前面跑，后面跟着十条三天没吃饭的狼狗，与此同时你的前面铺满了铁蒺藜，要如何既能到达终点又不至于受伤，就看你的灵敏程度了。

持久力训练分为静动两种。

静练，通常会让你两手搭在树上，悬空挂着，不到规定时间绝对不能松手掉下来，通常这个规定时间都是由你的训练负责人根据你的最大体力所制定出来的，一般是超越了你的极限。于是有人会说，那我挂着挂着忍不住了就松手跳下，教官还能打死我不成？教官一般不会直接动手打死你，但是他会在你挂的那棵树下放着各种利刃，你一松手，就等着挨家伙吧。

动练的内容很简单，就是长跑：给你穿一件兜裆布，后面系着一条长长的布带子，你跑的时候这条带子必须全程飘起来，也就是说要保证速度。一天跑的路程也不需要太多，五六十公里足矣。

力量训练的方法很多，不外乎什么扛石块、俯卧撑的，古今中外都是那一套，不必多说。

最后的特殊技巧，其实也就是我们通常所说的忍术，通常分为火遁、水遁、金遁等。其实这些名字各个都能顾名思义，就是利用火、水、金来逃走：火遁，即危难时刻放一把火逃生；水遁，即跳入河里遁走；金遁，有点难度，通常在白天而且还要是晴天一对一的单打独斗中才能用上，也就是用你手中的刀将太阳光反射刺激别人的眼睛，之后利用别人眼睛受刺激的那一瞬间开溜。此外，忍术还有利用忍具（包括暗器）、下毒、徒手搏斗（体术）、化装易容等。

通过这些死亡率极高毫无人性的修行，忍者从精神到肉体都实现了超人的飞跃，获得了超越常人的毅力、耐力、战斗力。通过忍术训练而幸存的忍者，个个都是一架绝对可靠的全功率战斗机器。

换句话说，忍者是山贼的干活，特种兵的素质。

✲ 好人一生平安

现在，德川家康要做的，就是穿过这一片无法无天自定法律的特种兵聚集地。

难度相当大——对于一般人来说。

但是广大的伊贺人民对于德川家康是怀着深厚的感情的。

这其实还要感谢已经永远离开了我们的织田信长同志。

信长对于伊贺的忍者，向来感到十分头痛，理由之前提过：虽然他可以雇用忍者，但是这群忍者根本就不听他的，给钱勉强听话，不给钱立马没了关系，翻脸比翻书还快，长此以往，终将成为心腹大患。于是在天正九年（1581年），信长率六万大军杀向伊贺，见人就杀，见屋就烧，将其"连根拔起"，致使大量伊贺忍者丧命，剩下的也大多四处逃亡，在当地留下来的，仅仅不到原来的十分之一二。

当时，许多逃亡的忍者想到了一个可以投靠的人——德川家康。之所以这么想也不奇怪，毕竟家康身边有一个伊贺出身的服部半藏。而家康则碍于信长的

面子，不敢大鸣大放地接纳他们，只能采取不问、不管、不赶的三不政策，但背地里却安排半藏将忍者们收容起来并且统一管理。

于是，在幸存的伊贺忍者中流传着这样一个概念：德川大人是伊贺人民的大救星。

当忍者们得知家康在这场灾难中侥幸脱身并且正暗地里经过这里时，便自发地组织起来，凑成了一支两百多人的保镖队伍。

这支队伍一直跟随着家康穿越了伊贺国，来到了伊势的浜村（三重县内）海滨，然后从当地豪商角屋那里借来了一艘大船，朝着对岸的三河驶去。

当船上的家康看到在对岸等候多时的三河家臣永井传八郎的身影之时，一颗悬着的心总算放下了。

这次惊心动魄的旅程，历时四天四夜，现在，终于结束了。

但是，整个本能寺事变还没有结束。

第二十八章 中国大回返

❀ 一个惊人的消息

羽柴秀吉同学还在备中高松城和毛利家干耗着，顺便看看被大水围住的高松城。

他一直在等着信长的援军。

不过最终，他等到的是手下前来报告：抓到了一个间谍。

秀吉说，带上来。

被拖拉上来的间谍当时就没多废话，直接跪下了，并且开始求饶，表示只要饶命，啥都肯说。

秀吉哈哈大笑起来，身边的军师黑田孝高也跟着一起笑了。

真有意思，做间谍还怕死？

不过也好，那就审审吧。

第一组问题：你从哪儿来，到哪儿去？家里几口人？人均几亩地？说说说！

间谍说，我从京城来，要到毛利家去，家里就我一个了，人均没有地，跟着光秀大人吃俸米。

第二组问题：没了。因为秀吉问不下去了，他没明白啥叫跟着光秀大人吃俸米。难道，这是明智家的人？私通毛利？

看他那副样子，和普通的间谍也不太一样，似乎并非仅仅是私通那么简单的事情，仿佛瞒着什么惊天大案一般。

站在一旁的黑田孝高说道："搜。"

立刻上来几个人，在间谍身上从里往外乱摸一遍，摸出了一封信，交给了秀吉。

秀吉将信打开，看了起来。

他看了很久，很久。

官兵卫忍不住了，一把夺过信纸，三下两下将其看完，然后两手捧着信纸，定格了。

信是明智光秀写给毛利辉元的，大致内容是：我已经干掉了信长，让我们两家和睦联手，再干掉秀吉吧。

据说秀吉回过神之后，当时就抽出了腰刀，倒转刀尖就往自己肚子上戳去。

黑田孝高将其紧紧抱住。

秀吉开始一边哭一边嚷道："放我走，放我走，主公将我从一个农民变成了一介诸侯，现在还没等我报答他，就这样走了，这让我如何是好？让我跟着主公一起去吧！"

虽然后世对于这段哭诉的评论是众说纷纭，但我仍然愿意去相信，这是秀吉的哭诉，是一个农民对于其恩人离开人世的悲伤发泄。

秀吉的发泄，换来的是官兵卫的一声怒吼："都什么时候了，大人你难道现在就只想到了一死了之吗？！"

这声怒吼起到了作用——秀吉开始慢慢地镇定下来。

接着，官兵卫开始教诲并诱导："现在最关键的，是为信长大人报仇啊。而且，目前正是大人一跃成为天下人的关键时刻啊！"

秀吉听完开始沉思，沉思了不到两分钟，下达了命令："开始和毛利家谈判。"

✽ 与毛利家的谈判

在此之前，毛利家已经数次提出和谈要求，但都被秀吉拒绝。现在居然主动开口，这让毛利一方感到比较意外，却也有些求之不得，所以很快就派出了使者。

使者的名字，叫作安国寺惠琼。

安国寺惠琼，生于安艺国（广岛县），为安艺武田一族。自幼出家，能言善辩，投靠毛利家之后一直担任外交僧一职。

此人观察预测能力极强，曾经在织田信长如日中天的时候这样说过："信长虽强，可不过是三五年的工夫，真正能成大事的，还要看筑前。"

筑前就是筑前守，羽柴秀吉所担任的官职名字。

居然让这么一个看穿信长兔子尾巴长不了的家伙来和隐瞒信长死讯的秀吉谈判，不得不说历史有时候真的很会讽刺人。

所谓谈判，就是开条件，根据条件讲价钱。

秀吉开出的条件是：割让备中、美作（冈山县内）、伯耆（鸟取县西）三国，以及城将清水宗治切腹，这样一来，就放过城里士兵的性命。

惠琼说："不行，清水宗治乃是我方重要家臣，怎能轻易说杀就让你杀？其他条件都行，就是这个不行。"

秀吉说："不让杀那我们就接着打。告诉你，我家主公的军队马上就到了。"

惠琼连忙让步，表示如果愿意不杀宗治，可以再多给一国。

秀吉说："不要，就要宗治切腹。是切，还是打，你们自己选吧。"

惠琼只能表示，自己也就一和尚，做不了主，回去和当家的商量商量。

秀吉同意，但要求当天商量当天解决。

商量的结果很快就出来了，毛利辉元认可了秀吉的条件。

于是惠琼坐着小船开入了水漫金山的高松城中，向宗治传达了谈判精神。

宗治表示理解和同意，并且在得到不伤害城里一个士卒性命的保证之后，当场允诺立刻出门切腹。

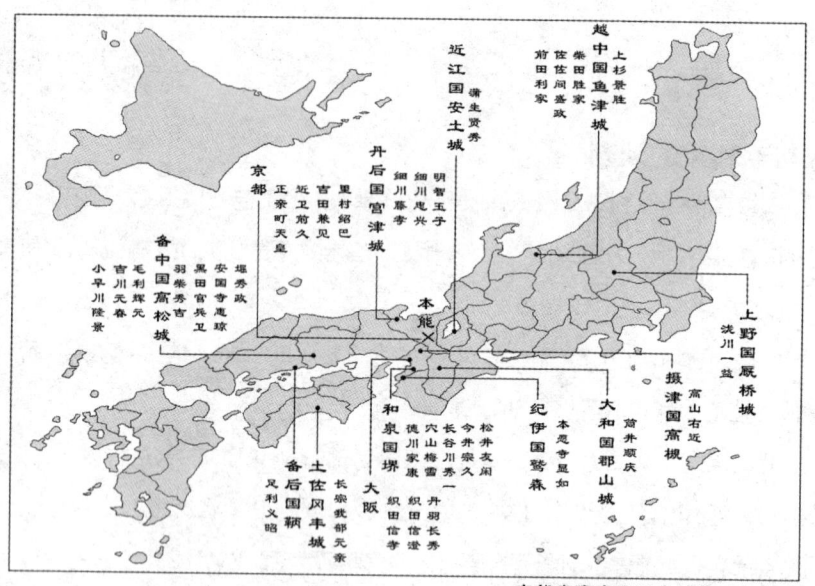

本能寺事变当天各路势力分布图

天正十年（1582年）六月四日，高松城守将清水宗治坐着一条小船缓缓地驶出了被围多日的高松城，在船上饮酒起舞，然后在秀吉家臣堀尾茂助的见证下，从容切腹自尽。

并留下辞世诗："身随乱世化尘埃，唯独名留高松苔。"

时年四十六岁。

在场观看切腹全程的秀吉，接着又目送了毛利大军的撤退，之后……

还之后呢？再不赶路就来不及啦！

✿ 一场命运的赌博

六月六日，史称"中国大回返"的征程正式拉开了序幕。当天晚上行走的总路程是十二公里，落脚点是龟山城。

第二天，也就是七日，天降大雨，四周的河流泛滥，但羽柴军仍然开始了一整天的强行军。这天，他们总共走了整整八十公里，到达了姬路城。

望着疲惫不堪的大伙，秀吉下令在城内整休一天再说。

姬路城是秀吉的居城，也是羽柴军团的大本营，所以接下来秀吉就面临着一个选择：是留在姬路城固守以观事态发展呢，还是主动出击光秀呢？

如果选前者，那么虽然失去了获取天下的良机，但至少还能安身立命；如果选择后者，稍有差错，便连身家性命都不保了。

性命只有一次，可若要趁势夺得天下，也就只有现在了。

秀吉找来黑田孝高商量，说了几句，突然有感而发道："这真像一场赌博啊。"

官兵卫笑了笑，回道："赌博，就要赌得大。"

接着两人一起大笑起来。

当天，秀吉将集藏在姬路城里多年的美酒财宝全都拿了出来，分别赏赐给自己的部下，从军师官兵卫到扛长矛的小兵个个都有，人手一份。

他本人则在财宝分发现场对大家说道："这些东西，对于我来说，已经没用了，对于你们来说，也已经没用了，大家拿着这个钱，赶紧寄回家里去吧。"

众人面面相觑，这真金白银的怎么就会没用了呢？

"此次我们前去为主公报仇，若是不幸战败，则自当拼死沙场。这财宝，对死人来说自然没用了。"秀吉说到这里，停了下来。

大家静静地等着他的下半句。

"若是打胜了，我们就是天下人！这些个财宝，在天下人眼里如同沙尘！毫不值钱！"

底下一片沸腾。大家表示，一定和光秀死磕到底，去争夺天下人级别的财宝。

六月九日，部队再次起程，仅用了两天不到的时间，便在十一日早上赶了一百多公里的路来到了尼崎（兵库县内）。

这次旅程，创造了世界步兵史上的一个奇迹，后被称为"中国大回返"。

❋ 光秀的两手准备

却说此时的京畿，明智光秀在本能寺之变后，又先后攻下了佐和山和长滨两城，压制住了近江。实际上，光秀最忌惮的还是在北陆的柴田胜家，所以才会有如此举措。

尽管在十日，光秀便得到了"秀吉马上就要到达尼崎"的消息，但此刻的他并不是特别在意，认为离秀吉到达摄津还会有那么一段时间。

在此之前，光秀还有几件大事情要做。

这第一件，叫作立牌坊。

其实光秀本人很明白，不管出于什么原因弄死了信长，这都是以下犯上、叛君弑主的恶行，是彻头彻尾的婊子行为。现在既然做了这个婊子，不立个牌坊的话，以后就难混了。

想当年松永久秀被炸得四分五裂愣是连个同情的人都没有，这活生生的例子就摆在自己面前。

于是光秀开始大把大把地掏出钱财，献给朝廷，希望能够得到公卿们以及天皇的认可。

要说朝廷还是很靠谱的，一拿到钱之后，当天便下发了圣旨，正式册封明智光秀为幕府大将军。于是，日本历史上寿命最短的幕府——明智幕府诞生了。

得到了朝廷认可之后，光秀开始着手下一件事情了。

这件事情，叫作找朋友。

信长虽然死了，信忠虽然也死了，可他手下众多家臣以及另外两个儿子——织田信孝、织田信雄都在日本列岛上活蹦乱跳的。光秀虽然现在已经是大将军了，但总共手头上也就两万人马不到，要跟信长留下的家臣团死扛，那是没戏的。

人少是个硬伤，要想弥补，只能靠拉同盟。

于是光秀先后向近江日野城主蒲生赋秀、大和的筒井顺庆、身在和泉大坂的女婿津田信澄、自己的儿女亲家——丹后宫津城的细川藤孝、细川忠兴父子发出了结盟邀请信函，希望能够得到他们的支持，拉自己一把。

这几位中，不少在之前已经出场过了，在这里再简单介绍一下以前没介绍过的，好让大家有个了解。

蒲生赋秀，终于再一次地在本书中登场了。他就是十二年前，姊川战场上坐在信长一边的小女婿——鹤千代，现在已经是堂堂的一介诸侯了。对于光秀的结盟请求，赋秀自然是一口回绝，不仅如此，他还将从安土城里逃出来的信长侧室等家人保护起来，并在日野城搞起了大规模的防御准备，一副打算随时和光秀拼命的样子。

对于赋秀的反应，光秀是有心理准备的。之所以会去拉他，没有别的原因，就是看他离自己挺近的，于是抱着试一试的心态写了一封信而已，光秀从一开始就没想着也不相信赋秀会来跟自己并肩作战。

至于其他几个，光秀是真的抱有希望的，而且这希望都是有根据的。

筒井顺庆，是大和（奈良）的土豪。当年大和有两股最主要的势力：一股便是由半僧半侍出身的筒井土豪，还有一股，便是大名鼎鼎的活土匪——松永久秀。

筒井顺庆他爹死得早，继位的时候只有两岁。不久之后，松永久秀便出现了，然后，两家陷入了数十年的大和争夺战之中。

永禄八年（1565年），筒井家战败，年少的顺庆被赶出了筒井城，也就是大本营。之后，他又联合了当时跟松永久秀对立的三好三人众，夺回了家乡。接下来的几年里，整个大和国包括日本的古都奈良都陷入了这两家人的战火之中，而正是在这样的情况下，东大寺也在永禄十年（1567年）被烧毁了。

永禄十一年（1568年），信长上洛，嗅觉灵敏的久秀立刻投靠了织田家，并且在织田家作为强硬后台的情况下，再次对筒井家展开了进攻。筒井顺庆再次被赶出了家门，并且成为了一名光荣的大和国游击队队员，开始对松永家展开了游击战——阵地战已经打不起了。

在游击战的过程中，顺庆逐渐意识到，自己就算游一辈子击一辈子也未必能把久秀怎么样，毕竟人家的后台是织田信长。要想夺回自己的祖宗基业，只有和松永家一样，投靠信长。

凭良心讲，信长作为老大，还是很够意思的，筒井才一投降，便立刻派了使者来调停两家的战端。这个使者，就是明智光秀。

光秀和顺庆一见面，就发现彼此爱好啊，兴趣啊，都差不多，而且连作诗的思路都几乎一样，于是立刻就成了好朋友。

而在此之后发生的一件事，更是让两人的交情上了大大的一个台阶。

天正元年（1576年），信长为了褒扬光秀多年来的功劳，决定将大和一国作为领地赏赐给他。但光秀婉言谢绝，并表示大和一国代代为筒井家所有，现在筒井家后人顺庆健在，而且还是织田家的一分子，所以不管从哪个角度看，这大和国都应该是筒井顺庆的。

信长听后没说什么，表示同意光秀的推荐，便上奏朝廷改封顺庆为大和守护。

顺庆知道了之后，大为感动，不但千恩万谢，还主动做了光秀儿子的义父，也就是俗称的干爹。就这样，两家的交情越来越深厚了。

津田信澄，是光秀的女婿。他还有一个身份，那便是当年谋反不成反被自己哥哥信长砍杀的可怜弟弟——织田信行之子。信长在杀掉信行之后，一度想把自己的这个侄子也顺带着斩草除根了，好在信澄的奶奶，也就是信长他娘土田御前死命相求，才算留了一条小命。找他来加入，可谓是亲情加旧恨，基本上能算得上靠谱。

而细川藤孝，则更不是一般人了。他是室町幕府重臣三渊晴元的长子，但更多的传闻表示，藤孝的真正父亲似乎是室町幕府十二代将军足利义晴。此人文武双全，有勇有谋：文化方面，和歌、绘画、茶道堪称日本第一；武术方面则精通骑术、弓术和剑道，而且胆略过人。当年正是他，在十五代将军足利义辉被杀之后，连夜潜入寺庙，将还在出家的足利义昭从三好家士兵的团团包围中安然带走。

不过，藤孝最让人称奇的，还是他那敏锐的政治觉察能力。纵观他那一辈子，只能用一个词来形容——政坛常青树：先是侍奉足利幕府，幕府垮台之后带着义昭投靠了朝仓，后来见信长势大又赶忙跳上了织田家的班车，而且每次跳槽换主，都混得如鱼得水。

此刻，信长已死，藤孝不得不又再次面临着换主的抉择了。他和明智光秀的关系那可说是非常铁：从足利义昭还没当将军的时候便是至交，之后在信长处，两人关系之好的名声连信长都知道了，于是领导做主，为光秀的女儿明智玉子、藤孝的儿子细川忠兴牵线搭桥，赐下一段姻缘，小夫妻门当户对郎才女貌恩爱有加，一时成为全日本的佳话。

光秀坚信，筒井、津田、细川三家，一定会站在他这边的。

既然如此肯定，那就赶紧的，再多拉几个盟友吧。

于是光秀又给毛利家、上杉家、长宗我部家等数家大名派遣了使者：其中毛利家的第一波使者虽然被秀吉在半道上给截住了，但第二波使者仍然安全地将消息传达给了对方。可以说，拉盟友的第一步，算是顺利完成了。

所以光秀很高兴，他相信，良好的开端是成功的一半。接下来，只要等待对方回应就行了。

其实，他忽略了一点，那就是，拉盟友和约女孩一样，是个男生都能提出约会要求，但是整个约会真正的开端，是女孩的同意。

不管怎么说，现在光秀算是开始静候佳音了。

首先响应的是筒井顺庆。他带兵前来表示支持光秀，不过人数不多，两百人。光秀虽然表面说着人不在多，没关系没关系，但心里还是咯噔了好几下。

而津田信澄那里，不知为何迟迟没有回音。光秀心里非常失落，觉得自己的女婿太不够意思了，居然这么不给面子，人家筒井顺庆虽然小家子气，但好歹也出了兵了，你却连个回信都不带给的，算嘛？

其实，光秀是冤枉自己的女婿了：不是信澄不想给，而是根本给不了。这家伙已经在本能寺事变的第三天，也就是六月五日，被自己的堂兄弟织田信孝以及丹羽长秀堵在了野田城打死了。此刻的信澄，脑袋正被放在堺的闹市正中晒着太阳。

现在就剩下交情最久关系最好的细川藤孝了。

日本的战国历史，是一段充满着背叛和动摇的历史。每个人对每个人，都不敢露出真正的本来面目，也几乎不敢以真心待人。而此时的武士们，几乎已经丢弃了所谓"忠君"之类的武士道，往往是有奶便是娘，有钱便是爷。今天投靠田中太郎，后天就会投靠铃木次郎。

而在这些频繁的跳槽人士之中，最为有名，最被称道的，是两个人：一个叫作真田昌幸，前面出场过，外号"表里比兴"（墙头草的升级版）；另一个叫作藤堂高虎，外号"渡之鸟"（跳槽之王）。

这两人的生平事迹我们之后都会介绍，现在要告诉你的是，跟细川藤孝比起来，他们，不过是小学生的水平。

当送信要求结盟的使者见到藤孝时，非常惊讶地发现：对方理了个光头。

于是好奇地问道："藤孝大人，您这是怎么了？"

"请不要叫我藤孝，我现在的名字是细川幽斋。"

"这……这是为啥呢？"

"我出家了，所以就改名了，这'幽斋'算是我的法号吧。"

使者纳闷了，出家？这是哪跟哪儿啊，好好的咋就突然剃光头出家了呢？

还没等使者发问，藤孝自己开始解释了："我家主公信长受到反贼突袭而身亡，为了悼念他，所以老夫就出家了。"

听听，一口一个主公信长，一口一个反贼突袭，这像是跟你有同盟的打算吗？而且人家都剃光头立志了，你还能有啥希望？

使者悻悻而回，光秀顿感失落。

多年的朋友，儿女的亲家，为何在这最重要的时候不帮自己呢？这交情，都算是白搭了吗？

交情？啊呸！时务！

至于什么上杉毛利长宗我的，那是基本连个回音都给省略了，直接无视。

事已至此，只能自己一个人一条道上走到黑了。

但是，又来了一个打击性的消息。

羽柴秀吉，已经到了尼崎！

光秀几乎晕了过去。

不是刚刚才报告说"马上就会到"吗？这马上，也忒快一点了吧？

于是他召开了军议，打算讨论下一步对策。

会上，重臣斋藤利三提出：倚靠二条御所，和秀吉再作定夺。

但是光秀否决了这个提议。因为二条城离天皇太近，万一有个闪失，惊动了他，变成朝敌就真的麻烦大了。

最终光秀拍了板：他坚信秀吉的下一个目标绝对是京城，所以决定率大军进入离皇宫稍远的鸟羽城（京都府内），等待秀吉主动攻打，算是以逸待劳。

第二十九章 天王山之战

❀ 谁是主角

六月十二日,秀吉总算到达了摄津的富田。前来迎接的是丹羽长秀、织田信孝、池田恒兴、加藤光泰、高山重友和中川清秀等,以及这些人所辖的兵马总共为两万左右。

这样,秀吉一方的总兵力达到了约四万。

但是,现在将其称为"秀吉方",似乎为时过早了一点。因为从地位上来讲,真正的大将应该是信长的儿子——织田信孝。

秀吉明白,如果让这场原本该是自己为主报仇,然后夺取天下的好戏,变成了信孝为父报仇成为孝子典范的戏码，那就亏大发了。

好在信孝本身并不擅长军阵之事，而且所带人马不过四千。争取一下，自己这个主角的位置基本还是有希望的。

不管怎么说，先开个军议吧。

会上，信孝自然第一个发言。他先声泪俱下地讲述了父亲和兄长在京都受害的详细经过，接着感谢了各位远道而来为自己家（注意这三个字）报仇的各位来宾，然后又表示，事成之后，有功之臣一定重重赏赐。

说完，大家鼓掌。

信孝喝了一口茶，正准备继续慷慨激昂下去的时候，秀吉说话了：

"信孝大人，按说，当时你在摄津，是离主公最近的一个，可为何主公遭害，你却连一个动静都没有呢？"

面对这突然发难，信孝显然没有心理准备，只好支支吾吾地说道："我怎么没有动静了？我……我知道消息之后马上就击败了反贼光秀的女婿津田信澄啊。"

这话刚一说完，秀吉怒喝一声："胡闹！"

顿时全场肃静。

"信澄大人虽说是光秀的女婿，但他同时还是信长主公的侄子！更何况，信澄大人自幼由家中重臣柴田胜家抚育长大，在之后的征战中屡立战功，内政方面也十分了得，深受主公厚爱器重。如此之人，怎会和光秀同流合污？你却擅自将其杀害，还敢拿着此事在这里邀功吗？"

一番话说得信孝无言以对，于是丹羽长秀出来打圆场了：

"信孝殿下也是年轻，一时糊涂，羽柴殿下你就见谅吧。"

长秀不敢多说什么，毕竟杀信澄的时候他也在场。而且，多年的政治生涯早已让他变得圆滑无比，此时的他，已经看出了信孝实际上并不具备作为信长后继者的资质。且不说今后日本的主宰将会是谁，单从现在的局势来看，这场对光秀的战役，主角是秀吉无疑了。

于是，他又对信孝说道："羽柴大人冒着被毛利家追击的危险，连休息都不休息就赶回了摄津，这是其他人所无法办到的啊。更何况，现在兵力最多的，是羽柴大人啊。"

见长秀这么连和了几把稀泥,秀吉便趁势将话题接了过去:"这次大战,是我等作为家臣尽忠主公的分内之事,还望信孝大人给我这个机会。消灭光秀之事,全都包在我秀吉身上了。"

信孝知道光凭自己手头的这点兵力和自己那两把刷子,是根本打不过光秀的。事已至此,也只能让秀吉占了先机了,以后的事,以后再说吧。

于是他点了点头。

得到信孝的认可之后,秀吉便俨然一副肃反总司令的派头了。他将心中早就定好的作战计划说了出来:"我已经得报,光秀打算在鸟羽城等候我们的主动攻击。这当然是不可能如他所愿的。所以,我决定,先进军占领山崎。"

山崎位于今天大阪府和京都府的交界处,是一块面积不算太大的开阔林地,西邻天王山,东接桂川,依山傍水,进可攻,退可守,一旦占住此处,那么就等于在光秀的头上悬起一把利刃,光是想想,就会觉得恶心。

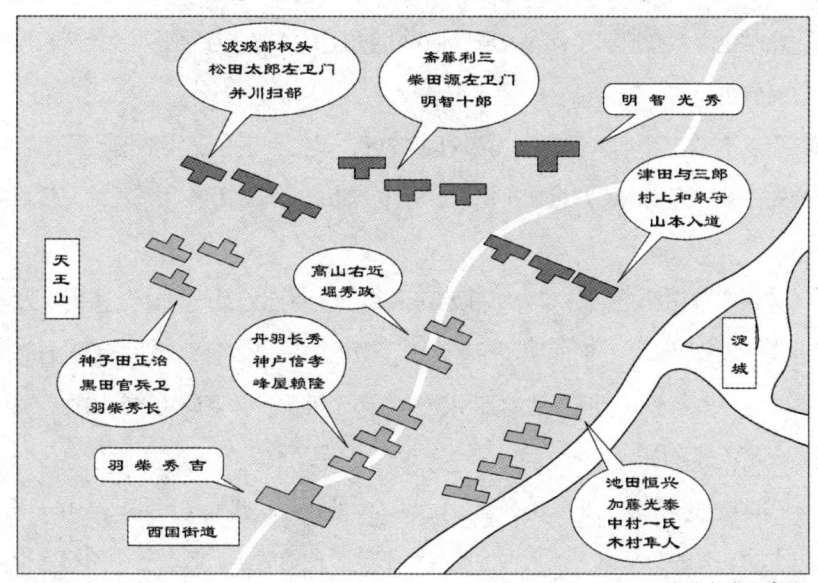

山崎之战示意图

接着,秀吉开始分配任务:前锋左翼由官兵卫和弟弟秀长担任,目标是天王山;右翼是池田恒兴,沿着桂川北上;中路则是高山重友、堀秀政和中川清秀三队人马，目标直指山崎；信孝和丹羽长秀作为第二队紧随其后；秀吉本人则率领本队在最后压阵。

❋ 血战天王山

光秀很快就知道了秀吉的行军，顿时懊恼起来。

失算之余，他也命令全军出动，务必要抢在秀吉之前，拿下山崎。

双方争夺的焦点，是位于山崎的天王山。

天王山海拔二百七十米，是山崎原的第一制高点。只要占领山头，便能清楚地看到敌我双方的一举一动，而且铁炮弓箭之类的武器也更加有利于发挥作用。

决战的日期是六月十三日，天下着雨。

正午，秀吉最后召开一次战前会议。而此时，光秀军也由鸟羽出发，强渡桂川，到达了胜龙寺城。因为光秀几乎没有拉拢来一个同盟，连原本带兵出战的筒井顺庆，此时也突然撤退回了领地，所以他总共的兵力只有一万六千人，处于相当的人数劣势中。

尽管人数上不如人，但因为离着山崎近，大约在下午五点的时候，明智军便抢先占领了天王山，并且在拼抢的过程中，将高山重友和中川清秀的队伍给冲散了。

攻占了天王山之后，明智军开始居高临下，对四处乱走的中川清秀军发起了进攻，攻势极猛，一时间中川军呈现出了败退的状势。而另一边，刚刚赶到战场的明智方大将斋藤利三，也对高山重友发起了进攻，并且成功将其击退，羽柴军陷入了苦战之中。

在这一片苦战中，最苦的，还当属跟高山站在一块儿的中川队：高山一退，从山上冲下来的，从山下杀上来的明智军都成了他的对手。眼看着中川清秀也要和高山重友一个样，被直接打扫出战场了，幸好池田恒兴和加藤光泰两队人马及时赶到，加入了战斗之中，双方再次展开了一进一退的拉锯战。

此时，羽柴秀吉果断下令："关门，放秀政。"

秀政指的是美浓出身的名将堀秀政，从十二岁起就开始跟随秀吉，外号"名人久太郎"。

他的出场，让明智军顿时陷入了一片混乱之中。

个中原因，自然是堀秀政过于彪悍，能够做到以一当十，一脚踢不飞对手三十米——才怪。

事情的起因要从数天前秀吉从和毛利家的战场上撤退时说起。

当时，惠琼为了向秀吉转达清水宗治同意切腹的消息，再次来到了羽柴军营，接待他的是黑田孝高。双方寒暄了几句之后，官兵卫突然表示，为了庆祝双方成功议和，不如互相送点什么礼物吧？

惠琼同意倒是同意了，不过一时之间不知道送些啥玩意儿好。

早有准备的官兵卫说道："战场之上，唯有军旗才能显出武士之礼仪，不如，就送些军旗吧。"

说着，他一挥手，手下人捧出了数百面羽柴家的军旗。

没等对方作出反应，他接着又说道："大师（惠琼是和尚）不如也送我方几百面毛利家的军旗吧？"

面对如此死皮赖脸地讨要礼物，惠琼一时不知如何回答，无奈之余便只好应承了下来，然后带着一堆没用的刻着羽柴家纹五七桐的破旗子回到了自己的本营。

自然，羽柴家也如愿收到了几百面刻着毛利家纹的旗帜。

现在，这些旗帜都无一例外地插在了堀秀政队的背上。

明智军惊呆了。

难道，毛利家也加入了羽柴方？

趁着这个机会，中川清秀一下子活跃了起来：他先是迂回前行，突然出现在了天王山的山顶，然后又进入了加攻加防的暴走状态，从山顶上一鼓作气向着斋藤利三的侧翼就直冲了过去，并且还配以铁炮大肆射击。很快，利三队就处在了混乱接近崩溃的状态了，此时明智家家臣松田政近前往利三处救援，却被正处在勇猛无敌状态中的中川清秀三下两下地追打下了山，在山脚，他又碰上了堀秀政，两面一个夹攻，松田就这么战死了。

而秀吉一看形势大好，便不断地向右翼增添兵力，将斋藤利三团团包围。由于光秀本阵比较靠后，所以他的左翼非常薄弱，正巧摊上了秀吉的猛攻，所以一下子便全线崩溃了。

前阵的崩溃很快就连累到了全军，一时间明智方兵败如山倒，连光秀本人也不得不退入了胜龙寺城，之后，又从胜龙寺城逃出，前往阪本城（滋贺县内）。

但是，他最终没能到达阪本。

❋ 惨淡落幕

六月十三日，当路过今天位于京都山科小栗栖的地方时，仅剩数骑的光秀队伍遭到了专门打劫落武者的山民袭击，光秀本人腹部被竹枪刺中，身负重伤，流血不止。

知道自己生命即将终结的明智光秀，平静地坐在地上，用切腹的手段，终结了自己五十五岁的一生。

负责介错的家臣沟尾茂朝将光秀的遗体就地掩埋，逃到了阪本城，然后也切腹自尽。

日本战国一代名将明智十兵卫光秀，就此离世。

明智光秀，享禄元年（1528 年）出生于美浓，为清和源氏的旁流——美浓源氏一族土岐氏的支流明智家出身。初侍斋藤道三，道三死后，因与继承人义龙不合从而遭到其攻击，不得已出走美浓，后投靠了越前的朝仓，之后结识了逃至越前的足利义昭，又带着义昭回到美浓，投入了已经占领此地的织田信长门下。从此，作为信长手下的重臣活跃于各个战场：烧比叡、讨近江、攻石山、克丹波，凭借战功一跃成为织田家四大家臣之一。在天正九年（1581 年），信长举行的御前阅兵（天皇有出席）大会上，担任了实际运营的工作。

天正十年（1582 年）六月二日，在被信长派往支援中国战线的行军途中，明智光秀突然发动了叛乱，袭击了位于本能寺的织田信长，并将其逼杀。

然后，他受朝廷册封，成为了征夷大将军，并且开幕，史称"明智幕府"。

但是仅数日后，因在山崎败于从前线迅速赶回的羽柴秀吉，自己本人也被迫自尽，不得不惨淡退出历史舞台。

纵观光秀一生，我只能作出如下的评价：

他是一个有情有义、富有才华、军事天分极高的家伙，但是，心理素质太差，太差了。

❀ 本能寺谜团

评论过后便是讨论，接下来的议题想必大家也都能猜到了，那就是：明智光秀到底为了什么，要背叛织田信长。

本能寺事变，堪称日本战国历史上最大的谜团，没有之一。

与之相关的很多事情，因为搭上了本能寺，也成了谜团：比如三代将军德川家光为何要叫"光"，德川幕府智囊团重要成员天海大僧正到底是谁等。这些我们以后会说到，这里暂且不提。

本能寺事变的原因，至今有很多说法，大致分为两种：第一种是光秀的自发行为，第二种是他人指使光秀谋反，也就是我们通常说的"黑幕说"。

一种一种来吧。

在第一种中，又主要分为野望说和怨念说这两类：

野望说，就是指光秀心怀夺取天下的野心，所以才发动了本能寺事变，杀死了信长；

怨念说，持有这个看法的人比较多，毕竟光秀同志被信长大人又踢又打又骂的，还弄死了自己的亲娘，不怨恨那才奇怪了，就因为怨念太深，所以最终走向了杀人灭口的不归路。

第二种，黑幕说，就比较扯了。

用一句话来概括的话，那就是：当年几乎在日本有点地位的人，都能扯上这个黑幕。

被评为黑幕中人的武士阶级代表有：德川家康、羽柴秀吉、毛利辉元、长宗我部元亲、足利义昭、岛津义久等。

其中,德川家康的动机是为子报仇;羽柴秀吉的动机是夺取天下;毛利辉元的动机和长宗我部的动机一样,都是为了避免织田信长的战火烧到自己的领地;足利义昭嘛,则是新仇加旧恨,以前推翻了他的幕府不说,现在信长很有可能做起了他的老本行——征夷大将军一职,为了报仇泄恨,便伙同了老相识明智光秀干掉了信长。

而岛津家,似乎没什么理由要跟信长过不去。但是,一些挺闲的专家却发现了一个所谓的"证据"。

事情是这样的:在萨摩岛津家,有一位以坚持写日记而出名的家臣叫作上井觉兼,他所著的《上井觉兼日记》成为了后世研究战国时期九州诸大名历史的重要资料。但是就在这本日记里,有人发现,天正十年(1582年)六月二日开始一直到十一月,居然是空白。

于是便提出了疑问:你为什么不记日记?你很可疑呀。

你不记日记,就证明你心里有鬼,这本能寺事变的黑幕,很有可能就是岛津家。

估计上井觉兼地下有知,也会该跳出来找那些专家拼命了:偷看日记不算还扣屎盆子,太不够意思了。

此外,还有公卿代表近卫前久、文化界代表绍巴、非人类代表正亲町天皇,这三个人组成了"朝廷黑幕说"。理由也很简单:信长连续两次推辞了三个最大的职位,很有可能要将天皇废黜,然后自己登上这最高统治的宝座。这样的人,留不得。

除了这些,还有比较忽悠的堺町商人黑幕说,以及非常忽悠的耶稣会黑幕说:前者是说堺町的商人们为了不让信长抽税保护自己的利益,策划发动了本能寺事变;后者是讲,万恶的西方帝国主义为了侵略日本,掠夺日本的财富,便勾结了日奸明智光秀,将为国为民操劳的爱国主义大名信长给弄死了。

基本上就是上面这些。从这些说法中,唯一能得出的结论是——信长是个挺招人痛恨的家伙。一个人被人弄死,居然能扯出那么多犯罪嫌疑人,真够强悍的。

除此之外,什么也得不到,至少我,是什么都没得到。

凭良心讲，光秀并不算是一个有野心的人。至少，他的物欲并不是特别强烈。比如在大和一国领地的问题上便是如此，这事儿要搁秀吉身上，估计筒井顺庆下辈子都拿不到祖宗的基业。

所以本能寺事变，绝非是"久经策划"，甚至连"预谋"都不见得能算上。最顺手的证据就是光秀问绍巴，本能寺是否有壕沟，而当绍巴给了他一个错误的回答之后，他还信以为真，显得非常高兴。

从这点可以看出，光秀在决心谋反之前，对于对方的驻地是一无所知的。

以他的为人，若真有预谋，断然不会如此。

既然是临时起意，那么有人背后指使的说法也不存在了，总不能背后临时指使、临时起兵吧？这个难度太高，而且就算临时指使了，总得给光秀一个考虑的时间吧？不可能想都不想说干就干吧。我想在当时的日本，并不存在一个能让明智光秀如此服帖的人物。至于考虑的时间，其实也就是所谓的"预谋"，既然前面推翻了预谋的可能，自然，也不可能是有人指使的了。

之所以会谋反，是心理素质不过硬的光秀的一种求生本能罢了。

代代侍奉织田家的林秀贞、佐久间信盛先后被流放，使得光秀越发感到信长是个彻头彻尾的实用主义者——有用的留下，没用的滚。

而信长对于自己的态度，比如对自己母亲见死不救，当众打骂自己等，似乎也表明，自己在信长眼里是个没用的人。

虽然这一切的一切光秀都默默地忍耐了下来，但却无法阻止他的胡乱猜疑。他甚至已经认定，自己很快就会被信长丢弃在一边，如同林秀贞和佐久间一样。

直到信长要开给他那张"出云、石见两国封赏"的空头支票，但事实上并没有证据表明，信长要没收光秀的原有领地。其实信长也不可能会没收他的领地，道理很简单：战国时代打仗，一石大米产量的地，就能征相应数量的兵，换句话说，让你带兵打仗，就等于承认了你有这些兵力所相应的领地，而信长，也确实是让光秀带兵打仗去了——出战帮助秀吉。

没收领地，那是没影儿的事情。

可光秀却偏执地认为：信长给予的那两块领地并非是赏赐，而是交换，用不存在、还不属于己方的领地来交换光秀的原有领地，其实就是变相的没收。

一旦领地没收，自己也将一无所有，混得一个落魄街头甚至丧命路边的下场。

为了能让自己活下去，为了能让自己的家人活下去，必须要斩除信长。

在外人和自己所创造的双重巨大压力下，为了能够求得生存，不得已起兵谋反，杀害了自己的主公，然后一条路上走到黑。这种所谓的谋反、弑君，仅仅是一种出于近乎极端歇斯底里地自我保护的恐惧罢了。

这就是我对本能寺事变的看法。

光秀死后，他的儿子明智光庆、女婿明智秀满（鬼武者里的明智左马介）被秀吉的大军所逼杀，他的领地，也被秀吉占领。信长留下的安土城，也在熊熊烈火之中化为灰烬，随着信长的性命一起消逝了（后来这城重建了）。

光秀的妻子妻木熙子，也随夫自尽。

熙子在快要嫁给光秀的时候，突然得了天花，虽经医生全力抢救保住了性命，但脸上落下了斑斑麻痕。妻木家的当主，也就是光秀的老丈人觉得过意不去，对光秀说，自己还有一个女儿，和熙子长得很像，要不换一个给你？

光秀谢过丈人的好意，但却拒绝了他的提议，之后，如期迎娶了自己的妻子。

结婚之后，两人感情很好，并且生下了被光秀当做掌上明珠的女儿——明智玉子。

普遍认为，随着明智光秀一族的覆灭，本能寺事变算是正式宣告结束。

但是我，并不这么觉得。

事情，还不算完。

平成十六年（2004年）六月，在京都的织田信长墓前，来自琦玉县的公司职员织田信和以及同样是公司职员的明智宪三郎会面并且握手。

两位已经年过半百的大叔通过这种方式向整个日本乃至世界宣布，发生在公元1582年，由自己的祖先织田信长和明智光秀作为直接当事人的本能寺事变，在事隔四百二十二年之后，终于结束了。

恩怨的结束，才算得上是一种真正的结束。

当然，历史是不会随着任何东西的终结而终结的，它会像一条奔腾不止永不停息的大河一般向前流淌。

第三十章 我在马路边，捡到一块地

两千人的表演秀

德川家康到家了。当年六月七日，他很安全地，无伤地，回到了自己的家。

接下来，在对上方（指京都附近一圈）发生的事情一无所知的情况下，六月十四日，德川家康点起两千兵马，向京城开赴。

说是要给信长报仇，讨杀光秀。

暂且不说这时候光秀已经不在人间了，就算在，这区区两千人，能去干啥的？是让人杀还是让人打？

家康回答：不打也不杀，就是让你看看。

作为织田信长长期以来最坚定最牢靠的盟友，一直以来被人称作“信长之狗”

的德川家，如果在信长遭难之后连个报仇的举动都不能展现给世人看的话，那将是非常糟糕非常丢人的一件事情。

所以，家康带着两千人慢悠悠地走向上方，为的就是告诉大家：我，德川家康，来给哥们儿报仇来了。

当队伍走到三河和尾张交接的鸣海城时，正在考虑下一步打算的家康，被告知有使者相见。

开门迎客，对方自报家门之后，才知道，来的是羽柴秀吉的手下。

自金崎一别，已经十好几年了，虽然当时秀吉的那份勇敢以及之后机智逃脱的谋略给家康留下了不浅的印象，但对于此时过来的使者，家康还是有些摸不着头脑。

"要说筑前（秀吉官位）大人，此时还应该在和毛利家作战吧？"他问使者。

使者笑而不语，只是双手奉上了一封书信。

信上就一句话："十三日，羽柴筑前于山城国山崎原讨杀了逆贼明智光秀。"

看完，家康第一句话是："真的吗？"

对方连连点头，并且表示，很快，下一封书信也会送到。

与此同时，毛利家、岛津家、上杉家、北条家等诸大名也或先或后地收到了内容雷同的书信。

秀吉借此向天下宣告：我为信长报了仇，我才是织田政权的接班人。

家康觉得很不靠谱：织田的众家臣里，秀吉明明离光秀最远，却第一个赶回还弄死了光秀，这怎么看怎么都有点忽悠的味道。于是他便亲自派遣酒井忠次等人前去打探，而自己则仍然将队伍驻扎在鸣海，等待回音。

打探结果没过多久便出来了，证实了信上所说的话。

之后，正如那位使者所说，第二封书信也送到了。

内容同样只有一句话："光秀确实已经被讨伐，烦劳大人速速撤军回国。"

家康大吃一惊。

话虽短，但内容不少。

首先，"光秀确实被讨伐"，这半句里的意思是：我知道你德川家康在派忍者四处打探，别费这个功夫了，告诉你，光秀真的被我给做了，不忽悠你。

而后半句，表面上看，是告诉家康没必要再出兵装模作样了，光秀已死，有事烧纸，您老人家回去该干啥干啥。但是，实际上，这是一句命令式的外交辞令——由羽柴秀吉对家康发出要求撤军的命令，这也就是告诉家康，我秀吉不但继承了织田的遗产，同样也继承了织田政权，继承了对你德川家发号施令的权力。如果再看得深一点，你就会发现，家康这次还真的不得不听从秀吉的命令，"速速撤兵"。

理由很简单，家康原本就没打算在鸣海城待多久，本来就打算撤兵，说和不说都一个样。

秀吉，算是占了一个口头上的便宜。

不过家康并不在意，他看完信之后，便下令全军撤回浜松。因为他知道，秀吉的天下之路还长得很，能不能走到底都是个问题。

因为，还有一个人在虎视眈眈地看着信长留下的丰厚遗产，那就是柴田胜家。

家康相信，即便胜家不能战胜秀吉，至少也能折腾好长一段时间。

❀ 破竹柴田

作为织田家侍奉三君（信秀、信行、信长）的老臣，柴田胜家被公认为家中最猛之人。

在永禄年间，织田家和南近江的六角家发生了相当规模的战争。在一次战斗中，柴田胜家所部被六角家截断水源，团团围住，为了不致全军被困而挂，胜家决定突围。

突围前，他下令，让人把城里仅剩的饮用水都给拿上来。

当时日本的军用饮用水通常装在一个个粗大的竹管中，便于携带。

大家本以为胜家要让大家在突围前最后痛饮一番，于是各个满心期待。不想他却拔出腰刀，将这一个个竹管全部砍碎，一个不留。

砍完之后他说："现在没水了，大家肯定是一个死，与其这么渴死在这里，还不如冲出去，跟敌人力战而死。"

说完当场开城突围，大破六角家。

从此，柴田胜家得名"破竹柴田"，其实你也可以理解为"破罐子破摔柴田"。

但是不管怎么想，他都是一个猛人。

✾ 一个心思细密的人

此刻的秀吉面临着比和柴田胜家争遗产更让他揪心的事情——自己的老婆和老娘的下场。

他的领地有两块：一块是播磨姬路（今兵库县内），另一块则是近江长滨（滋贺县内）。两块地方相隔甚远，本能寺兵变之后，光秀便发兵占了秀吉的近江领地。在一片战火中，位于长滨的秀吉之妻宁宁以及他母亲都下落不明。

秀吉是个很孝顺的人，而他和宁宁更是在患难中相识并结合的夫妻（据说是战国时候非常罕见的自由恋爱婚姻），所以在平了光秀之后，他马上便派人四处去打听家人的下落。

这时候有个留守近江的家臣走了上来，告诉秀吉不必去找了，其实她们安然无恙。

秀吉大喜，连忙问人在哪儿。

家臣回道："光秀一起兵，我便料定这厮不会放过老夫人她们，便提前将她们送入了一座庙宇之中。所以，大家没有受到任何伤害。"

秀吉当场下令赏给这位家臣七百石领地。

此人名叫石田三成。

✾ 攻心为上

与此同时，家康得到了一个早就不是新闻的新闻——穴山梅雪死了。

他在甲斐国内的领地巨摩郡（山梨县内），自然也无人打理了。

那就捡起来吧。

家康自然这么想，也是这么做的。

于是他找来了冈部二郎，并且当场亲自指点了一番，对方会意而去。

冈部二郎，全名冈部二郎右卫门正纲。自幼和家康熟识，他所在的冈部家族零散居住于甲斐，而在他的生涯中，又曾经投靠过武田家，所以，对甲斐，对武田，可谓是熟悉之至。

冈部二郎先在甲斐四处宣扬：不久之后，德川家康大人便会进驻甲斐，然后再给家康脸上贴几层金，到处宣传家康为人光明磊落，做事非常为百姓着想等，让家康的形象在当地人心里变得金光闪闪。之后，他又找到了巨摩当地的前武田家武士，告诉他们投靠家康的种种好处并且当场给予他们种种好处，比如黄金，比如白银。

就这样，德川家不费一兵一卒，就进驻了原穴山的领地——甲斐国巨摩郡。

这次侵占，对于家康的生涯来说，是有着历史性意义的。

它是家康生平第一次不用军事手段，而是通过谋略侵占的第一块土地。

下者交兵，上者攻心。

尝到甜头的家康抬起头来，将目光放到了更远也更大的整个甲斐国。

反正信长死了，遗产归谁都没个定论，不捡白不捡。

话是这么说，可真要做起来，还是有点难度的。因为甲斐，还是有领主的。

这个领主名叫河尻秀隆。

❄ 河尻秀隆的烦恼

河尻秀隆，美浓出身，属醍醐源氏的一支。后世许多小说或是其他作品都喜欢将秀隆塑造成一个很一根筋的财政官，事实上并非如此。

秀隆自幼跟随信长，担任黑母衣众（信长贴身卫队）的首领，他的军功也算得上是相当卓越，而且辅佐织田信忠时间很长：在长筱会战的时候，他代信忠指挥所辖部队；在甲斐征战时，更是立下赫赫战功才被封到了甲斐一国。

而信长，在征讨武田之前，更是对信忠作出"为父不在，则便把秀隆当为父"的叮嘱，信任之情由此可见一斑。

面对主君的信任，秀隆自是感激涕零，决心用自己的拼命工作来为主家作贡献。

但是他所在的地方实在是地段不太好，不太适合兢兢业业工作。

要知道，武田家自祖宗新罗三郎义光开始，盘踞甲斐已经好几百年了。现在虽然被灭，但是武田家对甲斐的影响一时半会儿根本难以消除，虽说是被织田家给占领了，可对于这种外人乱入的统治，领民们从心底里就不予以认可。

所以从胜赖自尽开始，甲斐国内的民变骚乱几乎一天都不带停的，弄得河尻秀隆是头大异常。

他虽是打仗的好手，但对于统治领国等内政方面的事情却不甚擅长。面对蜂拥四起的一揆，秀隆除了带兵镇压之外毫无他法。

为了能够做到提前预知一揆动向，他在各个村子派遣了不少密探，一旦有风吹草动就立刻带兵前来镇压，毫不手软。

于是秀隆本人在甲斐就成了暴君、人渣、恶魔的代名词。据说有农民在地里捡了一块石头，然后写上肥后（秀隆官居肥后守）俩字，每天下地之前都要痛骂其八代祖上，晚上收工之后再喷一通，风雨无阻，终年无休。

秀隆本人其实也非常痛苦，看看别人领地内都是风调雨顺国泰民安的，偏偏自己这里就大闹三六九，小闹天天有，最叫人不爽的是，自己根本闹不明白，这帮泥腿子们为啥要如此折腾。

直到他看到原本属于穴山梅雪的巨摩郡开进了德川家的军队之后，才恍然大悟。

娘的，原来是你小子搞的鬼啊？

❀ 祥林嫂式惨案

平心而论，当时家康对于甲斐的土地，只能说是有贼心没贼胆，毕竟信长尸骨未寒，作为他多年来的盟友，若是贸然行动直接明目张胆地夺其领地，不但为天下人所不齿，自己也会落得个师出无名搞不好最后偷鸡不成蚀把米的下场。

所以，只能在适当的时候"捡"，而不是抢。

这时的家康，似乎正想着如何帮助一下自己的盟友。看着河尻秀隆天天被闹得连个觉都睡不安稳，他便叫来了手下的家臣本多百助信俊，说道："你去甲斐一趟，跟肥后谈一次吧。"

百助领命而去。

到了甲斐，河尻秀隆自然很充满敌意地问百助来干啥了。

百助也很老实地回答：来找你谈谈。

谈啥？

百助不知道，因为家康根本没说。

秀隆便自行将其理解为，这是家康派来夺自己领地的先兵。

既然如此，那就先下手为强，后下手遭殃了。

于是，他一改先前的一脸不爽，笑呵呵地对百助说："你辛苦了，这样，晚上我摆下宴会，咱们再详谈如何？"

百助很高兴地接受了。

当天晚上，本多百助带着十几个随从如约赴会。这些随从都是冈部二郎得知百助来带甲斐后，特地从自己的族人手里挑出来的精壮汉子，用于保护百助能够顺利地在混乱的甲斐国内安全完成任务。

当他来到秀隆所在的新府城下时，被侍卫给拦住了，并且告诉他，因为种种规定和限制，不得带侍卫入内。

百助没有多想便单身走了进去。

于是，在这招由中国原装进口，引进日本，从古到今屡试不爽，宫廷政变杀人灭口报仇雪恨等必备绝招的用户名单上，又多了一位日本客户的名字——河尻秀隆。

宴会上，本多百助喝得酩酊大醉，之后被早就准备好的河尻家武士用长枪乱枪扎死。不过百助应该不会特别痛苦，毕竟酒精含有一定的麻醉作用。

几乎就在当天，家康就收到了百助的死讯。

他很悲伤，以至于悲伤得成了祥林嫂，而本多百助的故事，也被他编成了一个无比悲惨的故事并且四处逢人就说："我真傻，真的，我单知道打仗的时候会杀人，不知道不打仗的时候也会杀人。我前几天让百助去甲斐，探望探望肥后守，安慰安慰他，好让他早点从丧主的悲痛中解脱出来。百助是个很听话的家臣，我的话他句句听，带着冈部二郎给的几个随从就去了。肥后大人还请他喝酒，可喝了好久都不出来。等在外面的侍卫急了，大喊，百助大人！却没人应，相反还从城里又杀出了好几个拿枪的士兵，要刺他们，结果只能分散逃去。唉……我真傻，真的。"

这则故事在当时的甲斐国被广泛流传着，主要的散播人是冈部二郎以及他的族人。

当然，事情说到这儿大家也该明白了：从派百助前去送死到四处讲故事博得同情，这一切的一切都有一个人在背后策划指使着，那就是德川家康。

故事的效果非常显著，听完之后大家都愤怒了，并且一致认为：河尻秀隆，忒不是东西了；德川家康，忒是东西了。

接着又达成了共识：杀河尻，让家康大人来主宰甲斐。

天正十年（1582年）六月十八日，在武田旧臣三井弥一郎的带领之下，一揆势力蜂拥杀入新府城内，河尻秀隆力战不敌而死，年五十六。

随后，大批的原武田旧臣投向了德川家，而家康的势力也得以顺利进入甲斐，甚至是信浓。

❋ 摆平北条家

这种皮夹子捡得一发不可收拾的行为，终于引起了周边某邻居的强烈不满。

这就是横跨关东百年之久的北条家。

北条家自初代大名北条早云以来，拥有相模（神奈川大部）、伊豆（静冈县东及东京都伊豆诸岛）、武藏（东京都，埼玉县大部）、上总（千叶县）、安房（千叶县）、上野（群马县）等关东绝大部分土地。信长死后，北条家实际上就已经成了日本最强大的大名了。

虽然坐拥大片土地，但是因为常年领内和周边其他战国大名过于和平，所以北条家的战斗力也变得越来越差，而且领主的能力也是一代不如一代。第三代大名北条氏康死后，儿子氏政继位，氏政还在人世的时候，估计想尝尝太上皇是个啥滋味，于是明面上把家督的位置让给了自己的儿子氏直，实际上军政大事还是自己一手过问。

而氏政的治世和其父氏康可说是完全不一样。

氏康虽然能文善武，一生作战四十余场几乎无一战败，但为人极其谨慎，并且自称"天下第一胆小鬼"，属于那种跟自己没关的绝对不管，跟自己有关的也尽量撇开关系的人。而氏政则心高气傲，强烈希望北条家能够在各方各面，包括周边威望、作战实力等方面达到日本第一的境界，对于周边领国的各种纠纷，也基本上算是无利不起三分早，有利排队等通宵的类型：比如当年上杉家内乱，他就插了一脚；又比如现在信长死了，留下的甲斐信浓两国，他也打算乱入一下，浑水摸点鱼，最好是甲鱼。

当年七月，北条氏政看家，由北条氏直亲点五万大军，浩浩荡荡地向着德川领地开来，从上野攻入信浓，并由着信浓南下，直逼甲斐。

得到消息的家康也立刻提兵前来，他的总兵力，在八千左右。

人数相差悬殊，却不能缩头旁观，毕竟甲斐一国刚刚到手，领内的武士也好农民也好都还没有完全归心，若是让他们看到了自己缩头乌龟的一面，恐怕马上就会掉转枪头投靠北条，然后随着北条的大军一起来灭自己。

好在甲斐的武士们都表示将全力支持家康，并且参军的参军，捐钱的捐钱，精神物质两手一起支持。

不过家康对于这次会战的信心仍然不大，事实上确实也是如此：八千对五万，能够打个平手那就该烧高香了。

说归说，仗还得打。

家康首先派服部半藏前往古府城（甲府）南面笛吹川的丘陵上的胜山城内，给活活造出来一个大本营，并将家康的大旗往那里一插，告诉北条家，老子在此。

然后又抽调出三千人，直接跑到对岸北条家的阵地前后四处转悠，然后从不同的角度用不同的方法进行骚扰：要么放放空炮，要么丢几块砖头，总之弄得对方每天神经高度紧张，并且认为自己已经被德川家康从三面包围了。

而北条家并不知道德川家到底有多少人，看他们每天这么肆无忌惮地乱晃，便误认为家康是有备而来，而且随时准备拼命，所以一时间只能缩在自家地盘不敢出来。

两家人家就这么隔水相望，谁也不吭声，谁也不动弹。

就这么一直过了将近一个月，北条家定力不够，率先吱声了：他们向德川方提出议和。

前来议和的代表是北条氏直的叔父北条氏规。这位氏规大人也算是家康的老相识了，他以前也在骏府待过，当过一段时间今川家的人质，当年两人还一起出去打过猎，关系很铁。

面对老友，面对主动和谈，心中暗爽的家康并没有直接出面，而是委派了神原康政前去应对一切。在这整个战争过程中，家康始终不曾露脸，既不亲临战场，也不进入对方的视野。北条家明明知道是家康在幕后指挥一切，却连个面都见不到，一种神龙见首不见尾的神秘感油然而生，从而也使得北条家无法真正知晓德川家到底几斤几两。

氏规提出的条件是：承认德川家在甲斐的所有权，北条家退回关东，借此机会两家结盟，并且希望德川家康将自己的某一个女儿嫁给北条氏直，以结姻亲。

对此，家康批示：同意。

神原康政如实转答。

眼看着就要顺利结盟皆大欢喜了，北条家又折腾出了新花样。

不知是谁给氏直出了个馊主意，说北条家坐南朝北，风水好祖宗好，实力强大不可撼，所以绝对不能屈身前去家康的营地去签这丢人现眼的不平等条约，再怎么着，也得家康前往北条家营地，在北条家的地盘上签条约。这样一来，虽然条约内容对北条家来讲不太光彩，但足以起到藐视德川家的作用，算是扯平了。

氏直采纳了这个意见，并且派人向家康转达了这个意思。

对此，家康的反应是——没有任何反应，权当根本没发生过这回事儿，依然稳坐军营内等待着北条家代表北条氏规的到来。

就这么干耗了几天，北条家又坐不住了。

氏直看着家康这么不动如山的样子，感到一阵莫名的恐慌：

"难道他要趁机偷袭不成？"

于是氏直一边派人加强防御，一边在距离德川阵营比较近的地方，造起了一些类似于桥头堡的简易工事，日夜巡逻加强戒备。

见此状，家康决定跟北条家真的拼了——装作真的拼命。

他给北条家下了战书，大意是这次和谈，其实并非我的本意，只不过看在美浓守（北条氏规的官名）是我发小的分上，才勉为其难给他一个面子。谁知道你们北条家拿了三分颜色就想开染坊，居然在我大本营附近另设新营图谋不轨。既然如此，那就权当谈判破裂，家康愿意和你们决一死战。

写完之后，家康将战书交给了朝比奈泰胜，由他作为使者送信给北条。

朝比奈原是远江的豪族，隶属于今川家，今川灭亡之后投靠了德川。泰胜这个人，如果要用一句话来评价的话，那就是：长得丑不是错，但是出来吓人就是你不对了。

据说此人面目狰狞可怕，而且身高足有一米八几。当时日本成年男子的平均身高是一米五出头点，他绝对算得上是魁梧威猛了。而且他平素喜欢黑甲加黑披风，若是再拿着两把板斧，估计就能改名叫朝比奈逵了。此外，他还喜欢骑着一匹黑色的马到处乱跑（真够不厚道的）。这次家康让泰胜前去北条家吓人，不对，是出使，内在意思不言自明。

果然，朝比奈同学威力十足，光芒四射。他一到北条家大营门口，连敲门打招呼都不带的，直接硬闯了进去，一边冲一边大声吆喝："美浓守在哪儿？速速出来见我！我是德川家的使者！"

估计是声音太猛，喊了老半天都没人敢上来答话。又过了好一会儿，才来了几个胆大的北条家武士，战战兢兢地带着他来到了氏规的营帐门前。

当氏规看过书信之后，极为震惊，马上对泰胜表示自己并不知情，之后又立刻找到了自己的侄子氏直，问道："大人是否真想跟德川家决一死战？"

氏直当然不愿意。本来想矫情一下的，没想到弄出了反效果，惊慌之余，立刻让氏规前去德川阵营讲和签条约。

就这样,德川家和北条家的盟约正式缔结。协议达成之后,双方撤军,各过各的日子。

同时,家康也明白了一个道理:捡地盘,有时候就是这么简单。

第三十一章 清洲会议

❋ 议题：遗产分割

就在家康捡地盘那当儿，秀吉也开始忙了起来——忙着开会。

信长在世的时候，家中有五大家臣实力最强，分别是丹羽长秀、柴田胜家、池田恒兴、羽柴秀吉和明智光秀，通称"织田五巨头"。

虽然现在光秀和信长一起手拉手地成为了一名光荣的天堂（也有可能是地狱）绿卡持有者（学名叫死人），但因为那地方用的钱是靠烧而不是靠转账，故而他们留下的土地和金钱都只能给尚在这个世界上的活人了。

光秀的遗产自不必说，成功将其讨伐的秀吉名正言顺地接收了他的全部财产。但是信长的东西就不好说了，不但五巨头剩下四个，三个主要的儿子中还剩下两个，这总共六个人分一笔财产，不打起来也不太可能。

不过，再怎么说现在还都算是战国乱世，你们自己人这么一打起来，外人再趁虚而入，那就谁都捞不到啥了。与其吵吵闹闹鸡飞蛋打，不如客客气气和平分赃——根据"盗钩者贼，窃国者侯"的战国至理名言，我们完全有理由将这些土地金钱等遗产归为赃物一类。

于是，在柴田胜家的提议下，大家决定开个会，讨论讨论信长的遗产分配问题。

✽与会人员介绍

天正十年（1582年）六月二十七日，在尾张的清洲城（爱知县清须市）内，召开了被后世称为"清洲会议"的大会。

与会者如下：柴田胜家、羽柴秀吉、丹羽长秀、池田恒兴以及东道主——清洲城城主、信长的次子织田信雄。

按照常理，本来还要请两个人来，那就是负责织田家关东攻略的泷川一益以及信长的三子织田信孝。

泷川一益因为之前在对北条家的战斗中大败逃回，所以以此为理由被拒之门外，不让他参加。其实战败这种东西说真的并不重要，关键在于这次大会是分遗产大会，多一个人就少一份遗产，把能踢出去的尽量死命往外踢就是了。

织田信孝的缺席理由不明。不过人不在，心却在——一颗强烈渴望多分一点遗产的心。

从现在的形势看，不管到会不到会，够资格参加这次分赃大会的，大致分为两种人：一种是信长的儿子，一种是信长生前的重臣。

先介绍儿子组吧。

儿子组总共有三人，分别是次子信雄、三子信孝和四子秀胜。其中秀胜过继给了羽柴秀吉，而且只有十五岁，所以实际上并不具备织田家继承人的资格，故直接把他丢后台去。

而信孝和信雄兄弟俩今年同岁，虽然分别过继给了神户家和北田家，但这两位大少爷一个将养父给终身监禁了起来，另一个则直接将养父乱刀剁杀，通过这种方式夺取了两家的家业。现在，这两位都以继承人的身份自居，并深得老父信长真传，继承了织田家光荣传统，都意欲置对方于死地。

其中，织田信雄被人评价为为人忠厚。

事实上在战国时代，如果被人评为"忠厚"，通常有两个意思：一个是真的忠厚，第二种就是傻。

信雄，属于第二种。他曾经发兵攻打伊贺，结果却被伊贺的忍者掉过头来打了个惨败。为此，信长特地写了一封信痛骂了信雄，并且一度打算跟他脱离父子关系。最终的结果是：信长亲率大军灭了伊贺之后，信雄在伊贺搞起了屠城，连续杀害了无辜百姓将近万把人，可见这家伙其实就是傻，一点也不忠厚。这次来参加清洲会议，自以为自己是东道主而且还有羽柴秀吉的支持（口头），便一定能取得继承权，所以满脸笑容，表现得非常乐观。

另一个织田信孝，人称"三七少爷"。他名义上是三子，实际上出生的日子比信雄还要早几天，不过因为生母的地位较低，所以不得不屈尊做了弟弟。这孩子用现在的话来说就是眼高手低，虽然较其兄弟信雄自然更富才华一些，但是能力器量都非常平庸。这次他虽然没有出席会议，但是早就跟柴田胜家在背地里结成了同盟，将希望寄托在了这位织田家第一猛人的身上。而胜家自知单凭自己绝无可能继承织田家，也没有啥抢遗产的名分，所以也乐得和信孝同坐一条船。

接下来介绍家臣组，因为这些家臣之前基本上都有出场，所以我们就从简介绍：

柴田胜家，织田家第一猛人，外号"破竹柴田"（猛人）；

丹羽长秀，织田家第一内政官，外号"米五郎左"（贤人）；

池田恒兴，织田家重臣，是信长的乳兄弟（信长乳母的儿子），外号无；

泷川一益，织田家重臣，负责关东攻略，外号"重炮手"（强人）；

羽柴秀吉，织田家重臣，外号"猴子"。

实际上，家臣组中主要的矛盾是羽柴秀吉和柴田胜家。这两人不对付由来已久，这次更是利用争夺信长遗产的机会，彻底翻了脸。

✱ 会场上的较量

会上，柴田胜家首先发言。他表示织田信孝年轻有为，文才武略样样精通，是继承织田家的不二人选。

说完之后便看着秀吉，等待着他的回应。

信雄笑得很欢乐，他认为接下来秀吉便会提名由他作为织田家的继承人了。

秀吉只是笑了笑。

然后他开口说道："织田家的土地也好，财产也好，都是织田信长大人的东西。"

你这不是废话吗？谁也没说不是那外星人的呀。

大家都很莫名，等待着秀吉的下一句。

"信长大人虽然已死，但是，他的遗产应该由长子信忠继承。"

柴田胜家再也忍不住了，他大声说道："信忠大人已经在本能寺叛乱中殉难，正因为如此，我们才在这里开会商讨，不是吗？"

"修理（柴田胜家官居修理亮）大人的意思是，也认可信忠大人的继承权了？"

柴田胜家非常震惊，看着这猴子一口一个信忠的，难不成信忠还活着？

没等他想明白是怎么一回事，秀吉又开了口："既然信忠大人也已殉难，那么织田家的一切，应由信忠大人的嫡子三法师来继承！"

顺便一说，三法师小朋友，今年刚满三岁（虚岁）。

胜家虽然读书不多，但从古到今，以辅佐幼主为名染指家业的例子，却也知道不少。现如今秀吉提出奉三法师为主，可谓"司马昭之心，路人皆知"了。

他当然不同意，但是秀吉说得确实在理：父债子还，子承父业，说到天边都是这样。既然如此，那就换一个斗争方向吧。

前面说过，三法师小朋友只有三岁，虽有资格，但实际上是不具备继承人能力的。这就牵涉到一个监护人（也称辅佐人）的问题，胜家非常看中这个监护人的位置。

当然，这个监护人不是想做就做得上的。秀吉既然胸有成竹地提出了让三法师继承家业的提议，想必也早就做好了当监护人的准备了吧。

胜家依然先发制人:"既然如此,那就依着你秀吉,让三法师来继承织田家的大业。不过三法师今年不过三岁,由何人来辅佐为好呢?"

这个问题比较棘手。胜家让秀吉挑人选,他想秀吉再怎么不要脸,也不可能在这大庭广众之下厚着脸皮毛遂自荐吧?

秀吉这回不笑了:"家中自然有这样的人,如果实在没有,就由我来亲自辅佐,如何?"

见对方真的如此不要脸,胜家干脆也将话给挑明了:"要说辅佐,自然当属织田信孝大人。"

说完,看着池田恒兴和丹羽长秀两人,意思是你们也出来说两句,别在这儿尽喝茶了。

按照胜家的想法,这次的会议主要是他和秀吉的战场,而池田丹羽之流,充其量也就和和稀泥,打打圆场,捣捣糨糊。现在逼着他们说话,虽不见得明着支持,也不会明着反对,在这种场合,不反对就等于是某种意义上的支持了。

可以说,柴田胜家基本上没想错,但是他看错了。

首先开口的是池田恒兴:"我觉得,立三法师的决定是对的,我也支持立三法师。"

果然是捣糨糊,谁都没说这茬儿你倒旧话重提了。

不得已,胜家只能逼问了:"那么,对于辅佐人的人选,你有何看法?"

"辅佐人一职意义重大,稍微有些差错就会出大乱子,所以必须要慎重挑选。"

以上这句话,俗称废话。

不过胜家也算释然了,不反对就算支持嘛。接下来,就在他把目光转向丹羽长秀的时候,恒兴的声音又响了起来:"但是,信孝大人是不合适这个职位的。"

胜家大惊。

恒兴接着说道:"如果让信孝大人做辅佐人,那么信雄大人必定会不满;若让信雄大人做,信孝大人则一定不满。如此一来,织田家就离内乱不远了。所以,这个辅佐人,一定要从家中重臣里挑选出来。"

看到恒兴已经倒向了秀吉一边的胜家顿时脸色发青,一时间会场气氛剑拔弩张，极为紧张。

眼看着就要打起来的时候，一直坐在那里光喝茶的丹羽长秀开口了：

"修理（胜家），莫争了。"

此时的胜家，想必是饱含着希望的泪水看着长秀的。他有理由相信，之前一直在和信孝一起负责四国、纪州征战，此后又一同在山崎打败光秀的丹羽长秀，一定会帮助自己的战友的。

事实证明，战友情在那个年代是靠不住的。

"在山崎打赢反贼光秀的，是筑前啊！"

说完，长秀又喝了一口茶，目光平静地注视着前方，仿佛啥都没说过一样。

现在的情况是，有话语权的总共是六人（两个儿子、四个家臣）：恒兴长秀已经站在了秀吉一方，信雄的立场则是以信孝的立场为基准的——信孝支持的他死命反对，信孝反对的他往死了支持，所以就形成了四对二的局面。

而且，恒兴、长秀、秀吉三人都是参与了讨伐光秀的战争，唯独没赶上的，只有胜家。

形势大恶啊。

不过丹羽长秀不愧是老油子，他并不想明着支持秀吉反对胜家，于是又开了口：

"但是，若说到重臣辅佐，又何尝不会引起内乱呢？"

这话倒是说得很对，就比如现在，如果秀吉做了辅佐，胜家要闹，可若胜家做了辅佐，秀吉也肯定不会放过他们。

所以接下来长秀又表示，其实他自己心里已经有了一个人选，希望在场的每个人都听听。

大家立刻表示愿意洗耳恭听。

"堀秀政。"

说起这位也是老熟人了，就是在山崎会战的时候插着毛利家旗帜冲入战阵大大恐吓了明智军一把的那位仁兄，事实上他也早就和秀吉站在同一战线上了。

可事到如今，说啥都没用了，只能听别人摆布了，谁让自己就没赶上讨伐逆贼呢？

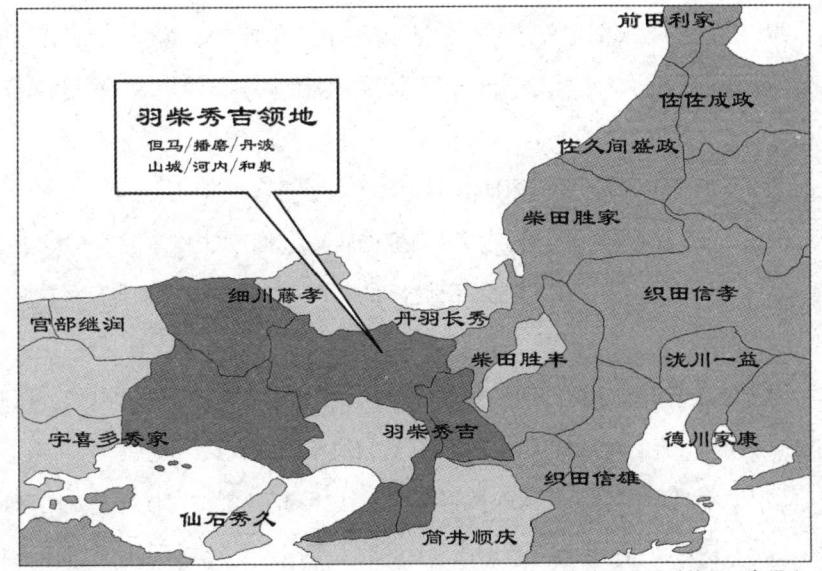

清州会议后的织田家领地

就这样，在丹羽长秀那句决定胜负的话之后，秀吉和胜家的第一次交锋分出了胜负。

❋ 分赃不均的后果

遗产的分割结果如下：

织田信雄领尾张一国；织田信孝领美浓一国；三法师领包括安土城在内的近江部分领地，在未成年之前由堀秀政帮着管理；柴田胜家领越前一国以及长浜城（滋贺县内）；丹羽长秀新增若狭一国（福井县内）以及近江的两个郡；池田恒兴新增摄津国（大阪府）内的三个郡；而羽柴秀吉则除了原有的领地外，还获得了山城一国、丹波一国，以及河内一国（大阪府内）。

是个人都看出来了，秀吉才是最大的赢家。

再看柴田胜家，越前的领地本来就是他的，所以他实际上只增加了长浜城这一块地方，而长浜城原来是秀吉的，也就是说，秀吉将自己的领地"赏赐"给了胜家。对他来说，这可是比没抢到更多领地这件事更大的耻辱。

织田信孝则更加倒霉了，原本参加了光秀讨杀战的他，很有可能名正言顺地成为织田家的继承人，不想飞来一个三法师，将他的家督梦想给打得粉碎，所以他对秀吉算是恨之入骨了。

两个不同身份的人，怀着相同的梦想，走在了一起。

天正十年（1582年）十月，在柴田胜家的居城北之庄城内，举行了一次婚礼。

新郎是柴田胜家，新娘则是织田信长的妹妹——今年已经三十五岁的织田市。

为了能让柴田胜家更好地和自己合作，织田信孝不惜做了一次红娘。在他的安排主持下，还在孀居的织田市嫁给了比自己年长二十多岁的胜家。

据传，我们敬爱的胜家大人从阿市小姐上小学的年龄的时候就开始暗恋她了，当信长决定将自己的妹妹嫁给浅井长政时，柴田大叔据说还回家大醉了三四天没来上班。而种种迹象表明，清洲会议的时候，之所以胜家力推信孝，很有可能就是因为信孝在此之前就已经跟胜家承诺，一旦自己当上继承人，就把自己的姑姑拱手送上门来。

娶上了自己暗恋多年对象的柴田胜家，自然是非常高兴的。

胜家表示：一个人到了六十多岁（胜家已经六十出头了），不可能不想到他的生命是有限的，跟一个年纪很轻的，而且还是多年暗恋的人结婚，很深刻的感受是，这个婚姻把自己的生命，在某一种方式上作了延长。假如自己没有和阿市结婚，那么便会觉得今后的几十年和自己没啥关系。而现在自己已经知道，今后几十年的事情，透过阿市的生命，和自己非常有关系。这层关系就是自己和信孝的同盟，自己将通过这层关系，帮助信孝早日获得和自己父亲生前一样的地位，成为信长真正的，也是唯一的继承人。

远在岐阜城内的信孝知道了胜家的话后，非常高兴。大家也都很高兴，除了阿市。

阿市只是感到绝望了，她终于认识到，女人在战国，就是政治的牺牲品。

不过已经绝望过一次了，算是习惯了吧。

这边张灯结彩，那边已经在磨刀霍霍了。

当年十一月，秀吉的居城迎来了一位老友，他是作为柴田胜家方的和平使者而来。

此人名叫前田利家。

前田利家出身尾张豪族前田家，自十四岁起侍奉织田信长，深得信长宠爱。而在那个时候，秀吉还只是一个提鞋端饭的杂工，可是利家并没有因此而对秀吉产生任何歧视，依旧和他成为了被誉为战国时代稀有的好友。更难能可贵的是，两家的夫人——木下宁宁和前田松也是非常要好的朋友，这在战国时代已经不能用罕见来形容了，基本能算得上是独一无二了。

利家见过秀吉之后，寒暄了一番便表明了来意：胜家希望和秀吉搞好关系。

秀吉拒绝了。

他很明白，柴田胜家当然不可能突然变得热爱和平了，只不过现在正值大冬天的，胜家所在的越前被大雪封住了出路，没法打仗，而自己在近江的领地就孤悬在外了，所以不得已才弄了个和谈的缓兵之计。

既然你不能动，那就我动吧。

十二月，秀吉点起四万大军将长浜城团团围住，守城的是胜家的养子柴田胜丰。

在知道了胜家无论如何都派不出援军的情况后，不到一个星期，胜丰便开城投降了。

接着，秀吉以信孝私自扣押三法师为借口，又发兵开向了岐阜城。

这种行为就实在有点那个了，毕竟信长是秀吉的老上司，人才刚死了半年，就拿他儿子开刀，太不够意思了。

不过秀吉毕竟是混迹战国多年的老油条，做婊子之前必定会立一个又大又亮的牌坊：他找到了信长的另一个儿子信雄，并且以信雄的名义给美浓各处豪族写了书信，告诉他们，这次出兵全都是信雄少爷的意思。

结果知道不可能抗衡秀吉大军的美浓人等，纷纷趁势投降，信孝本人也不得已暂时顺服于秀吉。

好在柴田方面也不全都是废柴。同年同月，泷川一益自伊势出兵，将秀吉所属的伊势龟山城围住，并且发起了进攻，不过三四天，便将此城攻下。接下来又连下国府城、关城（三重县内）等数城，然后构筑起了一道长长的防御线，以抵抗随时入侵的秀吉大军。

对于胜家来说，他现在只能在心中暗暗祈祷泷川一益在冰雪融化时节来临之前拖住秀吉，并反复安慰自己：冬天来了，春天还会远吗？

巧了，春天还真的离他很远。

这一年越前普降大雪，虽然时间已进入了阳春三月，可越前各路口仍是白皑皑的一片积雪，一直到三月中旬，情况才有所好转。

第三十二章 贱岳会战

✿ 跳槽专业户之死

十二日,柴田胜家正式起兵,亲率两万大军从越前出发:本人在近江的柳之濑(滋贺县内余吴湖)排兵布阵,外甥佐久间盛政驻守行市山,前田利家位于右翼的别所山(位置最靠前),其余各队则分布在山寺山、中谷山和林谷山,等候秀吉的到来。

见此情况,秀吉也毫不落后地率领五万大军及时赶到位为柳之濑南面的木之本:堀秀政驻守在左弥山,木村隼人在天神山,弟弟羽柴秀长守田上川,中川清秀、高山重友两队驻守余吴湖东岸的大岩山,其余部队沿神明山、堂木山、茂山一线布防。

布阵完毕后，两家没有任何一方主动发起攻击，而是互相观望，互相干耗着，因为大家都明白，谁先动，谁就输。这样的胶着状态，一直维持了将近一个月。

天正十一年（1583年）四月中旬，原本已经表示顺服的织田信孝一见形势有所好转，立刻伙同泷川一益再次举起反旗，并率兵由美浓出，意图与胜家对秀吉进行前后夹击。

这下秀吉真没辙了，只能领一部分军队回美浓抗击信孝。不承想老天开眼，适逢积雪融化，导致揖斐川泛滥，羽柴军被河水阻隔，基本上一天两天内是到不了岐阜了。

柴田方自然不会放过这样的好机会。胜家先是丢了一阵糖衣炮弹，拉拢了几个当地豪族，接着，就开始寻思着怎么进攻了。

主动进攻，速战速决，这样的思想在柴田家很有市场，而人称"鬼玄藩"的佐久间盛政更是天天吵着嚷着要主动出击，但是柴田胜家因秀吉方人多势众，所以一直不让。

现在，见秀吉已经南下，胜家总算是同意了外甥的请求，但仍然反复叮嘱：打一枪就走，见好就收，千万不要多逗留。

四月二十日凌晨，佐久间盛政率八千余人，向着位于柳之濑东岸的大岩山中川清秀部发起了猛烈的突袭。

清秀的兵力大致在一千人左右，基本上是盖不住对方八千人这么猛冲的，更加要命的是，也不知道盛政从哪儿找来了数千明智家残党，让他们来打头阵。

这些残党估计是死里逃生后看穿生死了，也不把自己当阎王爷的外人，居然直接将已经被明确认定为朝敌、国贼、日本朝廷三令五申明令禁止使用的明智家家纹水色桔梗给刻在了指标旗上，然后往背后一插，嘴里高喊"打倒背信小人中川清秀"，不怕刀不避箭地冲了过来。

之所以如此痛恨中川清秀，那是有历史原因的。

当年明智光秀发动了本能寺之后，给中川清秀也写了信，要求跟他结为同盟。凭良心讲，清秀跟光秀的交情其实还算是不错的，可在这节骨眼上，谁敢跟着你拼命？更何况当时清秀兵力也不多，而且不远的地方就有跟信长同喝一口奶长大的池田恒兴，所以自然而然地拒绝了光秀的邀请，然后参加了秀吉的讨伐队伍。

就因为如此，清秀被光秀的家臣们认定为叛徒、人渣，誓死要将其清理出地球。

一旁的高山重友和桑山重晴见状赶忙来救，不过这俩加起来才两千多人，很快就被佐久间盛政击退。接着，盛政又将清秀的部队给团团包围了起来。

一生跳槽不止的中川清秀，在他生命的最后时刻，保持了对羽柴家高度的忠诚以及异常勇敢的坚定：他拒绝了部下的切腹提议，然后拔出腰刀，抱着"杀一个够本，杀两个赚一个"的原则思想，冲向了蜂拥而来的柴田军。

力战之后，浑身上下负伤二十余处的清秀被取走了项上人头，中川部队也就此全军覆没。

✽ 星夜追袭

盛政一边派人飞报喜讯，一边要求胜家同时发动总攻，帮助自己扩大战果。

胜家生怕这个宝贝外甥过于孤军深入遭到什么不测，于是也派人告诉盛政，千万不能轻举妄动，自己随后就到。

接着，柴田军摆出了全线出动，准备总攻的架势。

此刻羽柴阵地负责防守的是秀吉的弟弟秀长，秀长师从竹中半兵卫，对于防御组织算是比较上手，不过终究是处于被动的状态。而另一方面，刚刚全歼清秀部的佐久间部正杀得兴起，在羽柴阵地里横冲直撞如入无人之境，将整个羽柴阵地搅得天翻地覆。其他羽柴家部将本来就人手不多，又摊上了盛政这么个猛人，所以都龟缩在自己的一亩三分阵地上，谁也不敢支援谁。

幸好就在这个危急关头，丹羽长秀率部渡过了琵琶湖，出现在了柴田一方的背后，而一度撤退的桑山重晴也杀了一个回马枪，这才勉强稳住了自己人的阵脚。

也就在这个时候，秀吉得到了前线吃紧的战报。

他很果断地下令一部分留下继续牵制信孝，自己带了一万五千人起程赶赴战场。

继中国大回返之后，又一次步兵行军史上的奇迹出现了。

二十日晚上，秀吉从美浓起程，赶赴近江。

让人感到惊讶的是，虽是晚上行军，但是整个北国街道被火把照亮得如同白昼一般。

举火把照亮秀吉前程的，都是当地的农民。

他们是被组织起来的，组织者是石田三成。

三成告诉所有的农民：现在赶赴近江和柴田胜家争夺天下的羽柴秀吉大人，和大家一样都是农民出身，一旦获取天下，那就是农民获取天下，一定会好好对待全天下的农民的。

接着，他又表示：凡是给羽柴大军送饭团的，战后以十倍价格奉还；凡是举火把的，也同样还以十倍的柴火钱。

一想到和自己同一阶级的秀吉竟有可能统一天下，而且还允诺十倍的偿还，农民们便格外卖力地站在街道两旁举着火把捧着饭团和酒招待着每一个经过的羽柴士兵，不仅如此，他们还大声喊着三成事先教好的口号：

"羽柴大人，请您一定要加油啊！务必取得胜利，获得天下！"

秀吉则大声回应，并且高喊道："乡亲们，你们如此大力相助，我筑前记你们一辈子！"

据说当时的秀吉就如同今天的超女，农民们便是粉丝，一群喊一个答，一个喊一群应，场面极为狂热。

二十一日凌晨两点，秀吉军顺利到达了木之本阵地，整个行军过程总共只用了五小时。

得知秀吉已经归来，佐久间盛政作出的第一个反应是：立刻回撤。

而秀吉方则直接向着盛政发起了追袭。

论跑路，盛政绝对不是专业行军人士秀吉的对手，两点多两军开始赛跑，天还没亮盛政就被追上了。

追上的地方，叫作贱岳。

✱后果严重的撤离

此时的盛政，八千人马几乎没什么损失，而迎面又来了柴田胜家的养子柴田胜政的三千接应军，两军会师后一合计：既然被追上了，那就回头一战吧。

秀吉本人深知盛政凶狠，于是避开其主力，直接向柴田胜政扑了过去。

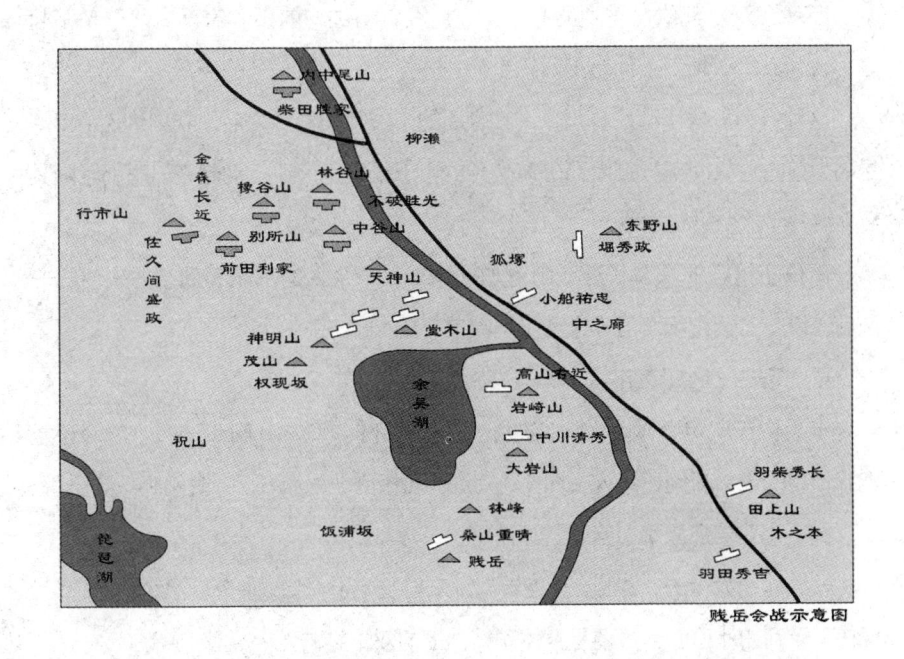

贱岳会战示意图

胜政果然不出秀吉所料，非常不禁打，三下两下便四处溃散。想必此时的佐久间盛政的表情一定是哭笑不得的，原来是来接应自己的部队，现在反过来要靠自己去救援了。

摇头一声叹后，"鬼玄藩"盛政不得已向着秀吉军发起了全面突击。

双方在贱岳山头展开了你死我活的拼杀。

接下来，也没什么好说的了，无非就是双方你砍死我一个，我戳死你一双，刀光剑影血肉横飞，整个贱岳笼罩在一片喊杀声中。其中，羽柴方有七个砍人砍得最卖力的，后来都成了丰臣家的谱代大名。这七个人分别是福岛正则、加藤清正、加藤嘉明、胁坂安治、平野长泰、糟屋武则、片桐且元，史称"贱岳七杆枪"。

不过，不管是贱岳七杆枪也好，鬼玄藩也罢，都无法打破这白热化的战局，双方人数也基本相当，所以大家只能沉浸在这又危险又刺激的砍人活动里不能自

拔。

一直砍到快吃午饭的时候，这场战役的转折点终于出现了。

当时柴田阵地上，各家臣军团从南往北布位置依次是佐久间盛政、前田利家、不破胜光、金森长近、柴田胜家。

而就在双方互砍最激烈的时候，一直没有动过的前田利家部队终于动了起来。在利家的率领下，他手下两千士兵一齐行动——离开了战场。

这种行为无异于晴空霹雳，在其身后的不破胜光看到之后，立刻认定前田军是因为前方佐久间部被打败而逃离战场的，于是他也火速行动起来，率部紧随其后地离开了这个是非之地。

而位于第四的金森长近队则更加悲惨：三千余人的部队看到前方发生的一切后，没有二话直接便各奔东西就地溃散了。

要说可怜，当属正在前方拼命的佐久间部队了。

士兵们正砍得嗖嗖起劲，突然就觉得背后阵阵发凉，回头一看，原来还是旌旗屹立的山头瞬间已经人去山空，只留下几根倒地的旗杆，顿时感到一阵恐慌。

莫不是秀吉那厮堵了自己的后路吧？

砍人砍了大半天，柴田士兵连饭都没来得及吃上一口，本来就已经快虚脱了，现在又受到如此恐吓，可谓是身体和精神上的双重打击。

打击过后，便是崩溃。

大家抄起家伙，满山遍野地开始逃命，秀吉则趁势发起了总攻。

要说最可怜，还当属柴田胜家的本部。

这仗打得好好的，突然之间前面的人一下子都跑了个精光，没有任何征兆，仿佛人间蒸发一般，怎叫人不胸闷啊。

好在胸闷闷的是胸，不是脑子，胜家头脑还是非常清醒的：秀吉三万多人，自己三四千人，不逃就要没命了。

为了不至于没命，胜家开始了没命的逃跑。

一口气逃到了府中城（福井县内）门口，他打算进去休息一下，再接着逃。目的地其实也不远，就是府中城稍北的北之庄城——胜家的大本营。

而府中城城主，就是那位在战场上闷声不响连通知都不带一声直接拍屁股走人的前田利家。

利家为何要撤离战场，直到今天也是众说纷纭。但是，他的这种行为，直接导致了柴田胜家在这次决定命运的大战中的失败，则是无可争辩的事实。

就造成的严重后果来说，利家的这种行为绝对算得上是叛变了。

事实上，很多战国迷或是粉丝对于这个问题一直在争论不休，相当一部分人认为利家其实是个见风使舵的小人。

所以，我们这里需要讨论这样的一个问题，利家是不是真的算得上叛变？

答案很明确，不是。

这个我说了不算，就比如我说德川家康是天皇，他也当不上一样。这个答案是结合当时的情况分析之后所得出的一个结论，最重要的是，受害者柴田胜家本人，也是持这种观点的。

首先，我们知道，秀吉也好，胜家也好，包括利家在内，都是织田家的家臣。当时，在朝仓家灭亡之后，信长将朝仓家的越前领地赏赐给了柴田胜家，同时，也将越前的另一部分领地给了前田利家、不破光治（不破胜光他爹）、佐佐成政三个人，这三人和柴田胜家一样，从家臣变为了一介大名。但是，大名只是他们的身份，这三人的实际工作是作为信长派遣给柴田胜家的助手，帮助他完成信长交付的北陆（新潟县、富山县、石川县、福井县）领地拓展任务。用今天的话来说，就是织田公司总裁织田信长派给北陆分公司总经理柴田胜家的三个部门经理，并非胜家的直属手下。

所以，当利家面对的是上杉家，或者是当地的一揆等敌人时，他是胜家的部下。而当他面对同为织田家家臣羽柴秀吉的时候，他的立场就变了，变得和柴田胜家一样了：都是织田家的一分子，选谁做同伙都是一个样，撇开利家不说，原本和秀吉一伙的中川清秀、丹羽长秀若是掉转枪头帮着胜家打秀吉，那也是无可厚非情理之中的事情。

其次，既然胜家来到了府中城下，要求进城休息，想必他也理解了利家的那种行为，也清楚利家并非背叛之人。

当他进了城之后，便问利家说道："打了一天的仗了，真的是又累又饿，能不能给我一碗泡饭呢？"

利家连忙表示：光要泡饭哪行呢，不如进来喝点酒吃点菜吧。

不等胜家答应，利家便挥手让人准备酒席。

饭桌上，胜家对于利家脱离战场的事情只字不提，只是诉说回忆着两人当年征战中的点点滴滴。而利家则不断地倒酒，喝酒，给胜家斟酒，听胜家讲话。

酒足饭饱之后，柴田胜家表示时间不早了，自己该回家了。利家说，那我送送你吧。

当走到门口，胜家翻身上马的时候，他突然对利家说道：

"你，跟秀吉是好朋友吧？如果他来找你的话，就去他那里吧。"

说完，便离去了。

不知为何，每当看到这句话，我总觉得柴田胜家很帅，真的很帅。

不计身份、立场、利益所结成的友谊固然是宝贵的，但不计上述这些东西而承认这种友谊的行为，我觉得同样宝贵。

❋柴田胜家的最后抗争

四月二十二日，也就是贱岳会战之后的第二天，秀吉的大军开到了北之庄城下，并且发起了进攻。仅用一天，便攻下了三之丸和二之丸。接着，二十三日，羽柴军对胜家最后的据点本丸发动了进攻，因为打了整整一天都没扒下几块砖来，于是秀吉宣布，大军原地休息，明天接着打。

而当天晚上，柴田胜家在本丸召开了盛大的宴会，但凡留在本丸的柴田家士卒都能参加。

会上，胜家先发言，表示长期以来大家一直跟随自己辛苦了，接着又说道：

"你们都还年轻，今后的路还长，如果谁想逃走求生的，在下绝不阻拦，其他人也不要阻拦。"

大家立刻表示，要生一起生，要死一起死。

表完决心之后，宴会正式开始。谁都知道这是自己在人世间的最后一夜了，所以毫无顾忌地喝酒作乐，甚至还有人将酒瓶子往城楼下丢，并且放声高歌，相当程度上影响了羽柴军的休息。

当宴会结束时，已经是深夜了。

胜家叫来了刚刚新婚半年的妻子——阿市，对她说：你带着三个女儿去秀吉那里吧，以秀吉的为人，他一定不会为难你们的。

事情确实如此，阿市对于秀吉来说，不但是先主信长的妹妹，更是暗恋已久的对象，不管从哪方面来讲，秀吉对于她的到来，都是非常欢迎非常期待的。

不过阿市拒绝了。

她只要求将三个女儿安全送到秀吉那里，自己，则打算和丈夫一起去死。

我知道，我是武家女子，在这个时代，武家的女子只能如同工具一般，只要活着一天，这种情况就不会改变，这便是命运。从我出生开始，每走一步，不论是学女红也好，读书也好，或者说是婚姻也罢，都是由着别人给安排决定的，容不得我自己有半点的意见和抗拒，但是这一次，仅仅是这一次，我的命运由我自己来决定！

在某种意义上，自杀代表着尊严和反抗。

胜家接受了她的请求，派人连夜将女儿们送到了前田利家处。

二十四日凌晨，总攻开始。

由于北之庄城是胜家苦心经营数十年的大本营，所以异常坚固，同时也储藏了大量的武器弹药。装备精良的柴田军抱着视死如归的心态打退了羽柴方数次进攻，但因为人数上的差距实在过于悬殊，不得已在下午的时候放弃了外围，直接退入天守阁。

北之庄城的天守阁共有八层，羽柴军每进一步都要付出沉重的代价。许多柴田家的家臣在遍体鳞伤走路都跟跟跄跄的情况下，仍然保持着高度的战斗力——抱着对手一起跳下了高楼。

一直打了六个多小时，羽柴军总算是占领到了第七层，在他们头顶上的第八层，已经只剩下了胜家、阿市和三十多名家臣，以及大量的火药。

胜家看着阿市，轻轻地说道："原谅我吧。"

之后，他亲手刺杀了自己的妻子，随后切腹。

与此同时，家臣点燃了火药，在爆炸声中，北之庄城被熊熊大火所吞噬，

终究化作了灰烬。

天正十一年（1583年）四月二十四日，织田家一代重臣柴田胜家兵败自尽，年六十三。

战后，秀吉将越前、若狭等地赏赐给了丹羽长秀。作为这次战役的大功臣，长秀心安理得地接受了赏赐，同时也心安理得地通过这种行为告诉天下：我五郎左，已经是羽柴家的家臣了。

同时，秀吉还没收了织田信孝和泷川一益两人的领地，并将其交给了织田信雄。

顺便，他对信雄说道："本来呢，是要将三七大人（信孝）给杀了的。不过后来一想，觉得使不得啊，毕竟是主公的儿子，实在是于心不忍呢。这样吧，信雄大人您先暂时照看他一段时间，如果确实有悔过的话，那我再把领地还给三七大人。"

信雄一听就觉得不对劲儿了，这领地，难道还要吐出来还给信孝那小子？

不行不行，这种亏本事儿可不能干啊。

于是，当年五月二日，信孝在拘禁处的大御寺（爱知县内）内被自己的兄弟给逼着自杀了。

就此，秀吉的借刀杀人计成功了。

第三十三章 敌人与朋友

❋非主流数正

当德川家康知道柴田胜家兵败身亡的消息时,他正在吃炒面,据说一半的面条还在嘴巴外面。

然后他一边吮着嘴边的面条一边告诉自己:这是在做梦,是做梦。

报告消息的家臣告诉他:这是真的,是真的。

接着家康将两句话连在一起说了出来:"真的像做梦一样。"

做完梦后,家康下令开会,打算商量一下接下来的对策。

主题很简单:信长死了,秀吉发了,那么德川家今后该何去何从呢?日本,又会变成什么样子呢?

会议气氛很热烈，但是啥都没讨论出来。

原因其实也很简单：三河盛产一种东西——愤青（自然夹带愤中、愤黄）。

愤青的一大特点就是喜欢走极端，目光比普通人狭隘了那么一点，用现在的话来说，或多或少地带有一些地域自大主义，比较看不起除自己以外的国家或是地区。

当时日本有两大愤青基地：其一是三河，其二是萨摩。

在三河，以本多作左卫门重次愤得最厉害。他是三河本多家一员，也算得上是德川家武士的核心人物，担任三河地区的内政总务，这天恰巧跑远江滨松出差来了，一听到开会，就赶了过来。

一坐下，便发表了一番看法：

"据我所知，秀吉原本是个挑大粪的，就是这样一个低贱之辈，你们觉得有可能成为天下人吗？我觉得不可能。那些软弱的织田家旧臣居然为了一点好处，就喜滋滋地接受了原本和自己地位一样，同为织田家家臣的秀吉的赏赐，成了他的一条狗（这说的我估计是丹羽长秀），这些鼠辈，我看都长不了，和光秀一个样！"

在重次的人身攻击外带诅咒下，其他的三河武士一边叫好一边发表了雷同的看法。

就在这一片热烈的气氛下，突然响起了一个不同的声音：

"不管作左你怎么骂，秀吉都已经是天下之主了。"

说这话的人，便是我们久违了的三河忽悠高人——石川数正。

但是这次并非忽悠，而是他的心里话。

数正接着说道："诸位，我们已经不再是昔日的三河乡下武士了，所以不能再凭自己的好恶来判断天下大势。这种恶习如果不加以改变的话，总有一天是要自讨苦吃的。"

作左丝毫不让步："你刚才说，秀吉成为了天下之主，那么，家康大人是不是也要成为他的家臣呢？"

这顶帽子的分量相当厚实，以至于数正不得不避开转移话题："我只是告诉大家，时代已经变了，所以大家的心胸也该宽阔一点，仅此而已。"

众人当然不可能就这么放过这个非主流，于是继续发表看法的发表看法，反驳数正的反驳数正，吵吵闹闹的就这么一直折腾到了散会。

会议的主持人德川家康一直静静地看着他的家臣们，一句话也没说，但是在当天晚上，他却召见了石川数正。

"你真的认为秀吉稳坐天下了吗？"

显然，家康非常不希望秀吉成为天下之主，此刻他最期盼的事情就是秀吉当晚突发急性脑膜炎并经抢救无效死亡，享年四十七岁。

当然，仅仅是期盼而已。

石川数正很正经很严肃地告诉家康：秀吉很健康，最近刚讨了几个小老婆，而且还在原来石山本愿寺的地方造起了一座天下无双的城堡——大阪城，所以只要不出现诸如彗星撞地球之类的事情，一般不会突然人间蒸发。

家康想了想，觉得确实是这么回事儿，所以只能问数正，接下来该咋办。

咋办？结盟呗。

数正的意思很明白：织田政权已经土崩瓦解了，所以原来的织田、德川同盟自然不复存在，与其和什么信雄或者三法师那小孩子结盟，还不如和秀吉结盟来得划算。

不过，这样真的可行吗？秀吉拼死拼活和光秀干架的时候，我们在逃命；秀吉在开清洲会议的时候，我们在甲斐信浓捡白食；秀吉在和柴田打仗的时候，我们在三河打酱油。现在秀吉成了天下之主了，我们上去凑着要结盟，暂且不说这么结盟成功率有多少，就算成了，德川家也会被看作随风飘的墙头草吧？

听了家康的疑问之后，数正笑了起来：

"大人心急了。其实，这次派一个使者过去，完全没必要说结盟的事情，只要备一样礼物，然后祝贺一下羽柴家取得贱岳会战的胜利即可。俗话说'伸手不打送礼人'，想必对方不会给我们什么难堪，而我们顺便也能看看秀吉的反应。"

一语惊醒梦中人，家康恍然大悟，连声叫好，并且立刻开始着手准备。

✤ 初花肩冲

使者自然只能是数正了,这个没什么选择的余地,因为如果要派本多重次这种人去的话估计能把大阪城给烧了。

接下来就是最关键的东西:礼物。

既然前去祝贺,总不能两手空空的光赔笑脸打招呼吧?必须要带礼物去。

不过就是这礼物,让家康犯了难。

在整个三河国内,居然找不出一件符合送给新任天下霸主羽柴秀吉的东西。这倒也不是家康穷,而是他生性节约,节约过头了,以至于从来没有为自己添置过一件像样的比如茶具、屏风或者舶来品之类的宝贝。

于是在苦苦思索之后,家康一拍大腿:"有了,把初花送给他!"

数正顿时大惊失色。

不是因为初花不值钱送不出手,而是因为它太值钱了,数正觉得送了可惜。

所谓初花,是当时日本最有名的茶器之一,原产地中国,据说当年杨贵妃曾经用过,然后流传到了日本。室町幕府第八代将军足利义政曾经给予其"姿态高贵,不亚于初放的花朵"评价,故得名初花。

如此名贵的宝物,当然不可能是家康自己买来的,而是信长送的。

信长生前,曾经规劝过对日本风雅文化一窍不通也不想通一窍的家康:"竹千代,不如你也玩玩茶道如何?"

既然劝别人一起玩,按照惯例自然要送别人套茶具才行,就像你劝别人集邮,再怎么也得送人一本集邮册吧?

信长送给家康的,正是这初花。

虽然在他眼里,这是宝贝,也是自己和德川家友谊的信物,但是在家康看来,这跟普通乡下老太婆放染料的小瓶子没啥大区别,不过出于礼貌,还是装出了一副感恩戴德三生有幸的样子将其带回了家,之后送入了仓库,就再也没拿出来。

现在终于到了派上用场的时候了,家康很高兴。

但石川数正却有了一丝顾虑。

这是信长的遗物,你拿来随便送人,合适吗?

听了数正的意见后,家康也陷入了沉思。

送，实在有点不太妥当；可不送，似乎更加不妥当了。

暂且不说家康已经再也没有拿得出手的玩意儿了，更关键的是，初花这东西，如果分类分得细一点的话，是属于日本茶器中的"肩冲"一类。

肩冲就是指茶器的上部有两角，呈微微上翘状，由此得名。

在当时的日本，肩冲茶器有不少，但是最名贵的只有三个：新田肩冲、柴栖肩冲和初花肩冲。前两者皆为秀吉所有（也有人认为柴栖肩冲是秀吉进攻九州时才得到的），这就等于集邮一样，一套邮票就差一张，而这一张偏偏就在家康手上，如果不送，那么秀吉多半会心生不爽。

于是家康下定决心：就是它了！

数正领命捧罐而去。

望着数正远去的背影，家康笑了。

祝贺？那是礼数。结盟？想都别想。

❋ 愚殿信雄

尽管石川数正吵着嚷着要和秀吉结盟，而三河愤青团则高喊单骑走天下。事实上，对于今后的外交，家康早就在心里定了下来，连结盟的人选都找好了，那就是传说中人见人散，花见花败的"愚殿"——织田信雄。

信雄虽然能力不咋的，但是心气非常高，自信非常足，总觉得织田政权不管从血统上来说，还是从实力上来讲，都该是他的。此前织田家内乱，清洲会议上，秀吉便一手抱着三法师，一手开始拉拢信雄，承诺由他来做三法师的继承人，并且暗示还能拥戴他做信长的继承人，于是满怀期待的信雄在秀吉身上押下了大大的赌注。

结果嘛你也知道了，虽然赌赢了没错，但是钱全都给秀吉收去了。

买了炮仗给别人放，信雄内心的气急败坏可想而知。但偏偏实在得罪不起这位大爷，所以信雄也不得已继续保持着和羽柴家的所谓友好关系。

在这样的情况下，天正十一年（1583年）年初，他收到了来自三河的密信。

信中先将信雄夸了个花好稻好,接着表示,想和他见面。

经过清洲会议,信雄对于自己和羽柴家的关系已经不再有啥大的自信了,现在如果一手拉着秀吉,一手抓住家康,那么必定可以高枕无忧了。

抱着这个想法,他同意了这次会面。

这时候秀吉正在跟信孝胜家他们扯在一块儿械斗,实在是顾不上信雄见了谁,去了哪儿,所以趁着这个间隙,他来到了三河冈崎,和家康见了面。

见面之后立刻便是饭局。家康一个劲儿地给信雄倒酒,称赞之词不绝于口,并且回忆了自己和信长之间兄弟般的情谊,说到动情处,还抹了几把眼泪。

信雄被深深地感动了,他没想到,家康居然如此惦记着和织田家的情谊,更重要的是,居然如此惦记着他,所以不由自主地开口说道:"家父生前便和大人是好友,两家也是同盟,所以现在继承了父亲衣钵的在下也愿意和大人结盟,不知您意下如何?"

家康等的就是这句话。

不过,他只是点了点头,表示:"所谓同盟,无异于一种束缚,在下断然不敢束缚中将(信雄官居左近卫中将)大人,但是心意却绝不改变,从今往后,中将大人只要一声吩咐,在下一定鼎力相助,在所不辞。"

趁着信雄感动得无以复加的当儿,家康悄悄地嘱咐道:"秀吉此人,绝对不能小看啊。"

信雄则一拍地板,高声嚷道:"羽柴那小子就是我们织田家的一条狗,有何惧哉!"

家康略微一点头,继续倒上了酒。

对于他来说,这才是真正的结盟首选对象。

当然,这种想法,他的家臣们自然是都不知道的。

✿秀吉的拉拢

天正十一年(1583年)四月,在秀吉击败胜家后没几天,石川数正便赶到了新造的大阪城，并送上了天下名器初花肩冲。

秀吉很高兴，他立刻联想到：莫非家康也有意投靠我？

这么一想，顿时大喜。毕竟现在刚刚吞了织田家的大部分产业，不是特别稳定，而眼前还有四国的长宗我部氏、九州的岛津氏等强敌，在这个时候家康跑来示好，实在是太得秀吉之心了。

大喜之余，秀吉拿过礼物初花肩冲，细细把玩了一番问石川数正道：

"这初花，伯耆（数正官居伯耆守）大人您觉得价值多少呢？"

石川数正想了想，很认真地回答道："在下以为，值五千石。"

所谓五千石，指的是五千石大米，这些大米换算下来，基本相当于当时中国明朝一品大员四年多的收入（纯收入，不带灰色），在当时的日本，算是一个比较高的价钱了。

可是换来的却是秀吉的哈哈大笑。

笑完之后他告诉数正，这东西，价值十万石。

数正惊呆了，三河出身的他，虽然在家乡算得上是见多识广的开明派，但是一旦放眼全日本，充其量不过是个乡下的土秀才罢了。

看着数正的样子，秀吉又笑了笑，说道："其实啊，人何尝又不是茶器呢？"

言下之意不言自明，在三河的五千石，到了大阪，或许就是十万石了。

说者不知道有没有意，但是听者确实是有心了。

为了表示对家康祝贺的答谢，当年夏天，秀吉便给德川家送来了回礼——名刀"不动国行"。

接过宝刀，德川家康得出了一个结论：秀吉怕他了。

其实也不能说怕，只不过不想惹他而已，毕竟家康以及三河人的强硬是比较出名的。当年和武田信玄在三方原恶战一步不退，愣是等到老天开眼哐当一下弄死了信玄，这种人，自然不能轻易去惹。

抱着这样的心态，当年秋天，秀吉又送来一纸文书：为您奏请了新的官职。

秀吉在朝廷推荐了家康，让其成为了左近卫权中将。

而秀吉本人，不过是个参议。

中将是正四位下，参议是从四位下。一正一副，一高一低。

于是家康又得出了一个结论：秀吉很坏，打算用糖衣炮弹来软化腐蚀自己。

接着他便作出了反应：吃掉糖衣，丢掉炮弹，接受了官位，接下来该干吗还干吗。

家康得出的第二个结论是错的。秀吉并不是打算腐蚀他，而是单纯认为，如果家康接受了官位，那么出于礼貌，一定会上京当面答谢回礼，这样一来，就等同于表示自己归顺了羽柴家，成为了秀吉的臣子。

结果家康确实答谢了，但没当面，只是一封书信了事。

于是，秀吉再接再厉，又给家康奏请了新的官位——参议。虽说和自己的官职相同，但是参议里也有地位高低的，这次给家康的，是从三位参议。

但凡在日本，上了三位的官，就算是大官了，人称"殿上人"，也叫"公卿"，算是不折不扣的贵族。

但家康仍然不为所动。

就在这种怪异的僵持状态下，过年了。

✲ 被玩弄的自恋狂

新年按照规矩，臣服于羽柴家的诸大名是要来拜年的。当然，这时候，虽说秀吉已经实际上掌握了天下，但名义上天下仍是织田家的，主人便是三法师小朋友。

所以，大家拜年的对象，是三法师，而抱着三法师且同时接受拜年的，则是秀吉。

拜完之后，大家又去了三法师名义上的监护人：织田信雄家（信孝死后就变成了信雄），接着拜。

信雄是属于非常典型的给两分颜色就敢开染坊的家伙，他一见这多人都来给他磕头拜年，立刻飘飘然起来，并且坚信自己是拥有天下的器量和才华的。

自信的同时，他往下看了看，发现了一个问题——秀吉没到。

废话，秀吉凭啥给你拜年呀？

但信雄不这么认为，他觉得秀吉明明就是织田家的家臣，照理应该前来拜年，但却不来，分明就是歧视自己，于是便当场大怒并拍着地板大叫：

　　"这只猴子，为何不来！"

　　众人大惊。当下就有好心人悄悄提醒道："中将大人切莫冲动啊，最近我听到了很不好的传闻。"

　　信雄忙问是啥传闻。

　　"最近，在安土城下流行着秀吉大人要杀中将大人您的传言呢。"

　　信雄顿时勃然大怒："那只猴子，他把自己当成什么玩意儿了！"

　　一看这都骂上了，大家也不好说什么，纷纷借机开溜。

　　秀吉很快就听说了这件事，于是便又让人出去开始传谣言：信雄大人要杀秀吉大人。

　　显然，之前的那个传言的制造者，也是他。

　　这些谣言在安土城周围被大肆传播着，以至于信雄吓得觉都睡不稳妥，身心方面受到了极大的摧残。

　　放了这几个传言还不算完，不久之后，已经惶惶不可终日的信雄又听到了新消息：羽柴秀吉已经买通了自己身边的四个家老，双方准备里应外合，信雄不打则已，一打起来马上就将他人道毁灭，把战争的种子扼杀在萌芽之中。

　　信雄彻底慌了，还没过完年就逃离了安土城，回到自己的大本营伊势长岛城（三重县内）。

　　然后就没了动静。

　　得知这一切的家康生怕信雄坐以待毙，于是便在二月上旬派遣了使者前往伊势，劝服信雄鼓起勇气拿起武器反抗大坏蛋羽柴秀吉。

　　当然，家康之所以这么做，并不是出于对信雄的关爱，严格说起来他根本就不想跟秀吉打仗。可是他明白，一旦动起手来，信雄绝对不是秀吉的对手，他死了没关系，可他那一百多万石的领地如果落入了秀吉之手，那么自己将再也无法和这位新兴的霸主抗衡，而秀吉的下一步，百分之百就是侵攻三河，所以若趁现在好好联合信雄，那么只要安排得当，那还有得一拼。

　　秀吉这边自然是巴不得信雄主动开打，毕竟自己实在不好无缘无故地下手

干掉自己老主君的儿子。

两边同时一煽风，信雄终于开始激动起来。

大战，又将一触即发。

第三十四章 猴狸合战

❋借刀杀人

尽管家康抢先开始作起了准备，比如联合四国的长宗我部，巩固和北条家的同盟等，但还是让秀吉抢了先机。

没办法，这实在怪不了家康，就算是天照大神再世，也盖不住信雄人傻。

话说信长还在人世的时候，派遣了四个家老辅佐自己的儿子信雄，分别是冈田重孝、津川义冬、浅井长时和泷川雄利。他们和秀吉的关系都算不错，所以，在天正十二年（1584年）春，秀吉将除了泷川之外的另三个人请到了大阪城内。

"无论如何，请你们要效忠三法师大人啊。"

秀吉向他们说道。自然，封官封地这种好处也没少承诺。

于是三人同意了，并且当场写下了效忠三法师的誓言书。

之后，秀吉又将泷川雄利给单独叫来。一见面，秀吉便开门见山地说道："你投靠我吧，我给你领地。"

雄利觉得很好笑，投靠你？凭什么？

秀吉也没多废话，直接就把那三份誓言书给拿了出来，交到了对方的手里。

看了这个，雄利笑不出来了。

现在这个情况就比较棘手了，虽然自己并不打算做秀吉的内应，但如果这么明着拒绝，恐怕惹急了对方搞不好会把自己给刹了。

没办法，雄利只能假意答应，并且当场签下了誓言书。

之后，连夜火速赶回了信雄处，将他所见的一切告诉了自己的主君。

信雄没有任何犹豫，他立刻下令请三位家老前来喝酒聊天。

接下来的故事就没什么新意了，无非是摔杯子出伏兵砍人收尸完事，然后信雄宣布和秀吉断交，并且派人来到浜松请求家康一起出兵。

收到消息的秀吉非常愤怒，也非常悲痛，据说当场就流下了眼泪。在这眼泪的背后，我们看到的其实是一张笑脸。

他以极高的策划天分导演了这一出戏，而信雄则如同一个忠实的木偶一般按照剧本一五一十地将其演绎完毕，把自己偌大的一个家业鼓捣得只剩下一个空壳了。

家康的表情也不难猜测，但是不管脸上如何，他都知道，这仗已经是不打不行了。

天正十二年（1584年）三月，家康领兵出阵。

在此之前，他已经联络了四国的长宗我部，让他从濑户内海进攻大阪；还和纪州（和歌山县）的根来党取得联络，让他们由南向北骚扰摄津；北陆方面，则跟长期以来以痛恨秀吉出名的织田家旧臣佐佐成政取得了联系，相约家康自三河出兵，他从北陆呼应。

一张当年信长包围网的山寨版——秀吉包围网，就这么诞生了。

❋笨，不是一般的笨

四月初，家康到达清洲城，和信雄会了面，并将此地作为了大本营。

此时的秀吉，正在上方四处游走，说服各种不太稳固的势力加入自己。同时，他也拉拢了美浓的池田恒兴作为自己的同盟，许下领地封赏，相约一起作战。

池田恒兴自信长时代就算得上能打的人了，而且因为跟信长是乳兄弟，所以这时的立场还算中立——既跟秀吉交好，却也给信雄送出了人质。

现在的他，正在犹豫之中：虽说确实很想跟秀吉站在同一战线上，但也不能不考虑到自己在织田家做人质的儿子。

在这个节骨眼上，信雄再一次向大家展示了他"出众"的智商——为了表示自己有心拉拢恒兴，告诉对方自己心怀仁慈，他把人质给送回了池田家。

顺便介绍一下这位人质：他就是在后来江户时代领取备前冈山三十万石领地，人称"姬路宰相"的池田辉政。

看到儿子回来，恒兴大喜，认为是上天给的好兆头。辉政前脚刚进门，恒兴后脚就起兵响应秀吉，并且当下就攻取了信雄的领地犬山城（爱知县内）。

得到消息，信雄立刻就哭丧着脸跑去找家康，并且反复念叨着一句话："家康大人，我们到底有胜算吗？请您如实告诉，我有心理准备的。"

对于这种没IQ没EQ心理承受能力几乎等于零的傻孩子，纵然是家康也没了辙，只能反复安慰道："没事的，没事的，就算不赢，也不会输。"

不想这么一说，信雄更加歇斯底里了，他大声说道："您就别安慰我了，犬山城都被攻下来了！如果万一有个三长两短……在下可要……"

虽然话没说下去，但是家康很清楚，这小子想说的是："万一有个三长两短，在下就要去投靠秀吉抛弃你家康了。"

面对如此没有可塑性的笨学生，家康老师长叹一声，又慢慢地开导起来："秀吉的军队虽然势力很大，但大多数都是他以前的同僚，大家不过是为了一时之利才聚集在他的旗下，要说忠诚，那是基本没有的。所以，只要我们能坚持，坚持的时间一长，他的军队就会自行崩溃，再加上外围的北陆、纪州、四国等处攻势，拿下羽柴家易如反掌。"

见信雄还在犹豫之中，家康不得不继续长篇大论："虽然被拿下了犬山城，但如此大规模的合战，一城一砦的得失根本就不会被计算在决定胜负的范围内。对方军势庞大，必然骄傲，俗话说骄兵必败，一旦骄傲，必然会有破绽，到时候看准了进攻准没错的。"

在这一番谆谆教诲下，信雄算是勉强稳定了心绪，然后下令召开军议。

说是织田、德川两家军议，实际上议事的都是德川家的人。这也没办法，织田方四大家老让信雄给杀了三个，还有一个泷川雄利此刻正在防御信雄在伊势的领地，而信雄本人，则对战阵之事一窍不通，他本人也乐得将这些麻烦事全权托付给家康处理。

家康像往常一样，问问下属有啥好意见没有。

神原康政提议："占领小牧山。"

所谓小牧山，其实就是一座小山丘，海拔一百米都不到，但是战略位置却极其重要，一旦占领，进可攻美浓，退可守尾张，十分便利。而且虽说海拔不是很高，但相对于整个尾浓平原来讲，也算得上是制高点了。

康政接着表示，自己已经前去探察过了，山上留下不少当年信长筑城用的基石，所以只要短短几天，便能利用这些石头重新造起一座桥头堡来。

家康点头表示同意。

当天晚上，康政带了一百二十人赶往小牧山，三月十五日到达，一个星期后，也就是二十二日，便在小牧山上造起了一座简易的城堡。

造完之后，康政仰望天空，长长舒了一口气。

终于，抢占了要地。

然后，他惊讶地看到蔚蓝的天空升起了一股袅袅黑烟。

❋没事儿别玩火

放黑烟的那位哥们儿，叫作森长可——织田家重臣森可成之子、森兰丸之兄、池田恒兴的女婿。

作为池田军的先头部队，森长可也看中了小牧山这个战略要点，并且在 16

日早上，赶到了小牧山附近的尾张羽黑村（爱知县内），然后就不挪窝了。

两支军队就这么在相隔不到数里的地方自由活动，一时间倒也相安无事，谁都没发现谁。

羽黑村周围还有不少村落，森长可担心万一发生遭遇战，这些村落或许会成为敌军的据点，于是便下令放火将其烧毁，放火的过程中，产生了大量的黑烟。

对于这种不打自招的自杀行为，家康自然没理由放过。他果断下令由酒井忠次为先锋，共六千人出战，打算发动夜袭将其歼灭。

领命而去的忠次，将军队分为四队，从前往后依次是酒井忠次、奥平信昌、大须贺康高和驻守小牧山的神原康政。他们深夜出发，于凌晨到达了村前的羽黑川岸边，然后被发现了。

顿时，双方展开了激烈的枪战，枪声和火光一直持续了大约二十分钟。酒井忠次觉得这样光放炮不过瘾，要来点实在的，于是便下令发起冲锋，六千人拎起长枪就朝着对岸杀了过去。

其中，位居第二队的奥平信昌率先到达彼岸。之后，他叫过铁炮队，下达了擒贼先擒王的命令，也就是说但凡撞上穿得好的、骑着马的、身上佩带的刀是名牌货的，一律花生米伺候。

经过这么一番有目的的狙击，原本就因遭到夜袭而乱了阵脚的森家军阵营越发混乱了。

总大将森长可拼了命地试图将剩余的兵力组织起来，然后对突袭之敌发起反击。

就在这个时候，一个声音响了起来：

"大家稳住啊！再被追着打，就要掉到河里淹死啦！"

话里说的河，指的是他们背后的木曾川。

说这话的人叫作尾藤十二兵卫，是秀吉派来的监军。

听到十二兵卫的这句话后，大家的脑海中立刻留下了以下的印象：

首先，自己败了，还是被追着打。

其次，自己很可能会淹死。

于是，大伙逃得更厉害了。森长可也没了法子，只能随波逐流一起开溜。

败报很快就传到了秀吉那里，此时的他正在大阪开茶话会。得知消息后，秀吉只是微微一笑，然后对着与会的各界名流说道：

"武藏（森长可官居武藏守）那小子，又在玩枪了，想必是手痒了吧。"

话虽这么说，但秀吉还是急急忙忙地摔下茶碗，火速向战场赶去。

✽ 谁先动，谁就输

四月二十七日，对外号称十二万大军的羽柴部队赶到了美浓。秀吉将大本营设在了犬山城，与此同时，家康也将本阵从清洲城移至了小牧山。

然后，两人几乎同时开始挖坑、竖栅栏、造长城，并且互相展开了竞赛。先是家康在小牧山、蟹清水等地造了六个防御工事，秀吉得知后，表示要在数量上压倒对方，于是在尾张二宫山附近，连造了九个工事，家康见状立刻迎头赶上，又加修了一个。

这些事情都干完之后，两人便往大本营里一缩，再也没了动静。

这是一场谁先动谁就输的战斗。所以，不但要自己不动，最好要让对手率先动起来。

于是，一场高难度高水准的高手决斗开始了：双方并不亮家伙，而是隔空互相飞秋波，打算用眼神勾引对方率先出手，然后一棍子打死。

先出招的是秀吉，绝招一：口水喷死你。

秀吉写了一封慰问了家康以及家康家中女性家属的信，打算差人送过去，以便激怒他，勾引他出战。

虽然这是一个比较幼儿园小朋友风格的招数，但秀吉仍然充满信心。

他叫来了细川忠兴——细川藤孝的儿子、明智光秀的女婿，吩咐道：

"你将这封信送到德川阵地门前去。"

一旁的高山重友觉得，这样送信过去不成功倒也罢了，万一产生反效果，那就不好玩了。

于是他急忙对忠兴说道："这虽说是命令，你若是不想干那也别干了。"

忠兴比较莫名其妙，不知内情的他看着对面的两人一时间有些犹豫。

秀吉见状，装出一副不爽的样子对右近说道："你说得没错啊，这小子果然不行，我再派个能干的去。"

忠兴一下子就火了，他觉得是右近在挑拨离间，贬低自己的能力，于是便走上前去一把拿过秀吉手中的信纸，狠狠地瞪了一眼高山重友，走人了。

他把信纸夹在劈开的竹子中，单枪匹马赶到德川家阵地前，然后把竹棍往地上一插，高声喊道："羽柴家细川与一郎前来送信！"

叫完，便立刻拍马回去了。

家康看了这封信之后，下令让神原康政回信一封，怎么写都行，唯一的要求就是：不署自己的名。

当天，秀吉就收到了一封以德川家家臣神原康政发来的罪状书。该书首先对秀吉的身份进行了揭露，指出羽柴秀吉本来是个草民，烂命一条不值几个钱，之后，又对他的发家史进行了大揭发，阐述了他侥幸投靠信长，从端茶送水牵马提鞋得到宠信，一直到之后平步青云终成诸侯的个人历史，然后得出了一个地球人都知道的结论：秀吉的一切，是信长给的。

随后另起一行，又在刚才的结论上列举了秀吉最近种种不着调的行为，比如杀信孝，伐信雄，实属大逆不道忘恩负义。接着，笔锋一转，将秀吉这种无耻的行为和家康念念不忘旧情，以老朋友、老亲家的身份帮助信长的儿子信雄对抗恶霸羽柴秀吉的高大形象作了对比，最后得出了结论：秀吉是一个反贼、败类！

纵观文书通篇，大量运用了逆贼、反贼等帽子，这在战国时代比较罕见。

秀吉看了之后，一句话也说不出来，只是说了一声："备马。"

他又想出了一招。

绝招二：明月当头照（白天）。

秀吉骑着马，一个人冲到了之前细川忠兴插竹竿的地方。在这里，可以清楚地看到德川家的营地，当然，对方也能看得到他。

于是，秀吉跳下马来，然后大喊一声："德川家的各位！你们往这里看！"

三河人一时间并不知道发生了什么，只看到自己敌人的总大将孤身一人站在不远的地方，也不知道要干什么。大家也怕有什么埋伏，所以只围观，不行动。

大概相持了十几秒，秀吉做出了一个惊世骇俗的动作——将自己的阵羽织掀了起来，然后，德川家的大伙惊讶地发现：这家伙没穿裤子。

秀吉趁着大家发愣的当儿，一边拍着自己的屁股，"啪啪"之声响彻天籁不绝于耳，一边还大喊道："敌将的屁股在此，有种的就来呀！"

面对这种无耻下流的行径，德川家康再也忍耐不住了，当下命令铁炮队狙击秀吉的屁股，好让他这辈子都坐不了板凳。

当铁炮队冲出来开枪的时候，秀吉早已跳上了马，准备回撤。

因为相距甚远而且周围树林繁茂挡住了视线，所以一阵枪响过后，啥也没打着，秀吉则高声大笑道："我乃天下的大将，怎会让你们这群宵小打到屁股？知道吗？连子弹都要绕着我的屁股走呢！"

一边说，一边悠悠地远去。

望着秀吉的背影，德川家诸将纷纷按捺不住要求出战，理由也很简单：这厮现在就敢在自家门口脱裤子光屁股，再过一段时间岂不是能跑过来随地大小便了？

为了不让自己神圣的军营变成敌人的公共厕所，一定要让这只猴子尝尝厉害。

但是德川家康始终就只有一句话：这场大战，谁先动，谁先输。

所以一连好几天，双方都处在站在对方门口骂街、丢石块的骚扰阶段，谁也没敢动真格的。

✱弄巧成拙的奇袭

终于，有个人急了眼了。

这就是在羽黑村被打得落荒而逃的森长可。

他因为作战勇猛，所以人称"鬼武藏"。那次意外落败，还死了不少士兵，实在丢人又丢脸。同时遭到连带差评的是他老丈人——池田恒兴：之所以鬼武藏大人会被人打得撒腿就逃，归根结底还是那股黑烟暴露了行踪；之所以会有那倒霉的黑烟，纯粹是因为他害怕敌人攻过来将村庄做了据点所以才烧毁村庄；之所以他害怕敌人攻过来故采取放火策略而不是主动攻过去，是因为他在等待大部队接应，而这个大部队，就是答应了立刻赶到却直到森长可被打败还不见踪影的池田恒兴。

至于为何老丈人要放女婿鸽子无从考究，据说是因为他一连几天重病躺在床上。森长可本人也不想考究，此时此刻的他，最需要的不是真相，而是一场能够挽回面子的胜利。

至于池田恒兴，他对于这种将女婿当猴耍的行为也一直过意不去，所以他也在苦思冥想，怎么才好弄出一个让女婿恢复名誉的好计策。

经过一番探讨研究后，池田恒兴想出了一个办法：奇袭。

所谓奇袭，就是在对方不经意间，完全没有思想准备的时候，从侧面或者背后偷偷地来一下子，也就是传说中的打闷棍、放黑枪。

这种战术在中国也被叫作偷袭，属于诸葛亮、曹操这种阴人常用必备的战术。

而在日本，这种战术却很少见，因为失败率太高，风险太大，一旦有个万一就算是全军交代了，所以基本属于外星招数。严格算起来，在日本战国时代最早的奇袭战就是信长的成名之作——桶狭间会战，甚至连奇袭这个战术名词，据传都是他发明的。

现在池田恒兴提出的计划是：趁着夜色偷偷行军，绕过家康的尾张防线，然后直插三河，突击他的大后方冈崎城。这样一来，家康一定会惊慌失措，那么战争的胜负也就定下了。

至于参加的人数，恒兴表示，自己和森长可总共有九千余人，足够了。

此刻的秀吉其实已经焦虑不堪。他的军队，说实话就是临时拼凑起来的。这些一个个说是部下，其实一两年前大家都是老同事，很多人出身比自己好，地位比自己高，要不是因为自己实力强大而且外加封官许愿，谁肯为自己拼命啊？更何况，自己现在远赴尾张作战，老家大阪城正被来自四国和纪州的敌人虎视眈眈地盯着不放，稍有差错就会被人劫了大本营。再反观家康，三河生三河长，身边全是自幼一起的三河人，家也离战场近，随时都能回家吃顿饭睡个觉搞点娱乐啥的，在此地待个一年半载估计也就当长期出国考察罢了。

虽说谁先动谁先死，但为了不让自己死得过于难看，也只能赌上那么一把了。

秀吉不但同意了恒兴的建议，还多给了两支部队——堀秀政的三千人，以及这次奇袭作战的钦定总司令：秀吉的养子——羽柴秀次。

秀次的出现，让织田信雄不再寂寞。毕竟，有他做伴，信雄就不再是当时日本的第一无二傻了。

结果，这支号称是偷袭的队伍，一下子达到了两万人，并于四月六日深夜出发。

事实证明，这确实是一个好主意——一个好得要了命的好主意。

所谓奇袭，关键就在"奇"，必须要做到在别人不知情的情况下给人上家伙。俗话说："要想人不知，除非己莫为。"莫为实在有些过分了，但再怎么着，也得"己少为"吧？偷袭别人的时候，人数绝对不能太多，人一多，就容易暴露。

比如信长的桶狭间，人数为敌人的十分之一左右，而且还有狂风暴雨电闪雷鸣作天然掩饰。现在秀吉的偷袭军，居然比德川方面总兵力加起来都多，这就好比身上绑满了铁块，外带几十个铃铛然后上了公交车去做扒手。

尽管如此，恒兴还是很卖力地作了准备，又是让战马叼着马衔不出声，又是让士兵在铠甲周围绑上草绳，然后特地选择山林地带等阴暗不见光的地方，以每小时行军五百米的速度，向着三河方向龟行。

如此艰难的行军，以至于实际上的总大将池田恒兴都突然开了窍，长叹一声说道："这样行军如果都没被发现，那真是老天开眼啊。"

老天确实没开眼，羽柴军刚走出二宫山，大约在上午十点左右，就被附近的乡民给发现了。

确切地说，不能算是发现，是砍柴路过的时候看见了。这光天化日之下两万大军轧马路，若再看不见那就是眼瞎了。

得报之后，家康的第一个反应是：不可能，这一定是秀吉的圈套。

不是不相信人民群众，而是家康过于相信秀吉了。他坚信以秀吉的智商，是绝对不可能干出这种蠢事来的——用万把人来搞偷袭，这实在有点天方夜谭了。

尽管如此，家康还是赏了那几个乡民，然后继续缩着。

直到大约一个小时之后，服部半藏来了。

"敌人人数为两万左右,向三河方面偷偷地进发,看样子是要偷袭。"

这是靠侦察混饭吃的伊贺忍者送来的消息。

接着,织田信雄那里也派来了使者,送来了同样的情报。

居然连信雄都发现了,可见秀吉这次的计划是多么失败了。

事到如今,再不出击就对不起子孙后代了。

家康将两万人分成三部:六千人装着若无其事的样子继续和秀吉对峙,然后命令家臣水野重成带四千人从小牧山出发,攻击敌人的后军,自己则亲率一万人,打算将对手拦腰截断,之后由水野打尾巴,自己打前头,将羽柴秀次那群人分段进行各个击破。

四月八日晚上十点,水野重成经过三小时的行军,到达了尾张附近的庄内川的要塞小幡城。

此时,秀次的军队正在睡觉。

晚上十二点,由井伊直政作为先锋的家康本队和水野队会合。

此时,秀次还在睡觉。

次日凌晨两点,家康一万四千大军全军到位,随时准备进攻。

此时,秀次大人起床,揉了揉眼睛继续赶路。

凌晨三点,水野重成出阵。

此时,秀次大人正在埋头赶路,对身后发生的事情丝毫不知。

凌晨四点半,经过一个半小时紧追急赶的重成,终于看到了对方殿军的身影。

此时,秀次大人正下令开饭。

同时,水野重成下令进攻。

于是,捧着碗筷的羽柴军被握着长枪冲入敌阵的德川军给打得一时间连主谓宾都分不清了,只能四下逃窜。因为殿军的总大将很不幸恰巧是羽柴秀次大人,所以整整八千人没有进行任何有效的反击便溃散了。

原本是奇袭的结果被奇袭了,倒霉的秀次连饭都没吃上一口便随着大军一起拔腿开溜,但两条腿毕竟速度有限,所以他想找一匹马。

说来也巧,就在秀次不远处,正好有一个似曾相识的人在往一匹看起来跑得很快很健康的骏马背上跳,走近一看,原来是羽柴家家臣——用长枪的高手可儿才藏。

于是秀次走上前去，大叫一声："这不是才藏吗？快快下来，把你的马让给我。"

才藏倒也幽默，回了他一句："你咋就不在下雨天的时候问人借伞呢？"

说完拍马就逃了。

好在最终秀次碰上了忠心耿耿的木下利直，将自己的马让给了主君，这才捡回了一条小命。而利直则因为没了交通工具跑不快，被砍死在了乱军之中。

至于那位对秀次吐槽的可儿才藏，之后投靠了福岛正则，在北条攻略战和关原会战时大放光彩。因为有喜欢在被砍下的人头上插根竹签子做记号的坏习惯，所以被人称为"竹签才藏"。

面对这场出乎意料的大胜利，水野重成一时有些不知所措。而他手下的士兵似乎觉得胜利到手得过于容易，于是纷纷发起了追击，打算赶上羽柴军的先头部队将其歼灭之。

水野重成很快就回过神来，赶紧让人阻止手下的追击，但是大家正杀得热火朝天，情绪高涨，怎么都拦不住。四千人就这么直勾勾地向着前方的羽柴军杀了过去。

悲剧就此酿成。

前方的羽柴军大将是堀秀政，此人在秀次军鸡飞狗跳四下奔逃的时候就已经收到了情报，然后在一个叫作桧根的高地前布下了阵，并抽调出了所有的铁炮手组成一列，严阵以待。

追杀得正欢的水野军毫无防备地踏入了敌阵内。

一阵枪响，老娘白养。

遭到迎头痛击的水野军队瞬间便被打散，然后崩溃，直接人数损失超过六百。

而堀秀政也趁着这个机会，带领着队伍脱离了战场，成为了唯一一支没有被歼灭的羽柴方面军。

此时的家康，正带着军队由另一条路跟踪更前方的池田部队。

当得知敌方大将德川家康亲自出动，并且已经切断了自己的后路，以及羽柴秀次全军覆没等消息后,池田恒兴非常冷静地下令道:先开饭。

匆匆吃完最后的早餐之后,已是上午九点,恒兴开始布阵迎战。

长子池田元助率四千人在左翼,女婿森长可率三千人在右翼,恒兴自己则带着两千人居中。

布阵的地点叫作富士根,是一片很难适合大军灵活行动的湿地,所以这场战斗一开始,羽柴军就失去了先机。

双方对峙了差不多一个小时后,德川家率先发起了进攻。

家康自己亲率一队,向着左翼的森家军冲了过去,而森长可也毫不示弱地带头杀了过来,双方在一个叫作长久手的狭隘地方展开了一进一退的拉锯战。

就在这个时候,一位猎户出身、名叫孙六的德川家铁炮手突然发现前方出现了一个引人注目的家伙,只见他头戴插着犄角的头盔,骑着一匹褐色骏马,马鞍上还缀有仙鹤的图案,然后带着十几个人在乱军丛中冲杀。

更奇怪的是,这人的随从们都是清一色黑衣打扮,而周围也恰巧是一片深绿色的灌木丛林,可这位骑马的哥们儿居然穿着一身雪白的衣装,万绿丛中一点白,格外显眼,仿佛就差在身上来个白"衣"黑字——快来砍我!

鉴于这种情况,孙六也毫不客气,抬起了手中的铁炮便给了那人一枪。

估计平常野猪兔子打多了,这枪打得很准,直中对方眉心,一枪爆头。据目击者称,挨枪子儿的那位连一句遗言都没得及说,直接从马上来了个倒栽葱跌了下来,当场毙命。

此人正是左翼大将,人称"鬼武藏"的森长可。

大将一死,军队自然就乱了,森家军很快就走向了全面崩溃的下场,而整个羽柴军也因为左翼的覆灭而迎来了败局。

德川家将领中,有一个叫作安藤直次的正巧路过森长可的尸体,就在他拔出腰刀准备割下首级作为自己囊中之物时,迎面跑来了一个抢生意的家伙,而且行为比较激烈,一下子就扑在了森长可的尸体上,紧紧抱住,谁也不让靠近。

直次只能收起了刀,摇了摇头说道:"那你就拿去吧。"

接着,他继续穿梭在乱军之中和对手进行着厮杀。当直次爬上一段山坡,来到了一棵松树旁时,看到了一幅奇特的情景:在一片较为平坦的空地上,有一个约五十岁的老头，武将打扮，穿戴整齐，独自坐在一张小的行军凳上，周围一个人都没有，非常安静。

直次的第一个反应就是走错地方了，可能碰上世外武林高手在这儿练打坐了，所以一时间也不知道该干些啥。

那老头倒是很平静，开口问道："德川家的人吧？"

直次点一点头，还是没弄明白这到底是谁。

"来，杀了我，拿着首级去领功吧，我是池田胜入（恒兴的法名）。"

安藤直次有些不相信，因为眼前的这位自称是敌方总大将的人，几乎就是静静地坐着在等死，可按照当时的情况来看，他完全有机会逃走。

其实是直次多虑了，如果他碰上的是羽柴秀次的话，还能逃跑，毕竟人家年轻，时年才十六岁，而恒兴则不但已经年近半百，并且腿部也受了伤，换句话讲，老弱病残这四个字他几乎全占了，这怎么个逃法？

当然有人会问，为啥不骑马走？

这个问题问出来就比较伤感情了，因为此刻的恒兴手头已经没马了——马被人给抢先骑着走了；具体说来，干这勾当的是他的马夫。

池田恒兴见对方将信将疑，便把自己手中的宝刀给亮了出来："这是跟随我多年的笹雪，我就是胜入斋。"

笹雪浑身漆黑，刀镡上镶有黄金，算得上是当时的名刀，识货的直次看了一眼，信了。

于是他深深地鞠了一躬，说了句："得罪了。"接着挺枪刺入恒兴的腹部。

刺完之后，直次却并没有马上取首级，而是放开喉咙大喊："万千代！万千代！"

所谓的万千代，指的是后来赫赫有名、统领德川家赤备骑兵的德川四天王之一——井伊直政，时年二十三。

直政本系远江豪族井伊家的长子，祖父直盛是今川家家臣，和义元一起战死在桶狭间，父亲直亲因受诬蔑私通松平家被斩首，当时两岁的小直政跟着母亲颠沛流离四处流浪，最终投靠了德川家康。

据说直政长得极其秀美，比漂亮女人还要漂亮，所以一直作为家康的首席小姓深受宠爱。正因为如此，在这场战争之前，家康曾把安藤直次叫来，当面交代说："万千代就拜托给你了。"

潜台词就是：你要帮助他立功呀。

直次很听话，刺倒了池田恒兴之后立刻就大叫了起来，想把这个功劳给让出去。他知道万千代在战争一打响便一直跟着自己到处冲杀，所以即便不在身旁，也不会走得太远。

结果万千代真的被叫来了，用书上的话来讲，是"马不停蹄地飞奔过来。"

可过来之后，安藤直次傻眼了。

这人是谁啊？

很显然，他并不认识那个跑过来的"万千代"。

相信此刻的直次一定是郁闷万分：这森长可的首级有人抢那也就算了，毕竟大家都是路过，可这池田恒兴的首级，我都点名叫万千代了，咋还有人这么不要脸过来抢生意呢？

其实，这真是冤枉人家了，因为这跑过来的那位仁兄，也叫万千代。

他就是前面登场过的，本能寺事变之后在三河迎接家康的永井传八郎，小名万千代。

当时传八郎正砍人砍得热火朝天，猛然听到有人在大叫自己的小名。要知道在日本，小名这玩意儿只是在小时候叫的，长大了，元服一般都不叫，所以通常关系普通的话，是不太可能知道对方小名叫啥的，如果知道，那多半不是密友就是发小。当传八郎听到叫唤后，开始还以为是哪个发小被人围攻了，急叫着要救命，于是连忙朝着声响处奔了过去。到了地方还没来得及喘一口气，就看到了一位衣着华丽的眼生家伙倒在地上，于是二话没说直接拔刀砍了首级。

对于这场莫名其妙的抢生意，直次也彻底没了想法，只好提起长枪掉了个头冲入敌阵继续自己的砍人大业。

估计是这功劳被人抢得太恶心，连老天都看不下去了，便又丢给了直次一个机会。

森长可、池田恒兴双双被杀，意味着羽柴军已经只剩下了池田元助的右翼了。

胜负早已分晓，不过是个时间问题。

直次跟随着大部队一起杀向了敌方最后的阵地，一个被叫作田尻的高地。

然后，他碰上了池田元助。

此时的元助比他爹更惨，蹲坐在地上，连个小板凳儿都没，穿戴虽说倒还整齐，可身边已经连个人影都看不到了。

直次同样没能一开始认出他来，因为他怎么都没想到，这回碰上的，居然又是条大鱼。

唯一能够肯定的是，这是敌人。

于是，他走上前去，开口自报了姓名，静等对方开口。

"我是池田元助。"

说着，那人慢慢地站起身子，拔出自己腰间的太刀，向直次砍了过来。

直次侧身一让，顺手将手里的枪刺入了对方的咽喉，一招毙命。

然后割下了他的首级。

就此，三路大将全部战死，对羽柴家来说，这是一场不折不扣的大惨败。

秀吉震惊了。

震惊之后，他保持了一种良好的阿Q心态，笑了笑，说道："三河人占了点小便宜，迟早要把他们吐出来的。"

然后又表示，等森长可他们逃回来之后，再好好从长计议。

不想没过多久，又传来了那几个人的死讯。

秀吉终于开始悲愤起来，叹息道："我对不起武藏他娘啊。"

这话说得仿佛自己代替了森长可干过了啥一样。

接着又咬牙切齿道："要砍下三河那厮的首级，给武藏报仇。"

虽然看着是气话，但其实完全不是气话。

秀吉丢出去两万人，虽然全灭，但也就是总兵力的六分之一，自己手头上还有十万大军，而家康，说到底总共只有两万人，而且，百分之七十以上的主力因追打秀吉的偷袭大队而离开了阵地，换言之，现在正是一举击溃家康的好机会。

事实上，这也是家康所犯下的一个错误。本来像追击这种任务，应该交给手下大将去完成，作为一军的最高总司令，不出大事的话就应该坐镇本阵不动如山，可家康也不知道是不是因为太兴奋了，以至于亲率军队前去追击，终于露出

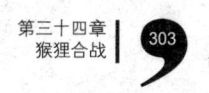

了破绽。

仔细想想，这其实是一个致命的破绽呢。

✤ 玩儿命的"侦察队"

秀吉当下点起了将近十万人，打算走和池田恒兴他们相同的路线，快速追上还没有任何准备的家康，来一招螳螂捕蝉，黄雀在后。

如此明目张胆的大行军，自然引起了留守在小牧山本阵的德川家将领的注意。

但是秀吉毫不在意，因为对方只有六千余人，自己却有十万，就算注意又能咋的？来咬我呀？

所以他选择了正大光明地从小牧山路过，然后继续南下追击家康。

在小牧山的阵营里，家康特地安排了以下三人负责留守，他们是：酒井忠次、石川数正和本多忠胜。

单从这几个重量级猛人身上，我们也能找到为何家康敢亲自带队追杀秀次他们的原因了。

看着秀吉的大军黑压压的一片，大家都知道家康这次有危险了，但是却也没有办法，总不能拿着六千人的鸡蛋去往十万人的石头上砸吧？

现在唯一的办法就是：有个人站出来，带着一支军队牵制住秀吉，然后让家康顺利返回小牧山城。但是，这支军队的人数应该是小于等于六千，同样还是一个鸡蛋与石头的问题。

这时，本多忠胜站了出来，表示自己愿意去。

但是石川数正反对。理由很简单：你去了，小牧山咋办？本来六千人就不多，你要牵制住十万大军，怎么看也要带走一大半，这么兵力一分散，万一秀吉转过头来反咬一大口，岂非死路一条？

忠胜对于这种见死不救的行为异常愤慨，当场就跟数正红上了脸。

接着情绪一激动，他不小心说出了一句豪言壮语："我带五百人去，这总行了吧?"

五百人对十万,这已经不是鸡蛋砸石头了,而是把蛋黄拿出来砸石头了。

这下数正倒是没话说了。虽然他知道忠胜这真要去了,基本上就是有去无回,但如果继续在这里争论是否出兵救家康的问题的话,很有可能被三河愤青们扣上一顶诸如胆小鬼、不忠之人等意想不到的帽子。

出于这种心态,他默默地点了点头,然后说了句:"那就把久二郎也带上吧。"

石川久二郎康胜是数正的次男,数正相信忠胜这次多半是要交代了,但为了表明自己忠于主君的立场,还是将自己的儿子送了去,这只能说是一种悲哀的选择。

忠胜带出去的,是五百骑兵,所以很快就追上了秀吉的大军。

两拨人分别在庄内川的两岸互相碰上了。当时秀吉亲自率领着的四万人的先头部队正朝南进军,一回头便看到了对岸三三两两的几匹马,便让人去探察。

回报说是侦察队。

秀吉下令无视他们,继续前进。

好吧,既然你不鸟我,那我就来惹你。

忠胜下令隔岸开枪,骚扰敌军。

庄内川比较宽阔,再加上大家行军不太可能恰好贴着河沿儿走,所以两军相隔的距离还是比较大的,有两百米左右。以当时的铁炮性能来看,隔着那么远,是断然没可能打死人的。

忠胜清楚这一点,但他并不是想要打死谁,而是想要激怒对方,让他们来攻击自己,为家康的安全撤离争取时间。

比较可惜的是,秀吉将对手的计划完全给看穿了,所以尽管有那么几发子弹甚至擦过了秀吉的盔甲,尽管有不少部将主动请缨要去歼灭对岸那几百个人,但秀吉一律不准,仍然不为所动地继续赶路。

于是,出现了有趣的一幕:一方数万人闷头行军,另一方数百人骑着马在对岸跟踪放枪。

✹ 金蝉脱壳

事实上此时的家康早已得到秀吉出兵的消息，已经开始收兵往回赶了，只不过去小牧山的路基本上算是给秀吉的大军给占了，所以只能暂时躲进位于小牧山东南方的小幡城内。

虽然小幡城前傍河后靠山，而且地形错综复杂，但和以小牧山为据点的大本营防御线相比，级别还是相差甚远，若是秀吉真的发力攻打，最多也就三四天的寿命。

当秀吉赶到小幡城前的时候，已经是黄昏了。因为晚上攻城在日本历来是兵家大忌，所以，他决定全军休整，等到次日一早，正式发动进攻。

就这样，秀吉错失了最后一次歼灭家康的机会。

当天晚上，本多忠胜的队伍也到了附近，然后他亲自带着数人来到了秀吉的阵地，仔细侦察一番后得出判断：秀吉今天不会攻城。

接着，他率队度过庄内川，进入小幡城，找到了家康。

此刻的家康处于神经高度紧张的状态中，就是光坐着，连盔甲都没脱。

"大人，秀吉今晚是不会来了。"这是忠胜见面后的第一句话。

家康连忙问为什么。

"秀吉家的士兵们都已经吃过晚饭，卸甲休息了。"

如果打算夜战的话，那么就应该是家康这副模样，不脱盔甲就地休息，随时准备战斗。由此可见，今晚一定安全了。

家康长长地松了一口气，伸手便要解开盔甲，倒下睡觉，准备来日决战。

"大人这就准备解甲了？"忠胜问道。

家康猛然醒悟过来，连声称是。

第二天，秀吉如期发动了进攻。

先是铁炮打，弓箭射，乒乓作响了一阵之后，秀吉派出步兵翻墙砸门。

这一切的一切，都没有受到任何阻拦和干扰。

接下来发生的事情，在羽柴家广大官兵的心里，留下了难以磨灭的恐怖印记：

整座城，一个人都没有了！

昨天还是灯火闪亮，今天已是人去城空！

不说也该猜到了，家康正是在昨天得知秀吉不会连夜攻城的消息之后，悄悄地撤走了。

因为本多忠胜一路跟随秀吉侦察而来，所以对于敌情的分布了如指掌。由他带路，家康的九千大军顺顺当当地撤回了小牧山本阵，然后，继续缩了起来。

秀吉也只能面对空城或长叹，或悲鸣几声诸如"既生康，何生吉"之类的话，然后走人。

双方再一次陷入了僵持的局面。

第三十五章 以和为贵

✤夺命马标

四月十一日,秀吉率领六万大军,分成十七队前后布阵,摆出一副大决战的架势。他相信,家康面对如此具有压迫感的挑衅,一定会出兵作战。

这种没有根据的自信是完全不靠谱的:整整一天,德川家阵地上依然毫无动静,秀吉也只能结束了自己的武装游行打道回府。

双方就这么又过了俩星期。二十一日早上,秀吉正在吃早饭,手下家臣进来报告了一个爆炸性的消息:德川家出兵了。

家康倾巢出动,带领一万多自家大军开到了秀吉的阵地前,耀武扬威了好一阵子。

出人意料的是，在此之前天天拜天拜地求祖宗想拉家康出来决一死战的秀吉，此时却没了声音。前方的蒲生氏乡三番五次地催促发兵，他就是不动。

其实秀吉的想法很简单也很合乎常理：以前拉你你都不来，现在不请你你倒自己来了？其中必定有诈。

既然有诈，那就不能上当。对付圈套最好的办法就是不去鸟他，见怪不怪，圈套自败。

其实，家康倒也没有使诈，实在是形势所逼：秀吉天天上门骂阵挑衅，如果自己连个回应都没有的话，那多半会给家臣留下一个胆小鬼主君的形象。

这场游行仅仅持续了两个小时不到，心虚不已的家康就开始收兵了，将队伍撤回了小牧山城，于是整个战场又恢复了原来的平静。

在整个撤军过程中，为了防止秀吉突然扑出来咬一口，家康对于殿后的人选进行了缜密的筛选，最后挑中了石川数正，由他来担当这个艰巨而又光荣的任务。

数正的军队充满气势，在队形上又富有弹性，这让瞭望台上的秀吉惊叹不已，情不自禁地称赞了起来："看看这军队，多好啊！"接着，又将目光转向了马标，同样也是赞不绝口，"这马标真够漂亮的！"

在周围一群家臣的附和声中，秀吉接着说道："这个马标我好想要啊。"

还没等大家因惊讶而张大的嘴巴合上，秀吉立刻就派遣了长束正家作为使者，去问数正讨马标。

长束正家，近江出身，擅长内政，擅长察言观色，同时也擅长忽悠人，所以算得上是此次外交使者的不二人选。

正家直接来到了数正的军营中，开门见山地说道："我家主公非常喜欢伯耆守大人的马标，是否能给个面子呢？"

数正自然大吃一惊，生怕自己听错了，便确认了一句："你说秀吉殿下想要我的马标？"

正家点头表示肯定。

数正露出了怀疑的表情，他很想知道秀吉的真实意图是什么。

事实证明，数正虽然是三河第一忽悠王，但是跟久处上方、见过大世面的

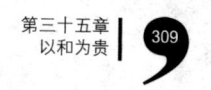

长束正家比起来，还是有着相当的差距的。

正家先是咬牙切齿地发了一通誓，表示秀吉要马标是真心诚意，绝非骗人，接着说道："伯耆大人应该见过我家主公吧？"

数正想了想，没错，是见过，上次送初花茶壶的时候见过，于是便点了点头。

"正如您所看见的那样，我家主公是个心胸宽广的人，他从不计较对方是敌是友，只要是英雄豪杰，都会钦佩不已。"

数正又想了想，然后又点了点头。

于是正家继续道："几天前，我家主公看到了伯耆大人在马上的雄姿，竟如三岁小孩一般对您赞叹不已，说您是天下第一流的战将，所以急着催我来问您讨要您那引以为荣的马标，说是想要在战场上效仿您的英勇……"

经过这么一忽悠，石川数正打消了疑虑，并且立刻面露喜色，心里想着天下的霸主居然看上了自己的马标，实在是祖宗积德啊。

当下他便对正家表示：兄弟你先喝口茶润润嗓子，我这就给你拿马标来。

如此重大的决定，居然没有告知家康，可见人一高兴起来，是很容易昏头的。

次日清晨，秀吉的使者又拜访了石川的营帐，这次是来答礼的。

数正收下了一个沉甸甸的黑盒子，等使者告辞之后打开一看，发现里面赫然放着数十枚分量足、成色好的大判（大金币）——自己活了大半辈子，还真没见过那么多金子。

看着这些金光闪闪的宝贝，石川数正突然暗叫一声不好，随之便惊出了一身冷汗。

从敌军大将这里私自接受了如此多的财物，这是掉脑袋的罪名啊。

事到如今，必须要告诉家康了，然而，数正在这个节骨眼儿上又犯了一个错误。

本来，像这种大事、麻烦事，应该由当事者本人跑去跟家康汇报，将事情的前因后果好好解释一遍，以彻底消除误会。可数正因为上了岁数，而且又确实算得上是当时德川家的第一重臣，所以难免有些倚老卖老，因此只是打发了一个使者前去报告情况。

不过家康倒也没什么特别的反应，只是点了点头，然后说道："黄金嘛，收下倒也无妨。"

他心里很明白，秀吉这招玩的是反间计：第一步是收买，第二步是挑拨。既然看穿，则完全没必要去上那个当。

但石川数正却有些急了。

去年自己替家康给秀吉送茶壶，现在秀吉派遣使者来还礼，当着众多德川家家臣的面，使者唯独对数正问寒问暖，问长问短，搞得三河愤青们非常怀疑数正是否在跟秀吉搞私通。

接着，就在前不久，家康亲自带兵在长久山打仗的那会儿，本多忠胜提出要趁秀吉出兵歼灭家康的当儿搞袭击，数正听完后当场就表示反对，尽管他是为全局考虑，可之后仍然传出了"伯耆跟秀吉有一腿"的谣言。

这些谣言越传越广以至于到了尽人皆知的地步，现在尽管得到了家康的默许，可若真的堂而皇之地收下了这笔黄金，那么估计自己走在路上都会被那伙愤青们活活砍死。

想到这里，数正只能叫来一个仆人，让他把黄金原原本本地还给秀吉。

都是那群愤青，害得自己平白错过了一次发横财的机会。此刻的数正，对于传统的小心眼三河愤青，已是充满了怨念。

❋ 不靠谱的信雄

秀吉，也终于想出了办法，打破了这个僵局。

虽然自己奈何不了家康，但这世界上，并非大家都跟家康一样又硬又强，也存在着又软又弱可以随便捏着玩儿的柿子人，比如织田信雄。

话说信雄自从联合上家康之后，着实过了几天好日子：打仗不用他去，军功章就有一半；粮草不用他多给，谁的军队谁负责；就连本多忠胜出去铤而走险摸秀吉屁股，家康心悬在喉咙口玩命挑衅，他都没派过几个人，现在，也该他出点血了。

秀吉派出多路大军，向尾张西北方、美浓一带，以及整个伊势地区发起了攻击。而他自己，则在发布命令之后，便回大阪了。

大军在蒲生氏乡等人的率领下，仅用了天正十二年（1584年）五月这一个月，就攻陷了信雄几乎百分之六十的土地。

信雄心痛得都快哭了。看着自己的存活之本被人一个个地夺走，心里苦不堪言，但也没有其他办法，只能找到家康求救。

家康首先对于信雄的不幸遭遇感到深深的惋惜和痛心，同时对于秀吉这种柿子专挑软的捏的无耻行径感到愤慨，最后对于信雄的要求家康明确表示：爱莫能助。

这也没办法，以家康现有的兵力最多也就能保住小牧山阵地，或者自己不被秀吉打败，要想不自量力地救这救那，普度众生，恐怕最终的结果就是自己把自己给度了。

当年八月，过完了暑假的秀吉再次回到了战场，然后又跟家康两人大眼瞪小眼地对看了一个多月，到了十月，终于开始正式行动了。

他首先叫来了富田左近和津田右马两人，举行了一个三人的小型茶话会。

这两人原本是信长的近侍，跟信雄关系颇铁。

喝了几杯茶，吃了几块点心后，秀吉突然眼泪就流了下来，呜咽着说道："最近，我总是想起那段跟随总见院（信长戒名）的日子，真是让人怀念啊。"

两位老人家听秀吉这么一说，不免也跟着一起伤感起来。

秀吉满脸眼泪继续说道："三介（信雄）不知受了何人的挑衅，居然将我视为敌人，这真是让人想起来就无比寒心呐。说真的，我做梦都梦见和他握手言和，不知你们二位能否帮我完成这个心愿呢？"

两人连连点头，表示保证完成任务。

接着秀吉提出了和谈条件：

一、从同意和谈起两家恢复和平，不动干戈。

二、让信雄之女给秀吉做养女（其实是人质）。

三、除尾张的犬山城、伊势的铃鹿岭等几处领地外，秀吉将之前侵占的大部分信雄领地如数归还。

四、信雄手下重臣需向秀吉送交人质。

总的来讲，条件不算苛刻，所以在两位使者的劝说之下，信雄基本表示了同意。只是唯独有一点还觉得需要斟酌，那就是，该不该和家康说一下，自己跟秀吉和谈了。

正在他犹豫不决的时候，跳出来一人，说道："殿下万万不能跟德川殿下说起啊，这说得好也就罢了，万一说差了，德川殿下一个不同意，和谈就全部泡汤了啊，好不容易才到手的太平日子岂不是又要鸡飞蛋打了？"

这人前面出场过，就是信长他弟、信雄他叔——织田长益。

长益在本能寺事变中钻墙开溜之后，一度成为了全国人民的笑柄，甚至还有小孩子将他的逃跑事迹编成了儿歌传唱于市井之间。此后，长益投靠了信雄，然后，将自己的兴趣爱好——茶道，给发扬光大了。

一直专心于泡茶艺术的长益，在小牧山战端大开后，却也不得不收拾起了茶碗跟着信雄上了战场。不想这离开茶碗的日子一过就是大半年，别提有多难受了。现在眼看着马上就要休战，自己又能泡茶了，长益生怕万一让家康得知自己家跟人单方面和谈之后不同意又要接着打。为了打仗耽搁泡茶，那就太不值当了。

为了自己能好好泡茶，长益很坚决地提议将家康给卖了。为了自己能好好过日子，还能留下几块像样的土地传给子孙后代，信雄也同意将家康卖了。

于是，家康就这么被卖了。

❀ 狠心的爸爸

当知道自己这么折腾了大半年，等于是白白自讨了一场没趣之后，家康很愤怒。

在此之前，他甚至还曾想着分兵伊势去救下几座信雄被包围的城池，盘算着怎么把秀吉给活活拖垮了，现在这么一闹，什么都没了。

最要命的还不在这里。要知道，现在家康之所以能名正言顺地跟秀吉在这里对着干了大半年，关键就是因为他打着信雄的旗号——帮助自己老盟友的儿子打倒黑恶势力羽柴秀吉。现在，老盟友的儿子退出了，自己连个开战的名分都没有，只能乖乖地卷铺盖回家。

而作为秀吉来说，是不可能让家康这么平平安安地走人的，他一定会重新调集大军，甚至会联合之前的战友织田信雄，对家康发起侵攻战。以现在的实力，孤身一人的德川家若和羽柴家开战，只能是死路一条。

看来，只能跟秀吉讲和了。

于是家康找到了石川数正，让他作为使者去一趟羽柴家。

数正显得非常为难：之前秀吉几次示好自家连鸟都没鸟，现在都打上了，处劣势了，反而跑去和谈，这能成吗？

家康反问道，谁让你去和谈了？我是让你去祝贺，祝贺秀吉和信雄重归于好，这就够了。

领命而去的数正，受到了秀吉的热情招待。

当他将家康嘱咐的祝贺词说完之后，秀吉的脸上露出了惊喜万分的表情，并且不住地问道："真的吗？德川大人真的这么祝贺我？"

在得到肯定答复之后，秀吉高兴地说道："好，好，好，刚刚收了一个漂亮的女儿（指信雄的女儿），现在又碰到了这样的好事，不如，让德川大人也送个养子吧？"

所谓"送个养子"，就是"送个人质"的比较客气、充满亲情的一种说法。对于这一点，数正完全没有心理准备，自然，也没可能事先征询过家康的意见。

但是他非常自信地以德川家的全权外交大使的身份，接受了这个请求，并且表示："那就送於义丸过来吧。"

於义丸是家康的次子，也就是后来的结城秀康。

不管根据中国的、日本的，还是其他别的国家的惯例，单方面把自己儿子当人质给亲自抵押出去了，那就说明你臣服于他。

所以，当这个消息一传到三河，可谓是厕所里丢炸弹——分量十足。一时间骂声鹊起，三河愤青们人人恨不得将石川数正砍死而后快，用今天的话来说，就是："砍死你丫这个狗汉奸！"

接着，大家又纷纷上书要求家康拒绝送出人质，和秀吉决战到底。

倒是家康比较冷静，他仔细地想了想之后，对数正说道："他们不是要人质吗？那就送一个过去呗。"

数正算是松了一口气。

"但是，仅仅是给人质，其他的条件，你一律不要答应。"家康补充道。

说是说送了人质就代表臣服，可这也就是说说，虽说从古至今都有这个惯例，可从古至今还真没这个明文规定，说送了人质就一定要签下臣服条约。家康这仅仅就是为了送人质而送人质，说白了，他就是将於义丸给抛弃了。

但石川数正并不这样认为。他单纯地觉得，送人质就是表示服从，至于家康的那句其他条件一律别答应，指的一定是什么割地赔款之类，那些不用家康说，就算是自己，也不会答应的。

所以，当他带着当年正好十岁的於义丸以及作为陪臣的、数正自己的儿子胜千代来到大阪见到秀吉后，说了句："德川家将人质於义丸送到，谨在此表示臣服。"

秀吉大喜。

而三河愤青们，则再一次地被震怒了。

在这愤青和汉（三河）奸的对峙中，迎来了新的一年。

第三十六章 与其拼死打天下，不如找个好爸爸

❀ 京都爱情故事

天正十三年（1585年）对于秀吉来说，是一个大喜的年头：继去年平定了尾（张）美（浓）伊（势）的织田信雄，收了家康的儿子，扫平了北陆的佐佐成政之后，他再接再厉，又荡平了纪伊一国，当年让织田信长头疼不已的铁炮军团杂贺党，也被秀吉给连根拔起了。

不但在战场上胜果累累，秀吉同志在官场上一样取得了丰硕的成果。

当年开春，秀吉被任命为正二位内大臣。

内大臣是在左右两大臣都无法决定某事的情况下，作为第三者来对该事物进行判断的职位，具有很高的地位，人称"内府"。

但是秀吉同志对于个人进步、升官发财的追求，从来就没有什么止境——他还想要更高、更大的官。

比如征夷大将军，比如关白，比如太政大臣。

这就有了点难度了。

前面我们说过，上述这三个职位，在当时的日本是人类能够干到的最大的官。对于这三个官，在个人的血统、家系上，是非常有讲究的。

具体说来，就是你必须要证明自己的出身是源、平或者藤原这三家中的一家，然后只要具备了相当的实力，多半便能在这三个官里面选一个你爱的当上，比如织田信长。

通常情况下，武士出身的，总能证明自己出身源、平两家，比如德川家康就是这么七拉八扯地弄来了一个上门女婿祖宗，证明了自己是源家的正宗后裔。

可偏偏落在秀吉身上的，是不通常的情况。

人家是农民出身，什么平啊源啊藤原啥的，跟他统统八竿子打不着。要想做这三个官，这第一关血统关就过不了。

不过秀吉同志一点也不担心，人家说了：没江山，能打；没血统，能造；没家谱，能写；没故事，能编。

于是，在天正十三年（1585年）的春夏交替之际，在整个京都圈内，流传着这样一个不唯美的、挺凄惨的、特别玄乎的爱情故事。

在当年，皇宫里，年轻的天皇闲来无事，四处走着玩，然后，在一间宫殿里，邂逅了一位正在擦榻榻米的年轻宫女。

我们之前一直说，在日本，天皇被看作神，所以但凡见了真神，不管是扫地的、砍人的、掏大粪的，都会异常激动，就算不激动也要表现出异常激动的样子，比如双手颤抖、一句话也说不出之类的，但这个女孩不同，天皇问什么她答什么，非常流利，不卑不亢，毫不紧张，似乎并没有意识到眼前的这位，就是天皇。

回答完天皇的问题，女孩便退后静立一旁，不说一句多余的话，不问一个多余的问题。在她的眼中，擦榻榻米才是自己唯一的工作，她不想去获取什么，也不想去争夺什么。

天皇对她产生了兴趣，渐渐地，开始常常来到那座小殿，陪着那个女孩一起擦榻榻米（她擦他看），然后又渐渐地，天皇发现自己动了凡心——爱上了她。

当然，因为他是天皇，所以也没有必要走示爱、求婚之类的繁琐道路，说得封建一点，就是直接和女孩在一起。

此后的日子，那个擦榻榻米的女孩依然如往常一样，继续擦着每天要擦的榻榻米，也从未对人谈论过这件事情，对她而言，这件事情似乎从来都没有发生过。

可是上天偏偏要给她一个不平凡的命运，就在不久之后，她发现自己竟然怀孕了。

有了天皇的孩子，那等于是有了龙种，那是一件了不得的事情，按照常规，是应该大肆宣扬一番，然后她平静一下心态，咽一口唾沫，深呼吸一次，准备接受飞黄腾达的命运。

但是这个女孩却没有那么幸运：她是百姓家出身，即便生下了孩子也不会得到什么好的地位，甚至，在危机四伏的皇宫里，还有可能会遭到杀身之祸。

为了自己的孩子，为了自己和天皇的爱情结晶，女孩最终拒绝了天皇的保护，选择了离开。

在一个风雨交加的夜晚，女孩带着身孕，告别了自己所爱的那个人，离开了她曾经努力工作过、曾经幸福过、期待过的皇宫，孤身一人，来到了尾张国的一处乡下地方，独自静静地生活了起来。

不久之后，她嫁给了一个织田家的足轻，然后生下了那个孩子。在孩子出生时，整个屋子里突然变得光芒万丈，炽烈的阳光照耀着整个大地。

说到这里，你该明白了，这孩子就是羽柴秀吉，这擦榻榻米的，是他娘，这天皇，是当时正在位的正亲町天皇他爹——后奈良天皇。换句话说，秀吉是正亲町的兄弟。

皇家出身，这血统总够做什么关白将军了吧?

还没等秀吉为自己的创造力得意完，骂声、吐声、质疑声，就声声入他耳了。

其中，骂得最厉害的，是秀吉他娘——阿仲，后来的大政所。

阿仲出身的确比较低微，但是纵观老太太一生，却始终保持着一种非常本分的庄稼人的朴素情怀：她善良、信佛，在后来秀吉发动的朝鲜战争中屡次劝告儿子，少打仗，少造孽；在很久之前，竹中半兵卫还在世的时候，她也经常会捧着一些自己种的新鲜蔬菜，去送给这个给予自己儿子颇多帮助，同时体弱不堪的先生；同时，她也正直不阿，自己清清白白的一生，平白无故地就被儿子扣上了一顶说不清道不明的桃色帽子，这是绝对不能容忍的。于是，阿仲也顾不得什么了，直接就冲到了儿子的跟前，大声质问道："你这是要干什么！"

虽然这事儿，确实办得比较混账，但秀吉仍是一个非常孝顺的儿子，面对娘亲的发怒，也只能赔着笑脸说道："这不是我的意思，是他们硬要这么说的。"

他们，指的是秀吉手下的幕僚们。

阿仲虽然淳朴，但压根就不傻："要是没有你，他们敢吗？"

秀吉连声回答："不敢，不敢。我立刻让他们不要这么说了。娘，您别生气。"

阿仲临走之前，又苦口婆心地劝了一句："儿啊，这世界上的东西，是真的，就是真的，不是真的你硬要说成真的，怕是要遭报应的呀。"

要说老太太还真有远见，刚走了没几个钟头，报应就到了。

正亲町天皇派来了使者，专门只问秀吉一句话：哥们儿，你到底想干什么？

自己爹平白无故多了个儿子，这其实也没什么。可关键在于，他，羽柴秀吉，居然自称天皇的儿子，和自己一样，也是天皇的儿子。

还什么宫廷危机、杀身之祸、被迫离开，你到底想干什么？

莫非是要上演一出小王子复仇记不成？

秀吉虽然富有创造力，但还没到了逆天的地步，连忙低头哈腰声称此事与自己绝无关系，并且当场表态立刻去追查谣言根源，抓到传播者严惩不贷，这才把使者给打发走了。

爹，你让我找得好苦啊！

这造血统的第一招虽说就这么失败了，可秀吉也得到了经验教训，那就是：千万别没事儿闲着冒充别人的私生子。

于是，他想到了第二招：找干爸爸。

概括成一句话来讲就是：找一个能认自己当儿子的干爹。

干爹条件：拥有藤原、源、平这三家中任意一家的正牌血统。

干爹待遇：除了秀吉的老婆老娘之外什么都好商量。

这第一个看上的，是我们的老朋友，室町幕府的末代将军——足利义昭。

话说这足利义昭，自从被信长赶出京城之后，就投靠了毛利家，连续着好几年也没消停过：先是策划了天正四年（1576年）的第二次信长包围网，接着又跟本能寺事变扯上了说不清道不明的干系。可自从信长死了之后，义昭也失去了命中的宿敌，跟着安静了下来，开始了自己在毛利领内的寓公生活。

天正十一年（1583年），毛利家臣服于秀吉，义昭也因此来到了羽柴家。秀吉对于这位前将军表现出了极大的好感，并给予了很高的待遇：领地、金钱、美女，要啥给啥，不要啥也硬塞着给。就这样，一直养了义昭一年多，秀吉终于坦白了自己的真实意图。

简单来说，这意图就一句话：让我做你的干儿子。

顺便一说，义昭比秀吉小一岁。

只要他点头，秀吉便能堂而皇之地以源系足利家养子的身份，成为征夷大将军了。

但是义昭没有点头。

并且他明确表示：你如果给我好处只是为了这个的话，那么趁早断了这个念头，把我赶出去，别浪费这钱了。

碰了壁的秀吉也没说什么，毕竟这求人做爹不能强着来，所以他依旧养着义昭，同时只能再想别的办法。

然而，正所谓一样米养百样人，在这世界上，既存在着不稀罕给人当爹的，也生活着乐意给人做爸爸的。

这人就是藤原出身的近卫前久。

自信长时代以来，前久大人一直活跃在宫廷和大名之间，一度出任关白。在公家菊亭晴季的牵线搭桥下，他同意了收秀吉做养子的事情。

既然有人收留，那接下来的事情就好办多了。

经过一番上下打点，天正十三年七月，天皇颁下了圣旨，册封羽柴秀吉为正一位的关白。

两个星期之后，四国的长宗我部元亲在羽柴大军和朝廷舆论的双重压力下，表示臣服。

现在，不管是名义上也好，还是实际上也好，秀吉都已经成为了整个日本

的最高统治者。

苦了大半辈子，怎么的，也该耀武扬威一番了吧。

第三十七章 萨摩岛津

❋ 强悍的隼人族

当年秋天,羽柴秀吉以关白的身份颁布了惣无事令。"惣无事"是"保证一切安然无事"的意思,禁止大名之间的私斗,换个说法,就是"私战停止令"。

这惣无事令第一号令的对象,是九州的岛津家。

当时,他们正在和九州的另一家大名大友家开战,并且将大友家压在身子底下打。

所以,压根就没鸟那个什么令的。

之所以敢如此藐视新关白,那是有原因的,这个原因就是实力。

岛津家很强。从镰仓幕府时代掌管萨摩(鹿儿岛县)开始,一直到几百年后的幕末明治维新，只要有大事，他们多半都是处在历史的风口浪尖，基本算得上是十处打锣九处在。同时，萨摩还一直是全日本战斗力数一数二的地方，当时就有着"萨摩出将，长州（毛利家）出相"的说法。

这份强悍，和萨摩的地理以及民风是分不开的。

萨摩，位于日本列岛中九州岛的西南边陲。

众所周知，日本一直以来就被称为"大和"，而日本人也被称为"大和民族"。日本现在是一个由单一的民族组成的国家，不过也不是说就没有少数民族了。现今仍然存在的，是生活在北海道的阿依努族，约有两万五千人，和总人口超过一亿的大和民族相比较，是不折不扣的"少数民族"。而在古代，日本的少数民族则远远要比现在的多，不仅在人口比例方面，种族数量方面亦是如此。比如说，除了北海道的阿依努族之外，还有生活在萨摩的隼人族。

隼人族的生活地域大致在萨摩和大隅两国，也就是现今的日本鹿儿岛县，而其中，居住在萨摩的隼人，被冠以"萨摩隼人"的称呼，但是并没有大隅隼人之类的说法。个中原因要从公元5世纪的时候，隼人族正式开始服从当时的中央朝廷说起。

隼人族尽管服从了中央，但是一直非常不稳定，拒绝纳贡之类的那是家常便饭，叛乱造反也是频频发生。这倒也怪不得他们：萨摩大隅两国本来位置就偏僻，土地的成分主要也都是火山灰，种出来的东西自己都不见得能吃饱，还指望他给你纳粮吗？既然你要逼着他们纳粮，他们就会反抗。俗话说，穷山恶水出刁民，并非没有道理。长期生活在贫瘠的土地和压迫中的隼人，个个勇猛彪悍以一当十，一时间地方官员的剿灭军还真拿他们没办法。不过这些都只能算是小打小闹，所以也就睁眼闭眼权当没发生过了。

一直到了几百年后的天武四年（700年），发生了一件惊动上下的事情：当时日本和中国的交流已经开始逐渐变得频繁了，从公元630年开始一直到650年，日本派遣了第一批遣唐使。当时的路线是从日本的九州岛北部出发，经过朝鲜半岛再到中国的辽东半岛再到山东的登州，不过后来朝鲜国内发生了一些变化，使得这条路线不能利用，日本人也没办法，只能换一条路线走。朝廷想来想去，选中了九州南部为出发点，不过谁对那里都不熟悉，怎么办？考察呗，于是朝廷组织了一支名字叫"觅国使"的考察队，于天武四年（700年）来到了大隅国，准备进行考察。

中央来的、大和民族的官员，面对的是一群未开化的生番，我想骄傲的心情绝对不可能没有。

其实有骄傲的心情我们也能理解，可是你不能表现出来，就算要表现出来你也不能当着隼人的面表现出来啊。

可最终还是表现出来了，当着强悍的隼人民族的面，他们表现出了那无知无畏的骄傲，结果一千人等被手执各种武器的隼人族给围住了。

人为刀俎，我为鱼肉。这时候再摆出中央大员的威风来压别人确实不合时宜，只能磕头如捣蒜地说："隼人爷爷饶命！"

隼人爷爷胸怀大脾气直，看你这么个孙子法实在也不忍心下刀子，算了吧，放了你吧。

不过这群官员真不是东西，一考察完回了家，立刻就告黑状，内容自然不外乎什么隼人民风彪悍，对我政府颇有不服之心，长此以往必将谋反云云。朝廷自然知道这群生番连大隅外面是什么都不知道，谋反的可能性几乎没有，不过还是决定有所行动。因为既然选择的遣唐使的新起点在大隅国，那么必然要彻底地平定那里。

大宝二年（702年），日本派遣了第二批遣唐使。出发的地点是九州西南部的坊津，经由西南诸岛穿越中国的东海然后到达苏州进入中国大陆，这条被称为南岛航线的路线，一直走了五十年。

同年八月，大宝二年（702年），分出了日向国的一部分土地，设立了唱更国。所谓"唱更"，是守护边境的意思。唱更国，数年后改名为萨麻国，一直到八世纪下半叶开始，才被叫作萨摩国。设立此国的目的是为了更好地加强对西南边陲的统治，也就是以隼制隼的政策。

和铜六年（713年），将当时相对先进的丰前国的五千人迁入大隅，一方面是为了更好地制约，一方面则是为了推行当时实行的新制度——班田收授制：这是一个非常详细、讲究如何纳税的制度。

要知道大隅这个地方本来就穷，纳税也弄不来多少米，还会减少当地隼人自己的口粮，所以他们基本是不怎么纳税的。当地的官员也睁只眼闭只眼，反正自己的粮饷是朝廷发放的，和我无关。可是现在一旦制度化了，那你还就非纳不可了，不管你收入多少，都要按照比例拿出一部分交公，就算你今年收入是一粒米，也要掰成两半送一半去中央。一时间隼人和政府的关系变得非常紧张。

矛盾终于在养老四年（720年）二月激化了：中央接到报告，说大隅的地方行政官员阳侯使麻吕被当地住民给杀了。朝廷立刻任命大伴旅人为征隼大将军，率领一万多大军征讨大隅，部队集结在九州东西两侧分别进攻。隼人则聚集了数千人分别守在七个据点抵抗，这七个据点后来被称为"隼人七城"。

隼人确实能打。面对十倍于己的大军，他们整整坚持到了第二年的七月才宣告失败。

朝廷见识到了隼人的威力，决定实行怀柔政策。

政策分两步走：第一，将大隅的隼人如数送到京城附近，作为宫廷的守护或者相扑艺人安置下来，并且设立了隼人司这个官职来统一管理；第二，那个征税制度也暂缓实行了，一直整整延缓了八十年。

从此之后，大隅的隼人基本上全都背井离乡了。九州西南的隼人，以萨摩的隼人占绝大多数，所以，萨摩隼人这个称呼也就流传了下来。

就这样，萨摩隼人作为九州西南部的幸存者，在萨摩以及周边地区祖祖代代地生活了下来。虽然中央朝廷时不时地会发生一些或大或小的变动，但是总的来说，和隼人们没什么关系。而隼人们在此期间，也没有在历史上留下什么可以大书一笔的回忆。

✽岛津家之沉浮

就这样一直到了风花雪月的平安时代，朝廷为萨摩派来了一位地方官，这位官员姓惟宗。

这个姓的起源有三种说法，分别是源家后裔说、藤原家后裔说以及秦始皇后裔说。

第三十七章 萨摩岛津

到底哪位才是他家的祖宗，没有人知道。我们现在只知道，一个叫作惟宗忠久的人，在元历二年（1185 年）被任命为岛津庄的地方官员，岛津庄包括了日向国的中南部和萨摩大隅两国。从此之后，此人以地为姓，改姓了岛津，这人就是萨摩岛津家之祖岛津忠久。当时的忠久只是源赖朝的手下，这块岛津庄也只是他替赖朝管辖而已，用江户时代比较通俗的话来说，叫作城代。

文治元年（1189 年），发生了一场比较著名的战争：奥州战争。源赖朝开始征讨奥州（日本东北部）的藤原氏，因为他们未经许可杀害了已经被自己定罪的亲弟弟——著名的源九郎判官义经。岛津忠久也加入了自己主公的军列，战争结束之后，赖朝将这块土地正式册封给了忠久。

不过，在赖朝死后的建仁三年（1203 年），发生了镰仓幕府的外戚争权事件——比企能员之变。这次事件，总结起来就是这么一句话：源赖朝的继承人源赖家，也就是二代将军，他乳母的丈夫比企能员和赖家的生母北条政子以及外祖父时政，发生了政治权利上的争纷，最终的结局是，比企能员被暗杀，一族几乎全灭。

岛津家因为在此次斗争中站错了队，被认为和比企家有交情，所以以收回了萨摩、大隅、日向三国守护职的官位以及领地。但是很快，萨摩守护职的官位和领地就被归还，不过另外两国的职权回归一直要到很久之后的南北朝时代了。

说很久其实也没多久，一百多年后的元弘三年（1333 年），后醍醐天皇针对镰仓幕府发起了倒幕战争。岛津家在三月应足利尊氏邀请进攻镇西探题北条英时，萨摩隼人强悍万分，将对手打得节节败退。这位写得一手好诗词的西国探题，终因能力有限而在两个月后的五月二十五日，于博多带领全家老小共计二百四十余口一起自杀。因为这项功劳，使得日向大隅大国重新被封赏给了岛津家。时隔一百三十年看到旧领重归，当时的岛津家家主贞久感慨万分。

进入室町幕府之后岛津家依然强悍如旧，最突出的表现就是——拒绝上洛。

上洛者，进京也。

当时天下还算太平，将军说话还算大家都听，所以进京不为了别的，就是见一见幕府的将军（天皇基本不会让你见，而且当时也没有多少人愿意见他），问候一下，让将军看看活蹦乱跳的你，满脸虔诚的你，同时相信你是忠心于幕府忠心于将军的。

这里请注意一下，室町幕府的上洛和后来江户幕府的参勤交代虽然形式上差不多，都是为了进京表忠心送贡品纳年税，但是本质上以及达到的效果完全不一样。不一样之一就是：室町时代的进京并非强制性的。换言之你来也好不来也好，作为将军的我来说没办法在实质上约束你。所以造成才过了一百多年，便进入了将军啥都不算，大家乱斗的战国时代。

不过岛津家不一样，不管是谁做将军，他都不进京，理由很充分也很简单——不高兴来。

我不高兴来你能拿我怎样？千金难买爷不高兴。

室町幕府刚建立那会儿，足利尊氏便要求岛津家进京觐见，回答：不高兴。

到了二代将军义诠，提出了同样的要求并且得到了同样的答案：不高兴。

三代可不一样了，三代的幕府将军是大名鼎鼎，并且从小就出现在我们娱乐生活中的足利义满将军，动画片《聪明的一休》里那个被耍弄得团团转的二百五将军就是他。不过历史上此人绝对不是二百五，而是个明君，对于日本贡献极大：他四处征战统一了南北朝，在此之后出现的数次叛乱都毫不手软地带兵亲征，并且削弱各方权力加强中央集权。除此之外，他在文化外交上做出的成绩也是非常大的，包括了金阁寺的建造以及与中国的修好等。

对于这个人的评论，一句话：智勇兼备的鹰派人物。

就是这么个鹰派人物，忽然有一天就想起来一件事，便问属下："西南的岛津家，多久没来京城了？"

属下不敢撒谎："回将军，自从本朝幕府开始，他就没来过。"

义满一听就不爽了，这不是藐视我吗？你可以藐视我爹我爷爷，但是你不能藐视我啊：传萨摩岛津家进京觐见！

岛津家的人当然没来，回答不说也知道，还是那三个字：不高兴。

足利怒了，再传！

依旧不高兴。

千呼万唤始不出来，岛津家的当主比诸葛亮还难请。义满也没法子了，只能作罢。南北刚刚统一，四处蠢蠢欲动的人多了去了，也不必为了这种事情动刀动兵，忍了吧。

室町幕府整整两百多年，岛津家上洛的纪录有且只有一次：在应永十七年（1410年）的时候，进京觐见了当时的四代将军义持。

进入了战国时代之后，岛津家在乱世中更是将自己的那份强悍给发挥得天下皆知。其中，第十五代当主岛津贵久生了四个儿子，各个勇猛敢斗，其中，次子岛津忠平更是被誉为"家中不二的勇将"驰骋整个九州。比如在元龟三年(1572年)，他仅用了两百人就在日向（今宫崎县）的木崎原打败了伊东家的三千人，此战也被人称为"九州桶狭间之战"。

最难能可贵的是，尽管身处战国乱世，可岛津兄弟却非常团结，从来不起内讧，一时间成为了日本的好兄弟模范典型。在四兄弟的团结下，岛津家的势力也日益壮大，先后打败了九州的肝付、伊东、龙造寺等有力豪强大名，当秀吉下发惣无事令的时候，整个九州，已经被岛津家扫平了百分之七十，唯独只剩下大友家一家，还在作着残喘式的抵抗。

前面我们曾经提过这么一句，日本有两大愤青产地：一个是三河，一个是萨摩。

萨摩的愤青之所以愤，和三河有本质上的区别：三河家是因为长年受到压迫，先今川，后织田的，所以渐渐地变得不相信别人，心胸狭小，认为全世界就数自己家最好，其他的都是坏人，不值得交好。

但萨摩不一样。萨摩人压根就没把自己当日本人看，他们自认和大多数的大和民族不一样，他们是隼人族，就连自己说的萨摩方言，自古以来就是众所周知的难以理解，即便是与其接壤相邻的肥后（熊本县）国国人也难以明白其半点意思，这些也常常会成为萨摩人自以为荣耀的一点。

"我们萨摩人，可是和你们这些软弱的外国人不一样的，自古以来便是天生的坚强的战士。"

换言之，萨摩愤青之所以会产生，是因语言的不同从而产生了心理上的偏执，并产生了国人的纯血主义，说得严重点，便是民族主义。也就是国人或者民族将自己和其他种族刻意隔绝的主义，由单纯对于乡土的热爱以及乡土至上思想引发了人身体内最深处的力量源泉，萨摩人的强和愤便是在这样的一种国人意识中培养起来的。

所以，面对关白的调停命令，萨摩人连正眼都没瞧上一眼，继续发动了对大友家的战争。

秀吉很生气，后果很严重。

他决定对岛津家开战，直接用武力告诉对方：谁，才是日本最强的！

还没开始比画，又捅出娄子了。

石川数正逃了！

第三十八章 家康臣服

❀ 知难而退

天正十三年（1585年）十一月，在经历了三河愤青团的种种责难甚至是性命威胁之后，再也无法忍受的石川数正带着一族郎党数百人，连夜离开了三河，投奔至大阪城。

在这两三年里，作为三河国极少数的冷静派兼实用主义者，数正默默地承受着各种骂声，努力地利用自己的外交手腕，让德川家在信长死后的战国乱世里继续生存着。但终究还是没有得到好报，甚至连理解者都寥寥无几，最终，只能选择了离开。

数正的这种行为，给两家都带来了一场轩然大波。

德川家自然是手忙脚乱了好一场。作为家中第一重臣，石川数正的突然走人使得大量机密信息的安全得不到保障，甚至连很多军事机密也处于随时外泄的危险境地。

为了防止出现意想不到的情况，家康开始了领内大改革，甚至将原本的军队制度布阵模式都彻底改成了以前武田家的了。

对于羽柴家来说，那真是哭笑不得的一场变故。

原本秀吉觉得德川家给了人质又服了软，基本上不会再有什么问题了，可现在闹出这档子事来，很有可能造成对方的反水。若是三河跟萨摩联合前后夹攻，那自己大半辈子奋斗得来的东西估计都得拱手送人了，所以，他必须暂停进攻九州的计划，先跟家康彻底谈妥。

其实秀吉的要求也不高，就是让家康亲自来大阪一次，然后当面表示臣服就行了，其他的啥也不要。

接着，他派出了以织田长益为首、土方雄久和泷川雄利陪同的羽柴家外交团出使德川家。

自从信雄跟秀吉名义上讲和，实际上投降之后，长益也慢慢地和秀吉的接触开始多了起来，随着次数的增多，他渐渐地开始倾向于秀吉，甚至实际上变成了秀吉的近侍，并且想尽了办法表现自己，讨好对方人。这次出使，也是他主动争取来的机会，他坚信，凭借着自己的口才，一定能将家康乖乖地劝来大阪。

当他们到达浜松城时，家康正准备出去打猎，一听这几位来了，只能放下弓箭铁炮出去迎客。

双方见面，寒暄过后长益首先开口：

"去年发生的那件事情，还真是意外呢。"

"那件事情"指的就是石川数正出逃的事情，此时已是天正十四年（1586年）春天了。

家康反应很平淡："我听说关白大人收留了伯耆，他最近身体还好吧？"

一听对方没有什么激烈反应，长益开始自信起来，自我感觉这次会谈或许能成，于是一边连声说道石川数正身体很好，一定转达家康大人的关心等废话的同时，一边头脑里拼命地思索着能引起家康兴趣，或者说能够打动家康去大阪的话题。

终于，他想到了一个——於义丸。

话说这位於义丸小少爷，虽说跟他爹家康当年的身份一样，都是人质，可待遇却是天差地别。家康以前是要啥没啥，天天还得受欺负，可於义丸在大阪，却被秀吉视同己出，不但给予了优厚的待遇，还主动被要求成为了秀吉的养子，改姓羽柴，取名秀康。不仅如此，才十一岁的他，在秀吉的举奏下，已经成为了从五位下的官员了。

如果在家康面前说说於义丸如何如何得宠，估计能激起他的父爱心，让他去大阪也方便多了吧。

于是长益开口道："要说起於义丸少爷啊……"

"只要他过得健康就行啦。"家康突然将话给打断，并且脸色一下子变得冰冷。

织田长益是个知难而退的人。

他知道这次访问的质量不太尽人意，但是并没气馁，决定用数量来弥补质量。

同年正月十四日，接着二十一日，长益等人先后两次再访家康，都无功而返，特别是第三次，家康正在打猎，连回去都懒得回，让外交团的人直接去猎场找他。可怜的长益冒着被突然蹿出的野猪大灰狼之类弄死的危险，在山林中的一个草帐篷等了好几个钟头才见到家康。

没办法，一行人只能回到大阪，向秀吉报告事情的结果。

❋ 秀吉的"美人计"

在等待秀吉出来接见的时候，大家的心情都算是比较沉痛，毕竟当初在领导面前自信满满，拍着胸脯保证的事情，现在居然没办成，也不知会受到怎样的责备。

没多久，秀吉就来了，跑着出来了。

他穿着睡衣，身上系着红腰带，但这腰带没系紧，所以一手还扶着，另一只手则提着一把刀，就这么，向着三位使者一路小跑地冲了过来。

大家吓坏了，看这架势，恐怕是要当场处决自己了，可就算任务不成功，也不至于如此吧？

只见秀吉来到三人面前，将刀往地上一杵，哈哈大笑起来。

长益他们彻底没了想法，只能战战兢兢地问道："殿下，您……怎么了？"

秀吉大笑着说道："我自有妙计，不用多久就能让家康来大阪见我！"

惊恐之余，大家一边互相靠拢退后，然后悄悄退缩一边问道是啥妙计。

"送个美女给他当老婆就是了！"秀吉很有自信地回答道。

自筑山夫人死后，虽然家康小老婆好几个，野花也采了无数，可正牌大老婆的位置，却还一直空在那里。秀吉说的老婆，自然指的是大老婆。

于是大家接着用颤抖的声音问秀吉，看中了哪家的千金大小姐给德川做夫人。

秀吉用双手拄刀，用洪亮的声音回答道："我妹妹！"

大家的表情从惊恐，变成了扭曲。

秀吉确实是有个同母异父的妹妹没错：早年一直在尾张乡下务农，秀吉发达了之后才来到了兄长的身边，而这个妹妹也根本就不算是什么美女，且年龄也已经在四十五六了，最要命的，是她早就已经结婚了，还结了两次，现任丈夫是秀吉的家臣副田吉成。

换一句话说，秀吉是打算把一个中年的已婚农村妇女，送给家康做老婆。

不愧是天下第一的关白，如此富有创造性的好主意估计当年在整个日本，也就他一个人能想得出来。

秀吉是个说干就干的人。他一面让织田长益再次出使家康上门说亲，一面勒令自己的妹妹跟老公离婚。

凭良心讲，这事儿干得够缺德的，所以秀吉他娘，阿仲老太太又怒了。

但这次秀吉无论他娘怎么骂怎么劝，都不再听进一句话，最后干脆选择了一躲了之，天天闭门不见娘。因为他知道，这是最后的办法了，如果要让德川家康臣服，唯一的办法就是自己放下天下霸主的身份，反而屈身示好于他，如此才能消除对方的戒备和敌意。

其实，他妹妹说到底就是一个人质而已。

他也相信，家康一定能了解他的这份苦心，接受这门亲事。

事实证明，家康确实理解了，也接受了。为了让这假戏做得真一点，他还装模作样地要秀吉书面承诺：将来自己和旭姬（秀吉他妹）万一某些工作没做到位，不幸有了孩子，这个孩子不具有对德川家遗产的继承权。

秀吉答应了。当年四月，家康和旭姬结了婚，但他仍然没有打算来大阪的意思。

✱ 送礼就送丈母娘

眼看这最后的办法也没个效果，就在大家几乎接近绝望的时候，耳边又响起了秀吉同志的声音："没关系，最后的办法不行，我们还有最后的最后的办法。"

既然送你一个老婆还不够的话，那就连老娘一块儿送你吧。

当年五月，秀吉借口旭姬身体不好，要人照顾，将自己的母亲阿仲送到了德川家。

在秀吉当上关白的同时，阿仲的称呼也变了，她成了朝廷册封的大政所。

面对这个惊人又雷人的消息，德川家上下大小都炸了锅，持各种意见的都有，比较主流的是：这个老太婆一定是假冒的。

废话，秀吉那么孝顺的一孩子，怎么可能把自己的亲娘给送来做人质呢？假的，绝对是假的！

这种议论的潜台词其实也很容易看透：如果这老太太真的是大政所，那就说明秀吉还真是诚心对我们德川家呢。

在大家的一片讨论声中，家康同志大手一挥，示意安静，接着表示：是骡子是马，拉出来遛遛，是伪娘还是丈母娘，见了再说。

于是三河大伙高呼领导英明，并且自发地作出了一个比较血腥的决定：如果是个假冒的，当场砍死。

见面的地点定在了浜松城下，由家康带着老婆旭姬以及众家臣前去迎接大政所的大驾光临。当轿笼停下,门帘缓缓被拉开,颤巍巍地走出了一老太太,经过长途跋涉后的她,看起来非常劳累。

家康身边的旭姬没等自己的丈夫作任何寒暄表示,就高喊了一声娘,并情不自禁地冲了出去,然后抱着那个老太太痛哭流涕,嘴里念叨着"娘啊,一路过来辛苦了"。

老太太也老泪纵横,喃喃着女儿啊这人生地不熟的,嫁过来让你受委屈了。

看着抱头痛哭的那对母女,大家信了。

在这尔虞我诈的战国乱世里,依然存在着很多装不出来的东西。

与此同时,家康作出了决定:上大阪去见一次秀吉。

✿ 求求你,给哥磕一个吧!

天正十四年(1586年)十月,家康率领数位重臣来到了大阪。在和秀吉见面的前一天晚上,他下榻在了秀吉的弟弟羽柴秀长家中。

当天夜里,家康正准备脱了衣服睡觉,突然随行的井伊直政就走了进来,报道:"秀吉来了。"

这时候要拦也晚了,只得硬着头皮见上一见。

自十六年前的金崎城下,两人再次见上了面。

问过好后,秀吉开怀大笑起来,拍着家康的肩膀说道:"兄弟啊,哥哥我算是把你给盼来啦!"

家康很不自然地笑着点头附和着。

此时秀吉突然脸色一变,很严肃又很低声地说道:"兄弟,哥求你一件事儿。"

家康忙问是啥。

"明天你见我的时候,当着大家的面,能不能磕个头啊?"

这里有必要解释一下了:在日本,当大名互相会面时,根据礼仪,但凡只是同盟或者地位相当,不管五五同盟还是三七二八的,双方的见面礼节都是互相跪坐一低头了事;但如果讲明了是从属臣服,那么臣的那一方就必须要把头给压得低低的，额头须碰到地板，就跟中国的磕头差不多。唯一的区别是：中国磕头额头一沾地板砰的一声然后抬起来就算一磕，而在日本，臣服的那方头一旦磕下去，对方若是不叫你抬头的话，你那额头就必须要贴着地板，不能抬起来。

对于这个要求，家康一时不知如何回答：他的确是真诚地来见秀吉的，却并不打算在大庭广众之下表示臣服。

于是秀吉开始央求起来："好兄弟，就一小下，一小下而已。"

一边说一边用手指还比画起来。

这里讲的一小下，意思是说，家康可以随便把头一低，迅速一磕，不等秀吉叫抬头就能自己抬起来。

这在日本的臣服礼节中算是比较罕见的。

想了好一会儿，家康表示同意。

当年十月二十七日，在大阪城，羽柴秀吉和德川家康正式会面。

按照昨天晚上的约定，家康将头给磕了下去。

就在他那脑袋刚刚碰到地板的一瞬间，还没来得及抬起头来，秀吉突然大声说道：

"三河君，你千里迢迢赶来投靠，辛苦啦！"

这种气势，跟昨天那副哀求样判若两人。

此刻家康的脑袋里唯一想到的就是：被算计了。

事到如今，不论他在一开始到底想跟羽柴家建立怎样的一种外交关系，现在，在场的大名、家臣、陪臣，看到的都只有一个：家康当众对秀吉表示了臣服。

既然如此，那就顺水推舟吧。

接着，家康当场表示了对羽柴家的效忠。

欣喜若狂的秀吉下令大摆筵席，以庆祝这一值得纪念的日子。

庆祝完之后，正式下令：开始征讨九州岛津家！

第三十九章 还差一步

✽愤青的致命弱点

说来惭愧,就在秀吉跟家康两人互相折腾的那当儿,岛津家再接再厉,又占了九州不少土地。大友家前当主大友宗麟再也忍耐不住了,亲自跑到了大阪找到大哥秀吉,苦苦哀求请求发援兵救自己一命。

于是,秀吉命令新降的长宗我部家率部八千,配上自己的家臣仙石久秀做监军,浩浩荡荡地开赴大友家本城府内(大分县内)。在那里,还有大友家现任当主宗麟的儿子大友义统以及手下的一万余人。

羽柴大友联军和萨摩岛津军在一个叫作户次川的地方相遇了。对面岛津家的主帅,是四兄弟中最小的那个——岛津又七郎家久。

第三十九章
还差一步

既然遇上了也就没啥话好说的了，两军立刻拉开了阵势开练，一阵互砍后分出了结果——羽柴军几乎全军覆没。

不仅如此，四国大名长宗我部元亲的长子信亲战死，元亲本人也险些丧命，幸得侍卫拼死相救才九死一生；自室町幕府后期便是本州岛一霸的三好家直系后裔十河存保，也在断后战中被杀；至于大友家，更是被打出了"恐萨症"，当主义统连祖祖辈辈经营了二十几代的老家府内城都不要了，直接逃往了他爹宗麟退位后隐居的丹后生城（大分县内），据说他从今往后，一听到萨摩、岛津等字样，就会浑身打哆嗦，不能自已。

看着孤身一人逃回大阪的仙石久秀，秀吉就气不打一处来，他下令没收久秀的全部领地，踢回乡下扛锄头，然后准备大规模攻打九州，将岛津家彻底打垮。

在这段准备期间，秀吉顺便将自己的姓也给改了，他自己原创了一个姓——丰臣。

自此，丰臣秀吉这个名字，才算是正式登上了历史的舞台。

天正十五年（1587年）三月，丰臣秀吉亲自出马，率领总数超过二十万的大军由肥后、日向两处进军。

在人数呈压倒性的敌人面前，萨摩愤青的致命弱点终于暴露了出来。

前面我们说过了，萨摩愤青的本质，其实是一种民族（国人）主义。

民族（国人）主义往往会让人陷入偏狭的地步，无法接受其他种族的东西以及思想，从而变得孤立。小到收集情报，大到和其他领主豪族沟通，都会因为这种国人意识而得不到充分的实行。

萨摩的兵力毕竟有限，在征服整个广大辽阔的九州的过程中，势必要让被征服地的当地土豪加入到自己的势力中来，他们采取的是清一色的武力征服，然后口头威胁别人加入己方。

不过，这种欠缺充分沟通的隶属关系，自然是格外脆弱的：当率领二十万大军浩浩荡荡攻入九州的丰家军来到的时候，原先已经投降岛津家的各地领主争先恐后地向秀吉靠拢，纷纷倒戈。

仗还没打上一场，岛津家就已经失去了半个九州了。

接着，在日向的根白坂，丰臣家利用压倒性的人数优势，战胜了岛津家。

大局已定。

❋ 超高级别的使者

秀吉不是一个喜欢把人往死路上逼的家伙，所以他派出了使者决定进行说服教育，让岛津家臣服自己，然后把吃进去的领地吐点出来，就够了。

使者的级别不是很高，而是特别高——前将军足利义昭。

这位大爷虽说拒绝了秀吉的干爹要求，但还是被好吃好喝地养着，整天打打拳，写写字啥的，日子过得非常舒坦。估计是见他闲得发慌，秀吉便派其充当一次和平使者，义昭倒也乐得去异国他乡走走，权当公款旅游。

本来嘛，在这种情况下，是个人都会选择投降的，说是劝降使者，其实也就是走个形式而已，完全不用费力气。

到了萨摩，义昭见到了岛津家的当主岛津忠良，以及军事总负责人岛津忠平，向他们传达了来自中央的指示精神。

忠良倒还好，没说什么，可忠平却一口回绝了，表示自己会死守萨摩，和大军死磕到底。

看着眼前这个和自己差不多年龄的武士，义昭突然笑了起来。

他想到了当年的自己，明明已经山穷水尽，却还要跟如日中天的信长顽抗到底，就算是死，也要死出像自己哥哥一般的将军尊严。

然而到了最后一刻，他却畏惧了，选择了信长开给他的命令——滚出京城。

尽管如此，可现在，信长已经死了，他却依然活着。

有时候，活着，也是一种胜利。

义昭决定暂停吃闲饭的生活，帮岛津家，确切地说，是帮岛津忠平一把。

在他的游说下，秀吉开出了岛津家的投降条件：

1. 岛津家当主必须亲自上洛，当面对秀吉表示臣服并交出人质；
2. 岛津忠良对引起战争须负全责，故勒令隐居，由岛津忠平继承家督；
3. 岛津家领地保持现状不变。

这不得不说是战国历史上的一个奇迹：岛津家享受了和德川家几乎同等的待遇！唯一的区别就是后者是反抗战胜者，而前者，则是反抗后的战败者。

当然，领地保持不变指的是白根坂一战之后的领地，经过测量，这些领地包括萨摩全境、大隅（鹿儿岛县东部）全境，以及日向国的一部分。

而经过这次调停，足利义昭跟岛津忠平交上了朋友。为了表示友谊，义昭将名字中的"义"字，也就是当年他哥售价黄金五十两的那个，免费赠送给了岛津忠良、忠平两兄弟。

兄弟俩分别改名叫岛津义久和岛津义弘。

在不久的将来，新任的当主岛津义弘将在历史舞台上大放光彩。

为了庆祝成功平定了九州，秀吉一边大肆封赏有功之臣，一边大兴土木，造起了一座无比豪华的宫殿，并取名为聚乐第，就是大家欢聚一堂享乐的地方。

天正十六年（1588年）春，秀吉在聚乐第举行了超大型的宴会，邀请了全日本所有的大名前来参加，并且还让天皇前来作陪。

面对实力与官位皆备的丰臣秀吉，大家自然不敢不给面子，纷纷前往聚乐第参加饭局。

到场之后，秀吉老板做了一次点名，发现缺勤两人：其中一个，是跟秀吉长期以来不对付，视关白为废物点心的北条家当主北条氏直，这位算得上是老相识了，就不必多说；还有一个，是当时日本东北地区最强大的大名之一——伊达家当主伊达政宗，时年二十一岁。

✼独眼龙政宗

话说这伊达政宗同学，倒也是个苦孩子。

他小时候不幸得了恶疾，瞎了一只眼，人送外号"独眼龙"。

比较可悲的是，政宗小朋友自一只眼失明后，就被自己的母亲给厌恶上了。她觉得这孩子长得忒寒碜，忒吓人，带出去都不好意思说是自己生的，转而将全部的母爱都放在了小儿子，也就是政宗的弟弟小次郎身上。

好在他爹辉宗是个大好人，从来不以貌取人，一如既往地喜爱自己的大儿子，并且肯定了他的才能，并在天正十二年（1584年）政宗十七岁的时候，将当主的位置传给了他。

伊达政宗继任家督时隔不久，就发生了一桩恶性的反叛事件。

小手森城（福岛县内）城主大内定纲，虽是名门多多良氏流大内氏的后裔，但在奥州，不过小小一个国人领主，靠着下克上才成为一方豪族的。所以，作为芝麻土豪中的一分子，定纲若想活命，就必须要在诸大势力中来回摇摆，这是很正常的。他深得伊达家前当主辉宗的信任，然而他表面上投靠着伊达家，背地里却和奥州（岩手县、青森县、福岛县等）另一强大势力芦名家有着说不清道不明的勾结。

作为伊达家的新当主，政宗自然不能允许类似事件相继发生，不然以后就没法混了。所以需要以此为契机，杀人立威，于是亲统大军，讨伐小手森城。天正十三年（1585年）八月，伊达政宗攻克了大内氏的小手森城，将笼城兵卒及其家眷八百余人，不分男女老幼全数屠杀干净。这次屠杀震惊了整个日本东北，而定纲本人的身心也受到了极大创伤，放弃领地，只身逃往芦名家。

幸而不久之后，他受到了伊达家重臣片纲小十郎的关照，重新投靠回了伊达家，估计是心理阴影太重，从此以后再也没敢反过水。

要说这位定纲同志，可能平时做人比较厚道大方，在他跟伊达家开战的那会儿，一些其他的奥州土豪也纷纷站到了他的一边，其中包括了也是奥州名门出身的芝麻土豪二本松义继。

义继虽然响应了自己好友定纲的行动一起造了一把反，可他和伊达家却扯不上关系，自然没法走后门。

眼看着定纲重新又回到了伊达大家庭的怀抱，自己却被完全地孤立了起来，身后虽然有芦名家做靠盾，但毕竟不是自家的事，别人自然也不怎么上心。

无奈之余，义继只能亲自来到伊达家，找到了前当主辉宗，痛哭流涕诉说自己开战后的后悔之情，请辉宗帮自己说说好话，让自己能够得到政宗的谅解。

辉宗的确是个好人，他知道这年头谁也不容易，都是站在刀尖上混饭吃，所以便一口答应了下来，表示愿意帮忙通路子。

但政宗却不买自己老爹的账，他开出了非常苛刻的条件：要么义继回到领地准备开战，要么交出自己所有的领地投靠伊达家，没有第三条路。

义继在苦苦哀求无果后作出了痛苦的决定：承诺奉上所有领地，并且交出自己的儿子做人质。

在离开伊达家之前，他还是决定去拜会一下辉宗，表示一下感谢，毕竟再怎么说，人家也确实去帮自己说好话了，尽管没有成功。

辉宗也觉得很过意不去，便在自己府上摆了一桌饭局，算是招待。

不想骇人听闻的一幕就此发生。

宴会上，二本松义继突然站起身子，拔出自己随身的胁差一把劫持了辉宗，准备将其带到自家领地，以便要挟政宗。

政宗闻言立刻带兵追赶，终于在米泽城外截住了义继一行人。然后，政宗手一挥，伊达家的铁炮队便将义继一行人团团围住。

接下来的情节就比较老套了。

义继将胁差顶住辉宗的脖子大喊："别过来啊，再过来我就捅死他！"

于是政宗也大喊："你冷静一点啊，有话好说啊！"

义继继续架着辉宗，一手拿着刀乱挥，示意伊达军让开一条路让自己过去。伊达军自然不可能让，但又怕伤着辉宗，所以一时间双方处在了僵持不下的状态里。

然后，一声大喝打破了僵局。这声大喝的意思如果翻译成中文，就四个字："向我开炮！"

呐喊者，伊达辉宗。

政宗一边大呼："父亲大人！"一边咬牙切齿歇斯底里地顺坡下驴："向他开炮！"

伊达铁炮队纷纷开火，义继以及辉宗双双被打死在了乱枪之中。

父亲之死，使伊达政宗怒发如狂，或者说必须表现得怒发如狂。他不顾当时外交态势不利于己，辉宗去世后才七天，就贸然发兵七千，讨伐二本松畠山氏。佐竹、芦名等势力应援二本松，联军三万，于当年十一月十七日，在阿武隈川边与伊达军展开大战——这就是著名的"人取桥合战"。

面对数倍于己的敌军，伊达军展开了绝地反击，终于艰难取胜，但也失去了家中数员大将。

此后，政宗开始稳步拓展领地，当秀吉在聚乐第开宴会时，他已经基本掌握了整个奥州，并且将芦名家打得奄奄一息（后被灭），此外，常陆国（茨城县）的佐竹家，陆奥国的相马盛胤也被他给压制住了。

事实上，政宗对于秀吉的力量并非一无所知，只是他并不愿意就这么白白地臣服于一个农民出身的关白，更不愿意将自己辛辛苦苦吞并得来的领地吐出去，所以，当丰臣家送来邀请函的时候，他虽然收下，却没有出席，同时，还跟北条家结为了同盟。

秀吉发这个请帖，本来就是为了测试一下谁忠于他，谁不忠于他，现在既然主动来了俩撞枪口的，自然不用客气，他一边将伊达、北条两家列为邪恶轴心国，一边琢磨着找个借口发兵征讨。

通常在这种情况下，借口一般会由第三者提供。

✱真田昌幸的借口

这位第三者叫作真田昌幸。

此人极富谋略，被称为稀代谋臣，他的前主君——战国大腕武田信玄甚至将昌幸比作是自己的眼睛，由此可见能力极强。

就是这位昌幸大人，自武田胜赖死掉之后，过得那真叫一个不容易。

他先跟当时的织田家负责关东攻略的总司令泷川一益拉上了关系，投靠了织田家。信长本能寺横死后，他又紧接着将泷川一脚踢开，投靠了北条家。没过上几个月，昌幸见德川家跟北条家打了起来而且还占了便宜，于是又投入了家康的怀抱。可又没过多久，德川北条两家结盟了，于是，他又重新投回了北条家。

德川家康怒了，他觉得这小子干事儿忒不厚道，决定带兵去教训教训他。

事实证明，武田信玄看中的人，就是不一样。

天正十三年（1585年），家康率领七千人攻打了昌幸的上田城，结果，对方仅用了两千余人就造成了德川家损失超过一千的大胜利,家康不得已全军撤退回家。

接着,昌幸又踢开了北条家转投了上杉家,并且跟北条发生了领地纠纷。

这一轮子下来,估计谁都得说上一句:兄弟啊,这一路投来投去的,辛苦你了!

但是昌幸觉得自己离专业墙头草还差一定的距离,就在这一年,他找到了更为牢靠的主子——羽柴秀吉。

秀吉到底是老江湖,也不来虚的,直接表示:投靠,没问题,给个儿子做人质。

昌幸便将次子送到了大阪,这个当时只有十八岁的男孩,就是后来被誉为"日本第一兵"的真田幸村。

言归正传,昌幸提供的借口是这样的:

在天正十七年(1589年),经过关白大人您的调停,我家跟北条家长期以来的领地纠纷已经告一段落。可就在前不久,北条家的家臣猪俣邦宪,突然出兵夺了我家的名胡桃城(群马县内),还请关白老娘舅发发慈悲,帮我要回那座城吧。

并且还一把眼泪一把鼻涕地说:名胡桃城虽然城小,可对自己真田家这上上下下几百活口意义重大,因为自家的祖坟就在那里。

这话就比较扯淡了:名胡桃城虽说确实有点年头,但早已荒废了快百年了,是当年上杉谦信为了攻打关东才重修的临时据点,真田家则是在天正八年(1580年)才刚刚得到的这座城,前后才十年不到就变祖坟了?

可秀吉真信了。他一听这还了得,光天化日,朗朗乾坤,居然敢强抢良家城池,并且夺人祖坟,还把不把惣无事令放在眼里了?当场便派人出使北条家,要求给个说法。

北条家的说法是:真田家纯属活该,因为这城压根就不是自己夺来的,而是该城城主的部将中山九兵卫为了摆脱真田家的苦海,自愿做内应献城于北条家,并且要求投靠。

在最后,北条家的外交僧代表北条家高层进行了对事件的总结,表示这件事情根本就是意外,谁也没有违反那个什么惣无事令,还暗示道,请关白大人以后别再疑神疑鬼的,既然当了关白就好好休息休息,凉快凉快。

这还不算，北条家当主北条氏直又补了一句话作为总结："听闻前些年，家康上京时，（秀吉）与其结骨肉之亲，且使大政所移驾三州。"就是说，秀吉催促家康上京时将妹妹旭姬嫁与家康，且将生母大政所送往冈崎城做人质。

换而言之，家康臣服要啥给啥，我们却啥都没有，老子不干！

面对这种态度的说法，秀吉冷笑一声，当即表示：行了，既然这样，干脆就由我们给他们一个说法吧。

第四十章 最后一战

❀ 战前总动员

天正十七年（1589年）十二月，秀吉召开了针对北条家战争的军事会议，同时也是一次变相的总动员。

会上决定：由长束正家担任兵粮总奉行，负责在规定时间内采购二十万石粮食，准备用于战场；东海道先锋为德川家康，率兵三万，先行开拔，秀吉则带着本队十四万人紧随其后；毛利家以及长宗我部家率一万人从水路进攻；越后上杉景胜、越中前田利家、信浓真田昌幸共带四万人南下直逼武藏、上野两国。

定下以上方针之后，从第二天便开始了准备。

此外，根据会议精神，凡是被点到名要求出战的大名，必须在次年（1590年）

二月到三月间率军赶到指定的集合地点，违背者军法处置。

因为德川家和北条家是姻亲，为了避这个嫌，家康主动将自己的三男长丸送到了秀吉处。对此秀吉大喜，之后亲自在聚乐第给他主持了元服仪式，并且将自己名字中的"秀"字给了长丸做名字，取名为德川秀忠。

这也就是后来江户幕府的二代将军。

事实上，对于秀吉的行动，北条家早就有所耳闻，也早就开始作起了准备，其中，最引人注目的是建造山中城（静冈县三岛市）。北条家首脑氏政氏直父子打算将箱根作为防御线。根据情报选择要害场所防御，可以在战术上更有效地发挥作用。

从天正十五年（1587年）开始，箱根的两条道路，即箱根路和足柄路，就已各自建城。为控制箱根路而建的是山中城，为控制足柄路而建的是足柄城。山中城位于箱根山顶偏西，足柄城正是以足柄山顶为其城郭。后北条氏准备以足柄城—山中城—菲山城一线来防御秀吉进攻。

氏政和氏直都预测秀吉如果攻过来就会是十五万甚至是二十万的大军。因此后北条氏方也必须聚集相当的兵力。与此相对应的就是"百姓大量动员体制"，也就是说后北条氏对于农民也下了征兵令。

于是，在当年的日本关东，出现了非常壮观的一幕：从十五岁到七十岁的所有男子，都被应征起来，腰挂利刃，手提长枪，晃荡晃荡地俨然一副保家卫国状。就这样，北条家终于凑起了一支将近六万人的队伍。

❀小田原评定

天正十八年（1590年）三月一日，秀吉正式出阵，在黄濑川（静冈县内）和诸大名的部队会师。做过最后的动员之后，总共超过二十万的大军浩浩荡荡地向着北条家的领地开去。

而德川家康，则已经先带了三万人的队伍侵入了北条领，并且已经在伊豆和北条家发生了交战。

第四十章
最后一战

对于秀吉来说，北条家防线最重要的就是山中城。作为控制东海道的要塞，如果不将其攻下，那么就无法展开下一步的军事行动。于是，秀吉在三月二十九日，任命其外甥秀次为总大将进行攻击。秀次亲自率领一万九千五百人的军队，再加上中村一氏、山内一丰、田中吉政、堀尾吉晴、一柳直末等成员，总数超过了七万。而德川家康则率部负责攻打足柄城，剩下防守人数最少的菲山城，则交给了织田信雄。

秀吉的目标是：至少攻破这三座城中的两城，这样一来就算是打破了对方的防线。

面对汹涌而来的大军，山中城主将北条氏胜估计是吓怕了，居然二话没有，丢下城里的几千人便逃之夭夭。

二十九日下午，秀次发起了进攻。

两个小时后，城落。

次日，德川家家臣井伊直政也顺利攻落了足柄城，并迅速将部队开到了小田原城下。

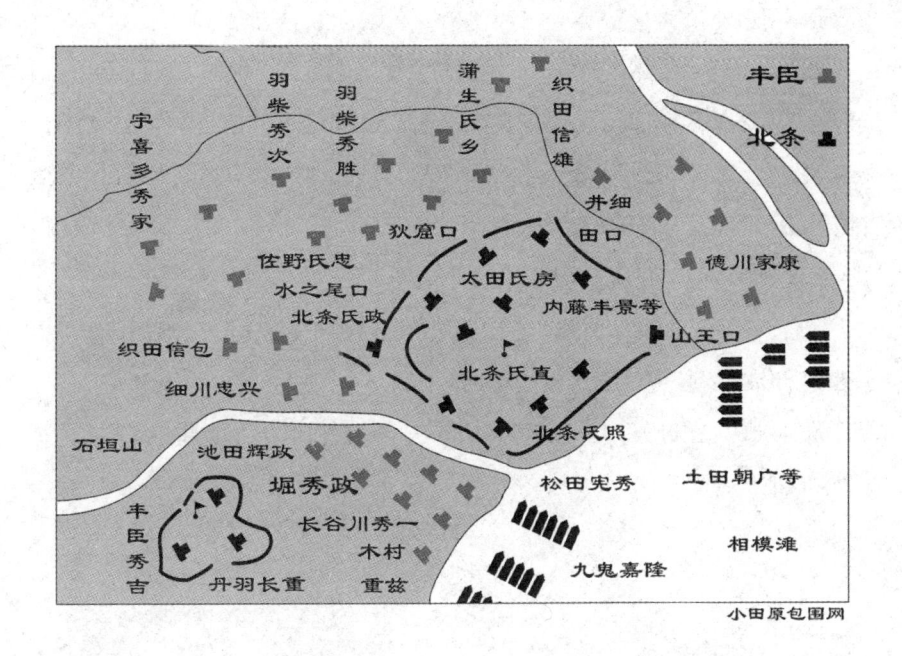

而我们可爱的织田信雄同学，则被菲山城牢牢给黏住了，既打不下来，又

不能放弃，只得将城池团团围住。这一围，就围了三个月。

好在只要攻下两城便算达成了目标，所以秀吉也懒得去鸟信雄，就让他这么带人围着吧。

有着天下第一巨城之称的小田原城，终于就在眼前了。

就在这兵临城下的节骨眼上，北条氏直想起了一件事——开会。

他召集了家中所有的重臣以及小田原当地的居民代表，开始商讨如何应对这二十多万的敌军。

结果会议上分出了两派：守城派和野战派。

守城派主张坚守小田原，因为这座城池有着光荣的革命历史：当年战国两大超级巨星武田信玄和上杉谦信都率兵前来攻打过，可就愣是没打下来，如此人造天险，不靠着更待何时？

野战派提议主动出击，因为秀吉本身就是攻城的高手。跟攻城高手玩守城，无异于自寻死路，还不如出去像样地打一场野战，像德川家的小牧长久手一样，拒敌于国门之外。

接着，就开始了热烈的争论，因为与会代表中不乏当地的农民，所以一时间辩驳骂娘等声不绝于耳。守城派觉得野战派太异想天开，连七十岁老头都颤颤巍巍地提枪上阵，还小牧长久手？做梦吧！野战派则觉得守城派太缩，这样困在城里没个动静，总有一天要出人命。

会议吵吵闹闹了好几天，都没出了个结果。

最后，等秀吉的大军将整个小田原城给团团围了起来时，守城派终于取得了这场辩论的胜利，因为已经没法儿野战了。

顺便一说，在今天，"小田原评定"这个词在日语中，就是无济于事的马拉松会议的代名词。

✻ 其乐融融的前线

当然,对于北条家来讲,就算被团团围住了,那也没什么好担惊受怕的。

毕竟当年上杉和武田都没能攻下来,你秀吉就算是传说中的攻城高手,又能如何?

更何况,城里的粮食和水源都很充足,围上个一年半载的也不在话下,谁怕谁啊?

最让大家有恃无恐的,还是小田原城本身的硬件设施。

小田原城建于应永二十四年(1417年),城郭总长达到九千米,总共有十三道栋门,八个大橹,小型的箭楼更是密密麻麻多不胜数。城门多用铜铸成,异常牢固。高度超过三米的土墙,将城和町包围得严严实实,在外郭上有通往城外的九个出口,要想进出城只能通过这九个口,而且每个口都由一族、重臣把守,防守十分严密。天守阁总共有三重四阶,高达三十几米。

面对这样一座近似铁疙瘩的要塞,秀吉自然不会发动迅速强攻。他下令各部,做好长期围困作战的准备。接着,他又抽调出了一部分的军队,开始对小田原城周边的小城池展开攻略,打算将其完全孤立起来。

从四月上旬开始,秀吉引大军将整个小田原城分别从水陆两路像围铁桶一样地围了起来,作为一个攻城高手,他最擅长的就是围而不打,等你自垮。

反正丰臣家有的是钱,大爷就跟你耗上了。

而小田原城里的将士们,似乎也看出了对手的意图,知道他们无意强攻,只能围困,也干脆将计就计,大家伙一起耗上了。

于是,在接下来的几个月里,两军之间已经丝毫看不到任何战争画面了,取而代之的是一幅和谐美满其乐融融的景象。

先是在丰臣家的阵地上,秀吉举行了大型的茶会,人人手捧热茶,观赏春夏风情,大家感到手热心更热。之后,又听了泡茶大师千利休的茶道讲座,对祖国的茶文化又有了更深的了解。

可接下来的事情,就不能与民同乐了。

秀吉写了一封信给远在大阪的正室宁宁(北政所),说自己在阵地太寂寞了,所以想找茶茶来陪陪自己。在信中,秀吉还对天发誓地表示,茶茶是自己第二爱的女人，这第一爱，永远是为大老婆留着的。

　　宁宁是秀吉的结发妻，自秀吉还是一个打杂的时候便嫁给了他，几十年来夫妻共同经历了无数的风风雨雨，对于秀吉拈花惹草的坏习惯，她早已淡然了。因此她没说什么，便让人把茶茶送到了关东的阵地上。

　　茶茶，是浅井长政和织田市所生的长女，自当年吆喝着让信长给倒水后，一别也有个十七八年没怎么好好出场了。在这段时间里，她已经出落成了一个丝毫不亚于自己母亲的大美女，并且成为了秀吉的侧室。

　　话说回来秀吉追女人的手段真够剽悍的，追不到娘就追女儿。

　　而在北条家的小田原城前城内，更是出现了一幕幕罪恶的画面。

　　在城里，士兵们自发开起了赌场，老老少少们天天在一起聚众赌博，在一些边门口，光天化日之下居然还出现了花枝招展的妓女，公然进城陪伴守城将领逍遥作乐。

　　这哪是打仗啊。

　　但是秀吉告诉我们：这就是打仗，真真切切的打仗。

　　至于真切在哪儿，之后再详细说吧。

❀笑将石田三成

　　且说德川家康同志，这日子就过得不那么舒坦了，他得跟其他的一些大名比如前田利家、上杉景胜之类的，去攻打小田原周边的城池据点。

　　四月下旬，在前田、上杉联军的围攻下，上野要塞松井田城守将大道寺政繁投降。接着，在他的带领下，两人又率部横扫了上野一国。

　　接着，上杉、前田两军又跟德川军在武藏国会师，将矛头指向了武藏国。

　　实际上，这时候北条家基本上已经将绝大多数的精壮兵力调往了小田原城内参与防守，其他的所有据点几乎都处在一种缺人少粮的状态中，所以，一个月不到，偌大的武藏国就被打得只剩下一座城了。

　　这座剩下的城叫作忍城，位于今天的日本琦玉县。当时负责对这座城攻略的主将，是石田三成。

三成的内政建设、经济预算等手腕，的确是没得说的，但他的军事能力，那真是没法说。

忍城的总大将成田氏长，已经率精锐先行一步去了小田原城，此刻的城内，只剩下老弱病残两千人不到，其中绝大多数都是临时征来的农民。

按理说，带着三万大军浩浩荡荡奔杀过来的石田三成，最好的办法就是直接强攻。

事实上，他的部将们也是这么提议的。

可是三成却说：不行，强攻会牺牲很多人，作为关白大人的资深粉丝，我要用关白大人的方式来攻城。

手下忙问啥是关白的方式。

三成神秘地一笑，道："水攻。"

接下来，可算是苦了那些士兵们了，大家放下刀枪，拿起锄锹，又是挖又是堆，筑起了总长达到二十八公里的围堤，接着，又从荒川和利根川引来了大水，愣是将忍城给泡了起来。

按照三成的设想，最好的结局是：水这么一泡，恰逢又是梅雨季节，双管齐下，这城基本上算是玩完了。差一点的：雨不下，那也没关系，反正咱有的是时间，慢慢地灌水也能浇死你丫的。

这些个想法，确实是没错的，而且也作了两手准备，可谓是比较周到。可坏就坏在，老天不开眼，出现了第三种情况——雨不是没下，而是下得太多太猛了。

结果就是：辛辛苦苦筑起来的堤坝因此决口，三成方的士兵被淹死、冲走了不少，还让忍城里的困守士兵们看上了一场大淹活人的戏，丰富了大家的业余生活。

在此之后，虽然暴雨现象有所减少了，决堤事件也没再怎么发生，然而三成很快就发现了另外一个问题：城，被泡起来了没错，但下一步该咋办呢？

他用手指沾了点口水，在脑袋上画了几个圈后，一拍大腿，想起来了：按照关白的做法，接下来只要干等着对方投降就行了。

可一连好几天，城里别说投降，连个交涉的意思都没有，而且守军的生活过得越来越滋润：每天吃过晚饭，大家纷纷爬上城头，在水边看着月亮，有时候还开个连歌会、赛诗会啥的，用日本话说起来就是大大地风流。

本来是要泡死别人的，不想不但没成功还给人免费造了亲水型公寓，气急败坏的三成下令立即准备强攻，可任凭他怎么喊，也没有一个部将出动。

这是当然的，忍城被这么一大水塘子围着，别人出不来，咱也进不去啊。

算了，只能傻围着了，顺便祈祷祈祷，请求神啊佛啊上帝天照的，保佑一下，让城里的粮食消耗得快一点，好让他们尽快投降。

最终的结局是：一直到北条家被灭，这忍城都没攻下来。而这仗，也成了石田三成的一个大笑柄。

❀ 迟到很不好

正在包围小田原城的丰臣秀吉，似乎并没有当场知道这档子丢人的事儿，他继续带着小老婆天天观赏关东风景，顺便开开茶会。

就这样一直过到了六月初，属下突然来报说：伊达政宗来了。

秀吉一听就跳了起来，大声嚷嚷着叫政宗赶紧来见他。

话说这位政宗同学，已经迟到三个多月了。

本来嘛，在去年（1589年）召开的攻打北条动员大会上，秀吉点了他的名，让他跟随上杉、前田、真田等几家一起，由北向南逼攻北条领，而政宗也一口答应了下来，说是保证完成任务，结果却放了秀吉的鸽子。

其实那倒也不是他故意使坏，主要是家里出了点事儿。具体说来，是政宗他娘，打算毒死政宗，然后让小儿子小次郎做伊达家的当主。结果政宗命大，上吐下泻喝了点药之后就立刻活蹦乱跳吃嘛嘛香了，随后亲手剐了自己的弟弟，流放了自己的母亲，肃清了几个家臣。

这么一折腾，就把出兵的事情给耽搁了。

知道大事不妙的政宗虽然立刻就起兵南下，但此时也已经是四月上旬，秀吉都已经在围困小田原城了。之后，到达关东后，人家都开始打仗了，谁也不让他的军队过，无奈之下政宗只能绕道而行，绕来绕去，等到达的时候，都已经六月了。

秀吉很火大，真的很火大。他下令召集了所有的参战大名，然后让政宗来见他，并还表示，在见面过程中，只要稍有让自己不满的地方，就当场将其剁了丢出去喂狗。

会见的当天，宽阔的营帐内，几十个大名排排坐着，秀吉居于上首，等待着政宗的觐见。

当政宗缓缓走进来时，大家惊呆了。

只见他穿着一身全白的羽织，头发也剃掉了一些，神情严肃地来到了秀吉跟前，跪下行礼。

关于政宗的这套行头，在日语中有专门的一个名字，叫作"白装束"，是武士切腹前穿的死亡礼服。换言之，他是抱着一种必死的心态，来到了关东。

不过秀吉却根本不吃这一套，他抬起手杖，指着政宗道："小子，知道现在几月了吗？你以为穿成这德行我就能放过你了？"

帐内的气氛一下子紧张了起来。陪同在一边的茶名人千利休则打起了圆场，表示伊达殿下难得来一次，干脆学点茶道买几个茶碗当礼物带回去吧。

言下之意就是：别杀政宗了。

秀吉自然明白，他笑了笑："师父（千利休算是秀吉的茶道老师）真爱开玩笑，这小子还有学茶道的必要吗？"

政宗则把头压得更低了。

看到这幅情景，秀吉哈哈大笑起来，坐回了小马扎上，然后一扬手杖："过来，靠近一点。"

政宗赶紧向前爬行了数米。

"再靠近点，来，到这里来。"

秀吉用手杖敲着地面，示意道。

政宗赶紧再爬了几步。

"你今年几岁了？"

"二十四岁。"

"哦，我已经五十五啦。"

"……"

秀吉站起身子，突然"啪"的一声将手杖敲在了政宗的脖子上：

"好悬哪，要是你再晚来那么一小会儿，这里可就危险啦。"

一滴汗，顺着政宗的脸颊流了下来。

奥州王伊达政宗，从此臣服于丰臣政权。

而秀吉则继续围城，北条家继续被围着并舒坦着。就这样一直到了六月底。

✽ 北条家覆灭

某一天早晨，刚刚起来的北条家士兵向城外望去的时候，都愣住了。

在城对面不远处的石垣山上，仅在一夜之间，突然凭空造起了一座巨大的城池。大家生怕是幻觉，赶紧用力揉了揉眼睛，瞪大了仔细再看，没错，是真的。

面对这座东西三十六米南北十六米的大城堡，北条众人顿时感到了无限的恐怖和绝望。

难道，秀吉这家伙真的有偷天换日的本领吗？如果真是那样，自己还有什么胜算呢？

事实上，这座城确实是真的，但并非一夜之间造起来的。

在我的学生时代，每当考试时，总会碰上好几个这样的讨厌家伙，他们口里念念有词：哎呀，这下完蛋了，根本就没复习过，怎么考呀。

可即便是最傻的人都知道，这几个家伙肯定连续好几个星期通宵达旦地看书了，考下来的成绩通常都不会差。

秀吉就是这样的讨厌鬼。

石垣山上的那座城，真正的开始施工时间是四月份，只不过那座山上因为环保工作做得好，树木很多且枝繁叶茂，一时间也看不出是在施工。而之前石垣山大本营的一派歌舞升平，正是用来掩盖偷偷施工的障眼法——告诉大家，我没复习。结果北条家还真信了，也跟着一起载歌载舞起来。等到了竣工的那天，秀吉让人在半夜将山上的树一下子全部砍光，于是城堡就如同一夜之间造成的一般，展示在了众人的眼前，这座城也起到了桥头堡和心理恐吓双层作用，可谓是一石二鸟。

不明就里的北条家为此受到了强大的心理打击，一时间士气一落千丈。

接着，更加缺德的招数也被想了出来。

秀吉派人在晚上，将之前作战中砍下来的北条士兵的人头，趁着深夜给抛入城中，结果又引起了一片恐慌。

眼看着闹得差不多了，秀吉决定开始上正餐。

他派黑田孝高前去小田原城内出使，向北条氏政和氏直父子俩摊牌，告诉他们趁早认清形势，开城投降，这样大家的日子都好过，不然一个星期之内，秀吉就会发动强攻。

不仅如此，他还挨个找遍了北条家上下，但凡有点地位的家老宿老都一起喝了茶谈了心，传达了秀吉的指示精神，折腾了一整天后，才心满意足地离开。

官兵卫前脚刚一走，北条家就闹腾了起来。在当主北条氏直的主持下，大家展开了"找内奸，抓特务"有奖竞猜活动，经群众举报，顺利地抓出了大特务两名，分别是家老松田宪秀和笠原政尧。这两人的家族都是从北条早云时代开始代代侍奉北条家的重中之重臣，但北条氏直表示，大敌当前，不容背叛，当场下令将笠原推出斩首，松田投入大牢。

这两人的遭遇表明，北条家已经从内部开始了土崩瓦解。

又过了几天，总算明白再也没有任何希望的北条氏直终于下令：开城投降。

当年七月五日，紧紧关闭了三个月之久的小田原城正门，终于打开了。北条氏直亲自出城，首先找到了自己的丈人德川家康，表示愿意投降。

家康不敢怠慢，赶紧让之前从信雄家投靠过来的新家臣泷川雄利带着氏直找到了秀吉。

当着秀吉的面，氏直表示：这场战争，作为北条家的大名，自己应该负全部责任，所以愿意用一人的切腹来换取城内所有人的性命。

被其诚意所打动的丰臣秀吉也当场承诺：发动战争的是关东北条家上层，广大的关东人民是无罪的，所以对于责任人的处理，自己将采用"惩前毖后，治病救人，祸首严惩，胁从不问"的方式。

很快，处分安排就下来了：北条氏直被流放至高野山，出家反省；其父北条氏政因死活不愿投降，并强烈要求自尽，经组织上研究决定，满足其愿望；几个临阵投降或私通的，比如松田宪秀、大道寺政繁等，也被处以了极刑；而点燃这场战争导火线的猪俣邦宪，则受到了特别待遇——被拖出去给砍了。

战国三枭雄之一的北条早云所建立的关东王国北条家，在历经一百五十余年的风雨荣耀后，终于覆灭了。

自应仁元年（1467年）开始的战国乱世，也就此落下了帷幕。日本国内的内乱内战也随之结束，整个列岛内，总算是又恢复了平静，尽管只是暂时的。

时代的车轮依然在旋转着，一段历史的终结，只是掀开新的一页之前短暂的前奏。